Brot für die Welt (Hrsg.)

HungerReport 2003/2004

Landwirtschaft in der globalen Ökonomie

Die Vereinigten Staaten subventionieren ihre Farmer jährlich mit mehr als drei Milliarden Dollar – sechs Mal so viel, wie sie für Entwicklungspolitik ausgeben. Mit fatalen Folgen: Die staatlichen Hilfen für die US-Landwirtschaft treiben Bauern in den Süden in den Ruin, weil sie mit den subventionierten Agrarerzeugnissen nicht mithalten können. Der tiefe Fall des Weltmarktpreises für Baumwolle ist dafür nur ein Beispiel. Leidtragende sind zehn Millionen Menschen, die in Afrika von Baumwolle abhängig sind.

Auch die US-amerikanische Landwirtschaft steckt in der Strukturkrise. Das US-amerikanische Landwirtschaftsministerium stufte 500 ländliche Bezirke als »Dauer-Armutsgebiete« ein. Die ständige Armutsquote liegt dort bei 20 Prozent.

Angesichts des Scheitern der weltweiten Agrarpolitik macht der aktuelle *HungerReport 2003/2004* Vorschläge für einen gerechten Weltagrarhandel. Plädiert wird für eine Liberalisierung des Agrarsektors und des Agrarhandels, aber eine mit Augenmaß, die die landwirtschaftliche Entwicklung unterstützt und so zur Ernährungssicherheit von Menschen beiträgt, die in Armut leben.

HUNGERREPORT
2003/2004

Landwirtschaft
in der globalen
Ökonomie

Dreizehnter jährlicher Bericht
zur Lage des Hungers in der Welt

Brandes & Apsel

Auf Wunsch informieren wir regelmäßig über das Verlagsprogramm:
Brandes & Apsel Verlag, Scheidswaldstr. 33, D-60385 Frankfurt am Main
E-Mail: brandes-apsel@t-online.de; Internet: http://www.brandes-apsel-verlag.de

Der *HungerReport 2003/2004* wird herausgegeben vom
Diakonischen Werk der EKD e.V. für die Aktion »Brot für die Welt«, Stuttgart

Die deutsche Ausgabe des *HungerReports 2003/2004: Landwirtschaft in der globalen Ökonomie* ist die gekürzte Fassung des US-amerikanischen Originals *Hunger 2003: Agriculture in the Global Economy*, hrsg. von Bread for the World Institute, Washington DC, USA

1. Auflage 2003
© Brandes & Apsel Verlag GmbH, Scheidswaldstr. 33, D-60385 Frankfurt am Main.
Alle Rechte vorbehalten, insbesondere das Recht der Vervielfältigung und Verbreitung sowie der Übersetzung, Mikroverfilmung, Einspeicherung und Verarbeitung in elektronischen oder optischen Systemen, der öffentlichen Wiedergabe durch Hörfunk-, Fernsehsendungen und Multimedia, sowie der Bereithaltung in einer Online-Datenbank oder im Internet zur Nutzung durch Dritte.
Übersetzung aus dem US-amerikanischen: Beate Wörner, Stuttgart
Lektorat: Cornelia Wilß, Frankfurt am Main
DTP: Antje Tauchmann, Frankfurt am Main
Umschlaggestaltung: Petra Sartowski, MddProduktion, Maintal
Abdruck der Fotos und Grafiken im Innenteil und auf dem Umschlag mit freundlicher Genehmigung.
Copyright liegt bei den jeweiligen Urhebern.
Druck und Verarbeitung: tiskarna Ljubljana d.d., Ljubljana, Printed in Slovenia
Gedruckt auf säurefreiem, alterungsbeständigem und chlorfrei gebleichtem Papier.

Bibliographische Information der Deutschen Bibliothek:
Die Deutsche Bibliothek verzeichnet diese Publikation in der
Deutschen Nationalbibliografie; detaillierte bibliographische Daten
sind im Internet über www.ddb.de abrufbar.

ISBN 3-86099-778-5

Inhalt

Vorwort
zur deutschen Ausgabe – Yvonne Ayoub ... 7

Einführung ... 8

Kapitel 1: Die US-amerikanische Agrarpolitik ... 18
Mazon, Illinois, Flächen-sharing für die Hungernden – Doug Harford ... 22
Nordkarolina: Hilfe für Bauern und Gemeinden – Betty Bailey ... 33
Das Agrargesetz von 2002 – viele Gewinne, bedeutende Verluste ... 36

Kapitel 2: Die Afrikanische Landwirtschaft ... 44
Daniel D. Karanja und Melody R. Mc Neil
Kapverden: Tropfen für Tropfen in eine bessere Zukunft – Ray Almeida ... 47
Malawis Bauern sind der Ansicht. »Die Zukunft gehört den Organisierten« – ACDI/VOCA ... 50
HIV/Aids verstärkt den Hunger in Afrika – Dr. Lucy W. Karanja ... 52
Die Zukunft der afrikanischen Landwirtschaft heißt Agrarforschung – Carl K. Eicher ... 54
Ernährungsprogramme auf Dorfebene – 50 Prozent weniger unterentwickelte Kinder – Ashley Aakesson ... 58

Kapitel 3: Hungerkrisenherde 2003 ... 66
Margaret M. Zeigler
Nahrungsmittelhilfe rettet Leben ... 68

Kapitel 4: Die Landwirtschaft in der globalen Ökonomie ... 76
James L. McDonald
Wenn die Bauern ihr Saatgut zu Markte tragen – von Alisha Myers ... 86

Anmerkungen ... 88

Tabellen zum Welthunger ... 92
Tabelle 1: Globaler Hunger – Lebens- und Sterbeindikatoren ... 92
Tabelle 2: Nahrung, Ernährung und Bildung ... 96
Tabelle 3: Hunger, Unterernährung und Armut ... 100
Tabelle 4: Indikatoren für Wirtschaft und Entwicklung ... 104
Tabelle 5: Ökonomische Globalisierung ... 108
Tabelle 6: Hunger- und Armutstrends in den USA ... 112
Tabelle 7: Hunger- und Armutsstatistik der USA ... 113
Tabelle 8: Ernährungs- und Hilfsprogramme der USA ... 115

Quellenangaben zu den Tabellen ... 118

Vorwort
zur deutschen Ausgabe
von Yvonne Ayoub

Die Landwirtschaft ist fest in das Netz der globalen Handelsbeziehungen eingebunden; bei den WTO-Verhandlungsrunden ist sie eine willkommene Manövriermasse. Hier wird zäh um den Abbau protektionistischer Maßnahmen und Subventionen für die heimische Landwirtschaft, beispielsweise in der Europäischen Union oder in den Vereinigten Staaten, gerungen, aber auch um einen freieren Marktzugang für landwirtschaftliche Produkte aus Entwicklungsländern auf den europäischen oder US-amerikanischen Märkten.

Die WTO-Regelungen für die Landwirtschaft sind auch eines der Themen des neuen *HungerReports*. Unmissverständlich wird klar gemacht, dass die Entwicklungsländer nur auf dem Papier gleichberechtigte Partner in dem Handelspoker sind. Ihren Vertretern bei den WTO-Verhandlungen fehlen oft das nötige Wissen und die Erfahrung. Der vorliegende Bericht plädiert nachdrücklich dafür, dieses Defizit zu beheben.

Überhaupt sollte der Landwirtschaft in den Entwicklungsländern künftig wieder mehr Beachtung geschenkt werden. Denn sie ist für viele Länder der wirtschaftliche Motor. Vor allem in Afrika südlich der Sahara trägt die Landwirtschaft in manchen Ländern die Hälfte zum Bruttoinlandsprodukt bei; zwei Drittel der Arbeitskräfte sind in der Landwirtschaft beschäftigt und nahezu drei Viertel der ländlichen Bevölkerung leben von der Landwirtschaft. Eine Liberalisierung des Agrarsektors der Industrieländer, so haben Untersuchungen ergeben, hätte einen Anstieg von 45 Prozent des Netto-Agrarhandels der Länder in Afrika südlich der Sahara zur Folge. Das wäre auch ein Beitrag zur Armutsbekämpfung und zur Ernährungssicherung.

Doch damit die afrikanischen Kleinbauern auch tatsächlich von einem liberaleren Welthandel profitieren, müssen die Rahmenbedingungen innerhalb der Länder neu justiert werden. Die Bauern brauchen vor allem einen besseren Zugang zu Land, Kredit, Beratung und Information als bisher, und sie brauchen bessere Produktions- und Verarbeitungstechnologien. Eine bessere Infrastruktur und stabilere wirtschaftliche und politische Rahmenbedingungen sind ebenfalls unerlässlich.

Unter die Lupe genommen wird in dem neuen *HungerReport* aber auch die US-amerikanische Landwirtschaft. »Die US-amerikanische Agrarpolitik ist gescheitert«, so das Ergebnis. Zwar wird dem jüngsten Agrargesetz aus dem Jahr 2002 bescheinigt, dass es ein Schritt in die richtige Richtung ist, doch die Schwachstellen seiner Vorgänger hat es bei weitem nicht ausgebessert.

Der Strukturwandel der letzten Jahre führte zu einer Verarmung der ländlichen Gebiete. Das amerikanische Landwirtschaftsministerium stufte 500 ländliche Bezirke als »Dauer-Armutsgebiete« ein. Das bedeutet, dass sie während der letzten 40 Jahre eine ständige Armutsquote von 20 Prozent oder mehr hatten. Und obwohl die meisten Menschen, die unter Ernährungsunsicherheit leiden, in den Städten leben, nimmt ihre Zahl in den ländlichen Gebieten zu.

Gerade auch angesichts dieser Lage in den USA plädiert der *HungerReport 2003/2004* zwar für eine Liberalisierung des Agrarsektors und des Agrarhandels, aber für eine mit Augenmaß, die auch die Lage der armen Bauern in den Industrieländern nicht aus dem Blickfeld verliert.

Yvonne Ayoub ist Leiterin der Abteilung Öffentlichkeitsarbeit und Werbung von Brot für die Welt.

EINFÜHRUNG

Die Weisheit ist wie ein Baobab-Baum; niemand kann ihn allein umfassen.

Sprichwort der Akan und Ewe

© Volkhard Brandes

Der März ist in Mali der Höhepunkt der trockenen Jahreszeit. Die Felder sind braun und erscheinen dem unkundigen Betrachter wie eine ausgedehnte, ausgedorrte Ebene, nur hier und da unterbrochen von einem Baobab-Baum, der gen Himmel ragt. Man kann sich nur schwer vorstellen, dass dieses Land genügend Hirse und anderes Getreide hervorbringt, um die hier wohnenden Menschen zu ernähren; und in manchem Jahr ist es tatsächlich zu wenig.

Normalerweise ist Baro Toure in dieser Jahreszeit optimistisch. Die 36-jährige Bäuerin kommt aus Garna, einem Dorf außerhalb von Ségou, nordöstlich der Hauptstadt Bamako. Der März ist für sie ein guter, verlässlicher Monat. Sie verkauft auf dem wöchentlichen Dorfmarkt Tomaten oder Zwiebeln und verdient sich damit einen Extragroschen, der Getreidevorrat ist ausreichend. Aber in diesem März ist alles schwieriger. Die letzten Jahre waren trockener als sonst, die Ernte fiel spärlicher aus. Normalerweise hat Baro genügend Hirse und verdient mit der Herstellung von Seife und dem Verkauf von Gemüse zusätzlich Geld, mit dem sie bis zur nächsten Ernte ihre Familie ernährt. Dieses Jahr hat sie das nicht.

Der Teil von Mali, in dem Baro lebt, gehört zur Sahelzone. Hier beginnt und endet die »Hungerzeit« mit den Sommerregen. Der Juli ist der Monat, in dem bei vielen Familien Hirse oder Reis aufgegessen sind und sie sich von Erdnüssen ernähren müssen. Fatalerweise fällt das genau mit dem Beginn der Pflanzarbeiten zusammen, einer Zeit, in der alle möglichst viel Energie brauchen. Der Juli ist auch der Höhepunkt der Malaria-Saison. Noch ehe das Jahr um ist, sterben vor allem jüngere Kinder und alte Menschen an Krankheiten, die durch den Hunger verschlimmert werden.

Weil in den vergangenen Jahren die Hirseerträge so niedrig waren, entschied sich Baros Familie dafür, zusätzliches Getreide zu kaufen, das Baros Ehemann Nyemey mit dem Verkauf von Erdnüssen verdiente, die er als Verkaufsfrucht anbaut. Aber in diesem Jahr interessieren sich nicht viele Leute für seine Erdnüsse. Modibo Koulibaly, ein Baumwollanbauer aus Sikasso, kauft normalerweise einen großen Teil von Nyemeys Erdnussernte auf und verkauft sie zusammen mit seiner Baumwolle weiter. Doch dieses Jahr wird Modibo pro Pfund Baumwolle zwei Cent weniger bekommen. Die Weltmarktpreise für Baumwolle sind auf den tiefsten Stand der letzten drei Jahrzehnte gefallen. Dafür muss er zwei Cent mehr für ein Pfund Dünger bezahlen.[1] Er kann deshalb kaum die Kosten für seine Ernte decken, geschweige denn Nyemeys Erdnüsse kaufen.

Während Baro Brennholz sammelt, um damit den nachmittäglichen Hirsebrei zu kochen, denkt sie über die Ungewissheit des diesjährigen Regens nach und fragt sich, wie sie ihre Familie im Juli ernähren soll.[2]

Baro und ihre Familie gehören zu jenen 840 Millionen Menschen, die leben und arbeiten ohne zu wissen, ob sie am nächsten Tag genügend zu essen haben werden.[3] Jeder fünfte Hungernde ist ein Kind. In einem armen Land wie Mali sind es sogar noch mehr. Hier hungern zwei von fünf Kindern und fast ein Viertel der Kinder stirbt an Hunger – direkt oder indirekt – ehe sie das fünfte Lebensjahr vollenden.

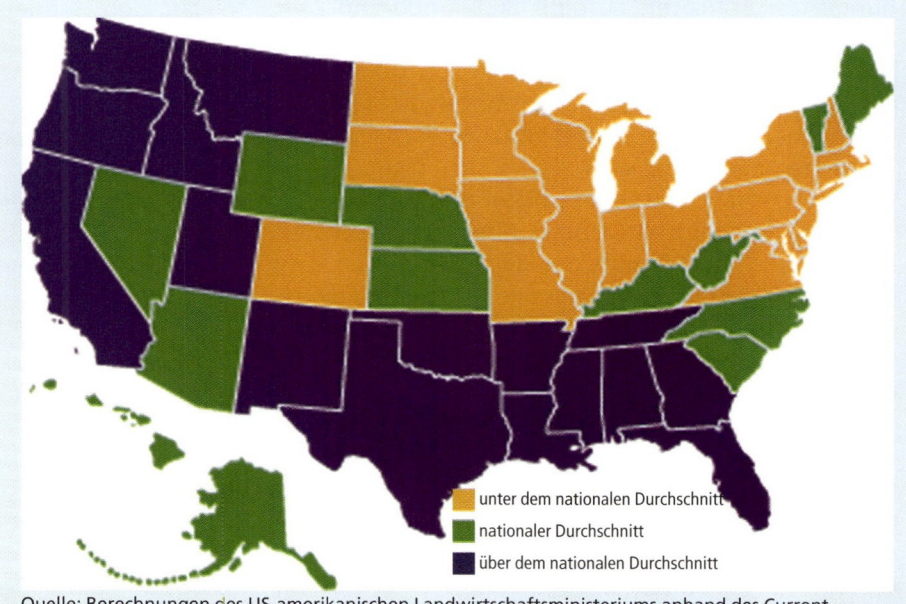

Grafik E.1: Im Süden und Westen der USA ist der Hunger am größten
Ernährungsunsicherheit im Durchschnitt der Jahre 1999–2001

unter dem nationalen Durchschnitt
nationaler Durchschnitt
über dem nationalen Durchschnitt

Quelle: Berechnungen des US-amerikanischen Landwirtschaftsministeriums anhand des Current Population Food Security Supplements

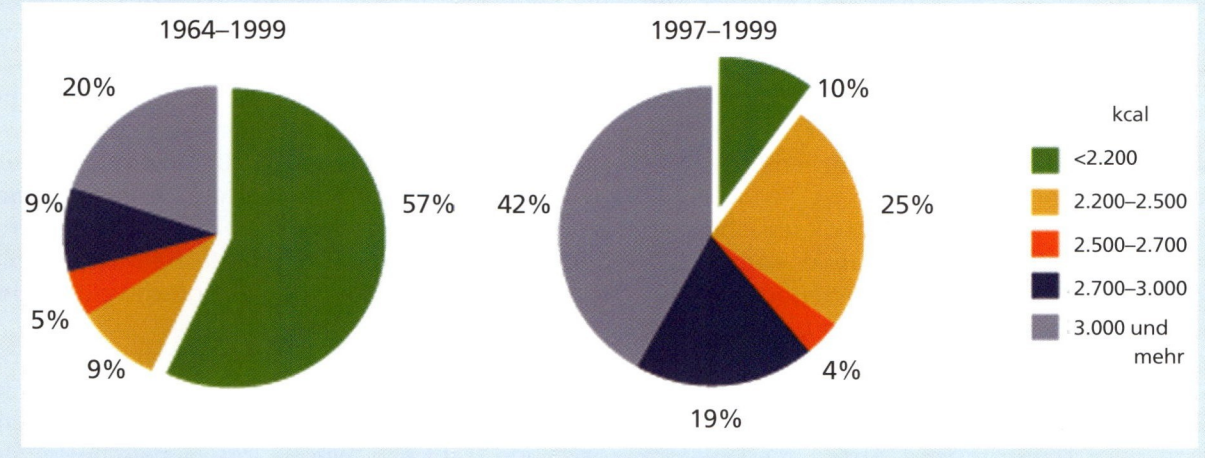

Grafik E.2: Obwohl es weltweit genügend Nahrungsmittel gibt, müssen Menschen hungern
Weltweiter Fortschritt in der Ernährung: Prozentuale Verschiebungen in der Kalorienzufuhr bezogen auf die Weltbevölkerung in den Zeiträumen 1964-1966 und 1997-1999

Quelle: Ernährungs- und Landwirtschaftsorganisation der Vereinten Nationen (FAO)

Der Hunger ist in den Dörfern zu Hause

Der Hunger untergräbt unsere Zukunft, Tag für Tag. Ungeachtet der Tatsache, dass weltweit genügend Nahrung erzeugt wird, um alle satt zu machen (s. Grafik. E.2, S. 10). Im Jahr 2002 erzeugten die Bauern 2.800 Kalorien pro Kopf, genügend um überall alle ausreichend zu ernähren.

Hunger gibt es, weil Menschen entweder keinen Zugang zu Nahrung haben, so wie beispielsweise im westindischen Bundesstaat Maharashtra. Dort verhungerten Berichten zufolge 800 Kinder im Jahr 2002, obwohl die Regierung täglich 350 Millionen Rupien, das sind umgerechnet 7.000 US-Dollar, ausgegeben hat um große Lebensmittelvorräte anzulegen, von denen ein Drittel verrottet ist.[4] Oder die Menschen hungern, weil sie es sich nicht leisten können, vorhandene Lebensmittel zu kaufen.

In den Vereinigten Staaten, einem der reichsten Länder der Welt, nimmt die Zahl der armen und hungrigen Menschen zu – vor allem in den landwirtschaftlich strukturierten Gemeinden im Süden und Westen des Landes sind die Zuwächse groß (s. Grafik E.1, S. 9).[5]

Obwohl Hunger auch in den Städten ein Problem ist, leben und arbeiten drei Viertel der Armen weltweit in ländlichen Regionen, und das wird auch noch für viele Jahrzehnte so bleiben. Sie finden ihre Beschäftigung und ihr Einkommen in der Landwirtschaft. Sie haben wenig Land, wenig Bildung oder anderes Kapital und andere Möglichkeiten und sehen sich deshalb vielen Hindernissen gegenüber, wollen sie der Armut entfliehen.[6]

Bei der Entwicklung langfristiger Ernährungssicherungsstrategien muss man die landwirtschaftliche Produktivität und Nachhaltigkeit dieser Gemeinden, aber auch die Rolle der Landwirtschaft als Einkommensquelle berücksichtigen.

Subventionen und Entwicklung

Schon seit Jahrzehnten erklären viele Länder ihren Willen, den Hunger aus der Welt zu schaffen. Beim letzten Welternährungsgipfel wurde sogar eine Frist zur Halbierung des Welthungers – bis 2015 – gesetzt. Inzwischen werden Ernährungssicherungsprogramme bei den meisten Armutsbekämpfungsmaßnahmen mit in Erwägung gezogen. In der seit dem 11. September geführten Antiterror-Kampagne finden solche Maßnahmen auch größere Beachtung. Doch gewöhnlich lassen die Regierungen ihren Sonntagsreden wenig Taten folgen.

Im diesjährigen Hungerreport 2003/2004 *Landwirtschaft in der globalen Wirtschaft* wird behauptet, dass das derzeitige internationale Handelssystem ungerecht ist. Dumping und Protektionsmaßnahmen untergraben die Fähigkeit der Entwicklungsländer, ihre Landwirtschaft zu verbessern. Solange Industrieländer wie die Vereinigten Staaten weiterhin ihre Agrarmärkte mit handelsverzerrenden Subventionen und Zöllen schützen, können die ländlichen Regionen der Entwicklungsländer ihr

Potenzial nicht voll entfalten. *Hunger 2003* kommt zu dem Ergebnis, dass die US-amerikanischen Subventionen auch nicht die geeignete Antwort auf Armut und wirtschaftlichen Abschwung in den ländlichen Regionen der Vereinigten Staaten selbst sind.

Trotz der Bemühungen der Welthandelsorganisation, den Agrarhandel zu liberalisieren und schrittweise die Protektion der Märkte der Industrieländer abzubauen, halten die Vereinigten Staaten, die Europäische Union, Japan und andere an ihrer handelsverzerrenden Politik fest, die künstlich die Weltmarktpreise für einige wichtige Agrargüter wie Mais, Baumwolle, Reis und Weizen drückt – alles Agrargüter, von denen der Lebensunterhalt vieler armer Menschen abhängt.

Im Jahr 2001 beliefen sich diese Protektionsmaßnahmen in den Industrieländern auf 30 Prozent des Bruttoeinkommens der dortigen Landwirtschaft; die Kosten dafür betrugen 300 Milliarden US-Dollar. Dieser Betrag ist sechsmal so hoch wie der Betrag, den die Industrieländer für Entwicklungshilfe ausgeben. Dieses Maß an Agrarprotektionismus kostet die Entwicklungsländer jährlich 2,5 Milliarden US-Dollar an entgangenem Gewinn.[7] Gleichzeitig befindet sich die Entwicklungshilfe auf ihrem niedrigstem Stand seit den 1970er-Jahren (s. Tab. E.1, S. 11).

In einem Land wie Mali, dem drittgrößten Baumwollproduzenten der Welt, steckt im Handel mit Baumwolle ohne Zweifel das Potenzial, die Wirtschaft des Landes zu verbessern und die Armut der 8,2 Millionen Malier zu lindern, die weniger als einen US-Dollar pro Tag zum Leben haben. Doch die Baumwollproduzenten aus Mali haben keine Chance, weil die Vereinigten Staaten und andere Industrieländer ihre eigenen Baumwollanbauer subventionieren. Ein Überangebot an subventionierter Baumwolle auf dem Weltmarkt untergräbt Malis Wettbewerbsfähigkeit und vermindert seine Chancen zur Überwindung der Armut.

Im Rahmen des derzeit gültigen US-amerikanischen Agrargesetzes – es trägt den Namen »Farm Security and Rural Investment Act« – aus dem Jahr 2002 erhalten die amerikanischen Farmer im Laufe der nächsten zehn Jahre insgesamt 180 Milliarden US-Dollar in Form von Subventionen, Geldern für Umweltschutzmaßnahmen und anderen Zahlungen, die in direktem Zusammenhang mit der Landwirtschaft stehen. Das sind rund 84 Milliarden US-Dollar mehr als die Landwirtschaft aufgrund des Vorgängergesetzes erhielt. Landwirtschaftliche Subventionen sind eine umstrittene und komplexe Materie. Doch eins ist klar: Die Abschaffung der Agrarsubventionen in den Industrieländern käme der Landwirtschaft der Entwicklungsländer zugute. Profitieren würden auch die Industrieländer. Aber niemand schafft die Subventionen ab.

Subventionen erleichtern den Wandel in der amerikanischen Landwirtschaft

Für kleinere US-amerikanische Farmer wie Tom Briggs sind Subventionen lebenswichtig. Jahr für Jahr zwingen ihn Veränderungen in der Weltwirtschaft, verbunden mit Fortschritten in der Agrar-

---

Tabelle E.1: Entwicklungsländer: Weniger Hilfe von den reichen Nachbarn

Die Hilfe für die Entwicklungsländer ging während der 1990er-Jahre von 103 auf 84 Milliarden US-Dollar zurück. Der Anteil für Landwirtschaft und ländliche Entwicklung ging ebenfalls zurück, von 13 Prozent im Jahr 1990 auf 11 Prozent im Jahr 1999.

Gesamte Öffentliche Entwicklungshilfe (ODA) der Industrieländer in Milliarden Dollar*

Jahr	1990	1991	1992	1993	1994	1995	1996	1997	1998	1999
ODA insgesamt (US$)	**103**	**94**	**82**	**85**	**85**	**79**	**80**	**76**	**83**	**84**
davon Landwirtschaft und ländliche Entwicklung (US$)	13	10	11	8	9	9	9	11	10	9
Anteil der Landwirtschaft und ländlichen Entwicklung an der Gesamt-ODA (%)	12,6	10,6	13,4	9,4	10,6	11,3	11,3	14,5	12,0	10,7

* Berechnet auf der Basis des US-Dollarwertes von 1995.

Quelle: Ernährungs- und Landwirtschaftsorganisation der Vereinten Nationen (FAO)

forschung, seine Bewirtschaftungsmethoden und sein Leben umzustellen. Die Subventionen erleichtern die schwierigen und oft teuren Umstellungsprozesse.

Tom bestreitet schon seit 33 Jahren seinen Lebensunterhalt als Erdnussfarmer im südlichen Zentral-Georgia. Wie Nyemey und die anderen Bauern auf der ganzen Welt führt auch er einen ständigen Kampf: gegen zu viel oder zu wenig Regen, gegen die Gluthitze des Sommers, die zum unrechten Zeitpunkt kommt, gegen Marktpreise, die unter die Gestehungskosten fallen, gegen Insekten und Krankheiten, die seine Arbeit zunichte machen, gegen den zunehmenden internationalen Wettbewerb und gegen neue Anforderungen der Verbraucher.

2002 ließen Trockenheit und Krankheit während der Wachstumszeit und nasses Wetter während der Erntezeit die Erträge der Erdnussfarmer in Georgia im Vergleich zum Vorjahr um 730 Pfund pro Acre (1 Acre = 4046,8 m²) niedriger ausfallen. Tom wird Ihnen als Erster erzählen, dass die Farmer trockenes Wetter brauchen für den besten Ernteertrag und dass zu viel Regen die Ernte beeinträchtigt. Manchmal sind die Ranken der Erdnusspflanzen so beschädigt, dass die Erdnussernte ausfällt.

In einem solchen Jahr muss Tom sich überlegen, ob nach der Ernte unter dem Strich etwas übrig bleibt. Wird die Qualität der Erdnüsse ein Problem sein? Wird sich der Marktpreis bis zur Ernte noch ändern? Wird er mehr Dünger oder Pflanzenschutzmittel brauchen als gewöhnlich? Diese und andere Faktoren beeinflussen seine Bilanz.

Das Auf und Ab in der Landwirtschaft ist für Tom nichts Neues. Zwischen 1989 und 1995 ging der Erdnussverbrauch in den Vereinigten Staaten um 18 Prozent zurück, eine Bedrohung für die Überlebensfähigkeit der Erdnusswirtschaft in Georgia. Mit schuld an dem Rückgang waren Berichte darüber, dass der Verzehr von Erdnüssen zu Fettleibigkeit und Herzerkrankungen führe. Zum Glück für Tom und andere Erdnussfarmer widerlegten spätere Forschungen diese Berichte und halfen damit, den negativen Trend umzukehren.[8]

Mit dem **Agrargesetz von 2002** wurde die seit 1935 existierende Quotenregelung für Erdnüsse abgeschafft. Sie wurde damals eingeführt, um die Versorgung zu kontrollieren und die Marktpreise zu stützen. Jetzt gibt es ein neues Subventionsprogramm, in dessen Rahmen die Farmer 610 US-Dollar pro Tonne weniger erhalten als zu Zeiten der Quotenregelung. Zwar gibt Tom zu, dass diese Subventionen besser sind als gar nichts, doch langfristig wird er wahrscheinlich seine Anbaufläche verringern oder sich dafür entscheiden müssen, dass er weniger pro Tonne Ernüsse verdient als vorher. Kurzfristig wird ihm die US-amerikanische Regierung bis 2006 jedes Jahr elf Cents pro Pfund bezahlen, das sind 2,20 US-Dollar pro Tonne.

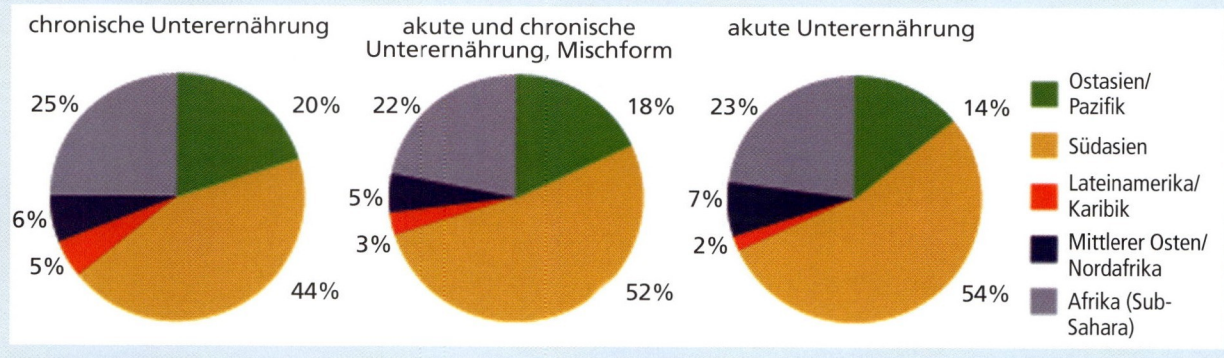

Grafik E.3: Unterernährte Kinder leiden unter schweren gesundheitlichen Beeinträchtigungen

Eine erschreckend hohe Zahl von Kindern in Entwicklungsländern leidet aufgrund chronischen Hungers unter ernsthaften gesundheitlichen Beeinträchtigungen. Nahezu 200 Millionen Kinder sind in ihrem Wachstum beeinträchtigt; rund 150 Millionen Kinder leiden an Untergewicht. Und fast 50 Millionen Kinder leiden unter schwerem Untergewicht, ein Zustand, der als akute Unterernährung bezeichnet wird.
Jedes Jahr sterben sechs Millionen Kinder vor Vollendung des fünften Lebensjahres an chronischem Hunger und damit verbundenen Krankheiten wie beispielsweise Durchfall.

Verschiedene Zustände der Unterernährung bei Kindern unter fünf Jahren in Entwicklungsländern, differenziert nach Regionen

Quelle: UNICEF Weltkinderbericht 2002

Der Kampf ist der gleiche, das Ergebnis ein anderes

Auf den ersten Blick liegen die Fronten, an denen Tom und Nyemey kämpfen, gar nicht so weit auseinander. Beide bauen immer schon Erdnüsse an; beide kämpfen mit den Launen des Wetters und werden das auch weiterhin machen; und beide werden weiterhin Erdnüsse anzubauen, obwohl die Marktpreise die Kosten nicht länger decken.

Im Gegensatz zu Nyemey, der bei seinem Kampf auf sich selbst gestellt ist, kann Tom jedoch auf die US-Regierung rechnen, die ihm hilft, finanzielle Verluste auszugleichen. Er hat auch Zugang zu den neuesten Forschungsergebnissen, zu zwar teuren, aber zeitsparenden Technologien, und, in bestimmtem Umfang, Zugang zu Kredit, sollte er sich entscheiden, etwas anderes als Erdnüsse anzubauen oder mit der Landwirtschaft ganz aufzuhören. Wenn die Erdnusspreise am Weltmarkt fallen, müssen er und seine Familie nicht hungern. Das durchschnittliche jährliche Haushaltseinkommen eines US-amerikanischen Farmhaushalts beträgt 64.117 US-Dollar, das sind fast 6.000 Dollar mehr als das durchschnittliche Einkommen einer amerikanischen Familie.

Nyemey, in Mali, baut noch immer Erdnüsse an, weil es das ist, was er kann, aber auch, weil sie in schlechten Zeiten helfen, seine Familie zu ernähren. Malische Bauern, die über mehr Besitz verfügen – meistens Baumwollanbauer wie Modibo – haben besseren Zugang zu Käufern und Häfen und können an den größeren nationalen und internationalen Märkten teilnehmen. Kleinbauern wie Nyemey verkaufen oft einen Teil ihrer Erdnüsse an solche Zwischenhändler, um so an das benötigte Bargeld zu kommen.

Aber wenn Modibo mit seiner Baumwolle nicht mehr genügend Geld verdienen kann, weil die von den Industrieländern zu Dumpingpreisen verkaufte Baumwolle den Weltmarktpreis drückt, dann kann er auch nicht mehr länger Nyemeys Erdnüsse aufkaufen und ebenso wenig die Güter und Dienstleistungen anderer in Mali, Burkina Faso und im Senegal. Ohne Modibo als Käufer hat Nyemey, ebenso wie andere Kleinbauern, keinen Zugang mehr zum Markt. Das Risiko steigender Ernährungsunsicherheit für seine Familie ist das Ergebnis.

Ländliche Armut nimmt zu

Armut und Hunger sind in vielen Ländern und Gemeinden ein Faktum, die Vereinigten Staaten bilden hier keine Ausnahme. Trotz der Tatsache, dass die USA eines der reichsten Länder der Welt sind, lag die Armutsrate in den letzten 20 Jahren immer so um die zwölf Prozent.

Obwohl die städtischen Zentren traditionell die höchsten Armutsraten haben – ein Trend, der sich weiter fortsetzt – nehmen Hunger und Armut in den Vororten und in den ländlichen Regionen zu. Die Gemeinden mit den höchsten Zuwachsraten liegen in den von der Landwirtschaft abhängigen Gebieten der ländlichen Regionen im Süden und Westen.[9]

In Georgia entspricht die Armutsrate insgesamt etwa dem nationalen Durchschnitt, ungefähr jeder zehnte Einwohner lebt unterhalb der Armutsgrenze. In manchen ländlichen Gebieten jedoch – vor allem im südlichen Teil des Bundesstaates – lebt jeder Dritte unterhalb der Armutsgrenze. In Washington County, das ist der Bezirk, in dem Tom lebt, ist jeder fünfte von Armut betroffen.

Als der Kongress 2002 über das Landwirtschaftsgesetz debattierte und darüber, ob die Subventionen erhöht werden sollten, drehten sich viele Diskussionen um die Tatsache, dass die ländliche Armut mit der steigenden Zahl kleiner Farmen zusammenhängt, die aufgrund des Strukturwandels verloren gehen. »Wir erleben das Scheitern der bisherigen Agrarpolitik, die die Familien von ihrem Land vertreibt, das ihre Eltern und Großeltern schon bewirtschaftet haben. Sie hat die ländliche Armut und den Niedergang der ländlichen Gemeinden verursacht«, stellte die National Family Farm Coalition 2001 in ihrer Aussage vor dem Repräsentantenhaus im Rahmen der Anhörungen zum Titel »Agrargüter« der Agrar-Gesetzesvorlage fest. Und weiter: »Der Mangel an Netto-Farmeinkommen ist der Hauptgrund für den Fortbestand der ländlichen Krise.«

Die Baumwoll- und Erdnussanbauer in Georgia – sowie auch Sprecher der anderen Agrarbereiche – beziehen sich auf diese US-amerikanischen Armutszahlen und die Besorgnis über den Verlust der kleinen Familienfarmen, um damit ihre Forderung zu untermauern: Die Subventionen müssen aufrechterhalten werden, weil das ländliche Amerika ohne sie nicht überleben kann.

Die Beschäftigungszahlen jedoch sprechen eine andere Sprache. Die Landwirtschaft stellt weniger als acht Prozent der Arbeitsplätze in den ländlichen Regionen der Vereinigten Staaten. Überdies erreichen die Agrarsubventionen nur wenig mehr als ein Drittel der Farmer. Die meisten Obst- und Gemüseanbauer sowie Vieh- und Geflügelhalter erhalten keine direkte finanzielle Unterstützung von der Regierung.

Blick in die Vergangenheit

Tom kann sich nicht vorstellen, ohne Subventionen und Quoten Landwirtschaft zu betreiben – sein Vater und sein Großvater mussten mit wenig oder gar keiner Unterstützung seitens der US-Regierung auskommen. Oft erzählte Toms Vater seinem Sohn, dass er als Junge noch erlebt hat, wie Toms Großvater auf der einen Acre großen Farm der Familie das Maultier vor den Pflug spannte.

Angezogen mit einem Overall, den Hut auf dem Kopf, stapfte der Großvater mit seinem selbst gebauten Pflug hinter seinem Maultier her, Reihe für Reihe. Manchmal arbeitete er mehr als 75 Stunden in der Woche für seinen einen Acre Erdnüsse, und da er Pächter war, musste er sich den Ertrag noch mit dem Eigentümer teilen.

Pächter wie Toms Großvater waren in den 1930er- und 1940er-Jahren das Rückgrat der Landwirtschaft in den Südstaaten. Und die Bilder dieser Zeit haben viele Amerikaner auch heute noch vor Augen, wenn sie die Worte »Landwirtschaft« und »ländliches Amerika« hören.

Was sie schon wieder vergessen – oder nie gewusst haben – ist, dass die Farmer ihre Maultiere für einen Ford 8N-Traktor in Zahlung gaben, mit dem man einen Acre Erdnüsse in nur sechs oder sieben Stunden produzieren konnte. Dennoch blieb das Dasein als Farmer hart und ungewiss. Viele Farmer nahmen jede sich bietende Chance wahr, um sich das Leben leichter zu machen. Mit zunehmender Produktivität nahm die Zahl der Farmer ab und die Größe der Farmen zu.

Dieser Wandel vollzog sich nicht über Nacht. Öffentliche Investitionen in Agrarforschung und Technologie, in ländliche Straßen, Schulen und das Gesundheitswesen führte zu gesünderen, besser ausgebildeten und produktiveren Farmern. Diesen stand es offen, ihre Farm gegen einen Job in der Stadt oder in einem Vorort einzutauschen.

Der Wandel wird unterschiedlich beurteilt: Manche sehen mit dem sich verändernden ländlichen Amerika eine Ära verschwinden, einen Lebensstil, eine natürliche Ressource; manche konstatieren wachsende Vororte, zunehmende Verkehrsstaus, Verschmutzung und ausufernde Großstädte. Andere sehen, dass die Kinder der Teilpächter heute andere Möglichkeiten haben und eine Lebensqualität genießen, die ihre Großeltern und Eltern durch harte Arbeit errungen haben.

Blick in die Zukunft

Die Kraft und die Vielfalt der Menschen, die in den ländlichen Regionen der Vereinigten Staaten leben, unterstreichen den Bedarf an Agrarprogrammen, die über die Produktion hinausgehen und sich stattdessen auf die Verminderung der Armut und die Entwicklung der ländlichen Gebiete konzentrieren, und zwar sowohl in den Vereinigten Staaten als auch weltweit. Aber wie gestalten wir ein Agrarsystem, von dem die armen Bauern und Bäuerinnen wie Baro, Nyemey, Modibo und Toms ärmere Nachbarn in Georgia profitieren? Ein System, das den Armen zugute kommt ohne das Wohlergehen von Tom und anderen US-amerikanischen Farmern zu untergraben.

Der *HungerReport 2003/2004* gibt eine Antwort auf diese und andere Fragen.

Kapitel 1 befasst sich mit der US-amerikanischen Landwirtschaft und der Rolle, die die amerikanische Agrarpolitik bei der Einkommensstützung der Farmer spielt und damit bei der ländlichen Entwicklung. Das Kapitel zeigt, wie wiederholte Versuche, Subventionen und andere Programme zur Unterstützung kleinerer Farmen – der Familienbetriebe –

Ventorina Odur auf ihrer Farm in Alela, Uganda.

14 Landwirtschaft in der globalen Ökonomie

anzupassen, ihr Ziel verfehlt haben. In der Tat, die Agrarprogramme scheinen das Verschwinden der mittelgroßen Farmen beschleunigt zu haben. Diese Farmer arbeiten, anders als ihre Berufskollegen auf den kleineren Farmen, voll in der Landwirtschaft, aber – und das unterscheidet sie von ihren Kollegen auf den größeren Betrieben – oft mit Verlust.

Die Herausforderung besteht darin, ein umfassendes US-amerikanisches Agrarprogramm zu schaffen, das nachhaltige Landwirtschaft fördert, die bedürftigsten Farmer unterstützt und die wirtschaftliche Entwicklung des ländlichen Raums fördert.

Kapitel 2 untersucht einige der Beschränkungen, denen die afrikanische Landwirtschaft unterliegt. Analysiert wird auch, wie eine Entscheidung, wieder mehr in die Landwirtschaft zu investieren, einer Mehrheit unter den Armen nutzen würde. Verbesserter Marktzugang für und die Beseitigung ungerechten Wettbewerbs gegen afrikanische Produkte durch die Reduzierung von Zöllen im Agrarbereich und die Beseitigung der Agrarsubventionen in den Industrieländern sind kein Allheilmittel für die komplexen Probleme, denen sich die afrikanischen Länder gegenübersehen. Solche Maßnahmen würden jedoch der afrikanischen Landwirtschaft neue Impulse geben für die wirtschaftliche Entwicklung sowie für den Ausbau von sozialen Diensten.

Wenn man über das verbesserte Wohlergehen für Menschen überall auf der Welt diskutiert, darf man bestimmte Tatsachen nicht ausblenden: den fortdauernden wirtschaftlichen Rückgang der US-amerikanischen Wirtschaft und der anderer Länder, die Intensivierung der Kriege und Konflikte im Mittleren Osten und in anderen Teilen der Welt, HIV/Aids und weitere Krankheiten sowie Dürren, Überflutungen und sonstige Naturkatastrophen. Dieses sind die Ursachen dafür, dass die Zahl hungernder Menschen ein Rekordhoch erreicht hat und in manchen Gegenden der Welt die Menschen an Hunger sterben. **Kapitel 3** berichtet über diese Brennpunkte des Hungers einschließlich der drohenden Hungersnot im südlichen Afrika und der Bemühungen, solch internationale Katastrophen abzuwenden.

In **Kapitel 4** skizziert *Bread for the World* Institute Ansätze für eine gerechtere Agrar- und Handelspolitik und für einen beschleunigten Fortschritt im Kampf gegen den Hunger sowohl international als auch in den Vereinigten Staaten. Dazu bedarf es zwingend eines ländlichen Wirtschaftswachstums, das die armen Menschen einschließt und in dessen Mittelpunkt eine vernünftige, nachhaltige Agrarpolitik steht. Dazu gehört auch die Beseitigung handelsverzerrender Subventionen für den Agrarsektor der Industrieländer. Der Umfang und die Qualität der Entwicklungshilfe und der finanziellen Hilfe für die armen Länder muss ebenfalls erhöht werden, Reformen sollten sich auf das Empowerment der Menschen konzentrieren, vor allem das der Frauen.

Die Reform der Agrarpolitik in den Vereinigten Staaten und anderen Industrieländern würde für Millionen armer Familien in den ländlichen Regionen der Entwicklungsländer Chancen eröffnen, höhere Preise für ihre Produkte zu erhalten. Das würde sie und ihre Regierungen ermutigen, Investitionen vorzunehmen, die ihre Produktivität steigern würden.

Doch solange nur wenige verstehen, welche Schäden das gegenwärtige System anrichtet, wird es keine Reformen geben. Auch sollten Reformen so konzipiert werden, dass sie möglichst wenig Not über die Farmer und Gemeinden der Industrieländer bringen. Genau betrachtet könnten Reformen so gestaltet werden, dass ländliche Familien und Gemeinden, die tatsächlich Hilfe brauchen, diese in vermehrtem Umfang erhalten.

Vor uns liegt noch ein weiter Weg

Obwohl der Handel allein nicht die vielen komplexen Probleme lösen wird, mit denen die ärmeren Länder konfrontiert sind, kann er eine wichtige Rolle spielen bei der Entwicklung ihrer Ökonomien und bei der Verbesserung ihrer Selbsthilfefähigkeit. In der Tat ist die Schaffung einer gerechteren Handelsstruktur für Landwirtschaft im Interesse aller Länder, der reichen und der armen. Der Internationale Währungsfonds (IWF) schätzt, dass, wenn alle Länder ihre Protektionsmaßnahmen für die Landwirtschaft streichen würden – Zölle, Exportsubventionen und Binnenmarktsubventionen – die Welt jährlich 128 Milliarden US-Dollar gewönne; drei Viertel davon käme den Industrieländern, der Rest den Entwicklungsländern zugute.[10] Diese Zahl berücksichtigt nicht die anderen »dynamischen« Gewinne, die wahrscheinlich aus der Übernahme neuer Technologien, aus steigenden Investitionen und steigender Produktivität resultieren würden – Gewinne, die diesen Nutzen verdoppeln oder verdreifachen könnten.

Selbst wenn die Industrieländer bei der Liberalisierung des Agrarbereichs alleine handelten, würden sie ihr eigenes Realeinkommen um etwa 0,4 Prozent des Bruttoinlandsprodukts steigern. Nimmt man die Zahlen von 1997, wären das nahezu 92

Milliarden US-Dollar mehr für diese Länder. Setzte man nur einen Teil dieses Geldes für langfristige Entwicklungsinitiativen in armen Ländern ein, würde das den Fortschritt im Kampf gegen den Hunger und die Armut weltweit weiter beschleunigen.

Trotzdem wird es nicht leicht sein, das gegenwärtige Agrarsystem zu verändern.

Tabelle E.2: Netto-Agrarhandel der Entwicklungsländer

(Exporte minus Importe)

Entwicklungsländer-Region	Handel in Milliarden US-Dollar					Zuwachs
	1997 Handelsumfang	Liberalisierung des Agrarhandels				alle Industrieländer
		USA	EU	Japan, Korea	in allen Industrieländern	
Sub-Sahara Afrika	$7,4	$8,1	$9,6	$7,6	$10,7	45%
Asien	$12,3	$15,6	$15,6	$15,7	$22,8	85%
Lateinamerika und Karibik	$31,7	$37,1	$39,3	$32,5	$46,4	47%
Andere Entwicklungsländer *	−$31,0	−$29,4	−$21,9	−$30,1	−$19,1	38%
Entwicklungsländer gesamt	$20,4	$31,4	$42,6	$25,7	$60,8	198%

Tabelle E.3: Jährlicher Einkommenszuwachs von Bauern und Agroindustrie durch Handelsliberalisierung

Entwicklungsländer Region	Einkommenszuwachs in Milliarden US-Dollar				Einkommenszuwachs des BSP
	Liberalisierung des Agrarhandels				alle Industrieländer
	USA	EU	Japan, Korea	in allen Industrieländern	
Sub-Sahara Afrika	$0,5	$1,5	$0,2	$2,0	3,6%
ohne Südafrika	$0,2	$0,9	$0,1	$1,1	5,1%
Asien	$3,3	$2,9	$2,3	$7,4	2,0%
Lateinamerika und Karibik	$3,9	$5,1	$0,6	$8,9	3,2%
Andere Entwicklungsländer*	$1,5	$6,5	$0,3	$7,5	3,6%
Entwicklungsländer gesamt	$9,2	$15,9	$3,4	$25,9	2,8%

*Andere Entwicklungsländer und Übergangsökonomien.

Anmerkung: Simulationen für die Europäische Union, die Vereinigten Staaten und Japan betrachten jedes Land/jede Region getrennt. Simulationen für alle Industrieländer zusammen betrachten die drei Länder/Regionen gleichzeitig plus andere entwickelte Länder wie Kanada und Australien. Aufgrund der Komplexität des Agrarhandels und der Handelspraktiken der Länder ändern sich die Effekte der Liberalisierung abhängig davon, welche Märkte liberalisiert werden. Infolgedessen ergeben die individuellen Szenarien, die in den Modellsimulationen aufgezeigt werden, möglicherweise kein schlüssiges Gesamtbild.

KAPITEL 1

Die US-amerikanische Agrarpolitik

Die US-amerikanische Agrarpolitik ist gescheitert. Weder unterstützt sie die kleineren Farmer, noch bekämpft sie in ausreichendem Maße den zunehmenden Hunger und die zunehmende Armut in den ländlichen Regionen der USA. Überdies hält sie ein protektionistisches System aufrecht – zum Schaden der landwirtschaftlichen Produktion. Dies wiederum drückt die globalen Preise und schadet im Endeffekt 600 Millionen Menschen, die in den ländlichen Regionen der Entwicklungsländer leben und arbeiten und nicht wissen, ob sie am nächsten Tag genug zu Essen haben werden.

Sowohl die reichen als auch die armen Länder können durch die Beseitigung produktionsverzerrender Subventionen und Zölle viel gewinnen. Doch anstatt die Subventionen zu reduzieren, erhöhte das US-amerikanische Agrargesetz von 2002 die Subventionen für die Landwirtschaft um 84 Milliarden US-Dollar für die nächsten zehn Jahre. Der größte Teil dieser Subventionen geht, wie bereits vorher schon, an die größten und reichsten Farmer.

Agrarsubventionen sind ein komplexes und umstrittenes Thema. Die meisten Amerikaner befürworten, dass die Vereinigten Staaten ihre eigenen Nahrungsmittel erzeugen und die Farmer in der Lage sein sollten, von ihrem Land zu leben, auch wenn sie dazu die Unterstützung der Steuerzahler brauchen. Aber rund 80 Prozent der Subventionszahlungen gehen an nur wenige Farmer – an 150.000 von insgesamt 2,2 Millionen. Die Subventionsempfänger sind in erster Linie größere kommerzielle Betriebe im Süden und Mittleren Westen, die fünf Kulturen anbauen: Mais, Baumwolle, Reis, Sojabohnen und Weizen (s. Grafik 1.1). Etwa 60 Prozent der Farmer erhalten keinerlei Subventionen.

Die aktuelle Agrarpolitik hat ferner zu einer stärkeren Konzentration von Farmen geführt. Das Ergebnis sind größere, dafür aber weniger Betriebe, ein Trend, der die Probleme vieler ländlichen Gemeinden weiter verschärft hat.

Weniger Farmer in einer ländlichen Gemeinde wie St. Anthony, Idaho, bedeutet, dass weniger Leute einkaufen, außer Haus essen, zum Zahnarzt gehen oder zum Friseur. Und in dem Maße, wie die Wirtschaft in ländlichen Gebieten schrumpft, verschwinden Arbeitsplätze, die Menschen ziehen weg, Schulen und Krankenhäuser schließen – am Ende auch die Kirchen.

Die Romrells bewirtschaften schon seit 100 Jahren eine Farm in der Nähe von St. Anthony. In den letzten Jahren haben die Romrells um den Fortbestand ihrer Farm kämpfen müssen. Sie stimmten sogar zu, einige weniger ertragreiche Ackerflächen in ein Feuchtgebiet-Programm einbinden zu lassen. Aber sie hatten Glück. Die benachbarten Farmen gaben auf – eine nach der anderen. »Es war schon hart in den letzten paar Jahren zu sehen, wie die Nachbarn und die traditionellen kleinen Farmen verschwinden«, sagt Paul.[1]

Die aktuelle Diskussion

Schon seit dem ersten Landwirtschaftsprogramm 1933 ist das Hauptziel dieser Programme die Stabilisierung der Märkte und die Sicherung der Einkommen der Farmer, vor allem in wirtschaftlich schwierigen Zeiten und nach wetterbedingten Katastrophen. Einfach gesagt, mit einer Politik der Angebotsbegrenzung wird versucht, das Getreideangebot zu regeln, um höhere Preise zu sichern. Fallen die Preise zu stark, versucht man, mit Einkommenshilfeleistungen den Farmern zusätzliches Geld zu geben, damit sie Einkommenseinbrüche überbrücken und ihre Existenzgrundlage sichern können.

Doch Kritiker führen ins Feld, dass eine Angebotskontrolle die Marktkräfte aushebelt und in Wirklichkeit die Preise nach unten drückt. Sie bezweifeln auch, ob an der Erzeugung orientierte Zahlungen den Farmern zugute kommen, die sie brauchen. Sie behaupten, dass die Subventionen zu

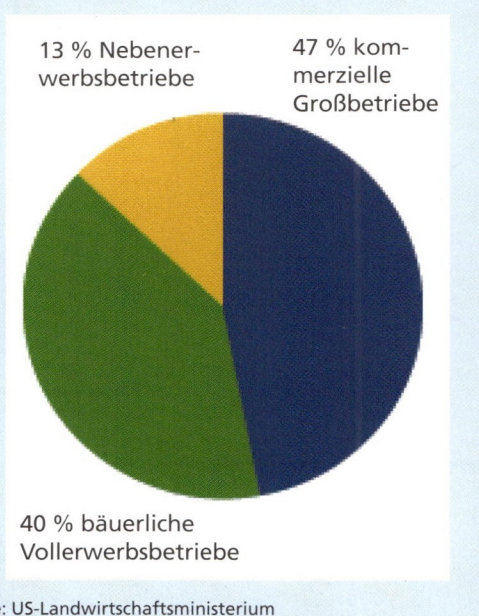

Grafik 1.1: Der größte Teil der staatlichen Direktzahlungen geht an die großen Farmen
(Stand 2000)

13 % Nebenerwerbsbetriebe
47 % kommerzielle Großbetriebe
40 % bäuerliche Vollerwerbsbetriebe

Quelle: US-Landwirtschaftsministerium

höheren Ackerpreisen führen und dadurch den Überlebenskampf der kleineren Farmer untergraben könnten. Ein weiteres Argument der Kritiker ist, dass die US-amerikanischen Landwirtschaftsprogramme den internationalen Handel verzerren und die armen Bauern in den Entwicklungsländern in den Ruin treiben.

Mitte der 1990er-Jahre begannen die Politiker darauf zu reagieren und bewegten sich mehr in Richtung Marktorientierung. Das US-Bundesgesetz zur Verbesserung und Reform der Landwirtschaft (FAIR) von 1996 machte mit Angebotsbegrenzungsmaßnahmen Schluss, garantierte den Farmern mehr Flexibilität beim Anbau und begann, ihnen die Einkommenshilfeleistungen zu entziehen. Obwohl die Farmer 1998 gutes Wetter und eine Rekordernte hatten, ließ die Finanzkrise in Asien die Preise für Agrargüter in den Keller stürzen, und viele Farmer gerieten in eine wirtschaftliche Notlage. Anstatt an der Absicht des Gesetzes von 1996 festzuhalten, reagierte der Kongress mit einer Reihe von Notmaßnahmen – Einkommenshilfeleistungen im Gesamtwert von Milliarden von Dollar.

Im Jahr 2002, als die Wiederbewilligung des Landwirtschaftsgesetzes anstand, wurden viele Reformen, die gerade sechs Jahre zuvor eingeführt worden waren, wieder abgeschafft. Obwohl die Produktionskontrolle nicht wieder eingeführt wurde, erreichten die Einkommensbeihilfen einen historischen Höchststand.

Landwirtschaft heute

Die jüngsten Agrargesetzdebatten zeigen: Viele landwirtschaftliche und politische Führer scheinen zufrieden zu sein mit einer Agrarpolitik, die sich kaum von der von vor 50 Jahren unterscheidet. Doch die Landwirtschaft hat inzwischen ein anderes Gesicht.

Eine zunehmende Verschmelzung und Industrialisierung landwirtschaftlicher Betriebe und Nahrungsmittelhersteller ist festzustellen. Die durchschnittliche Farmgröße nimmt immer noch zu (s. Grafik 1.2). Schweinemast-Familienbetriebe und Geflügelbetriebe wurden durch so genannte Agrarfabriken ersetzt, die Farmer arbeiten als Vertragslandwirte für größere Unternehmen. Eine Konzentration gab es auch in der Verarbeitung, im Transport und im Handel.

Die steigende Produktivität ließ die Anzahl der

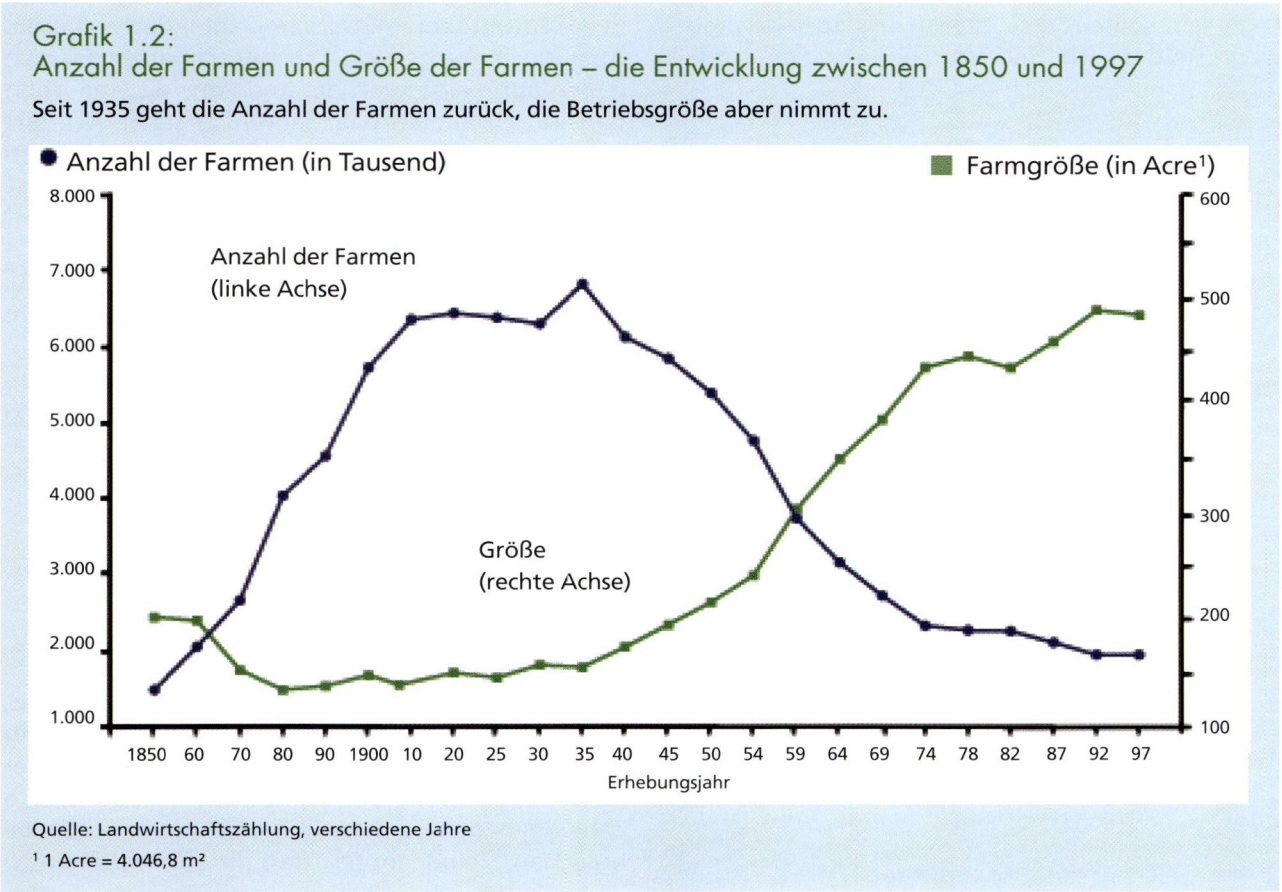

Grafik 1.2:
Anzahl der Farmen und Größe der Farmen – die Entwicklung zwischen 1850 und 1997

Seit 1935 geht die Anzahl der Farmen zurück, die Betriebsgröße aber nimmt zu.

Quelle: Landwirtschaftszählung, verschiedene Jahre
[1] 1 Acre = 4.046,8 m²

auf den Farmen benötigten Arbeitskräfte zurückgehen, und aufgrund sinkender Rentabilität werfen die meisten kleinen Farmen nicht mehr genug Gewinn für den Unterhalt einer ganzen Familie ab. Viele Farmer haben das Land verlassen und sind zum Arbeiten in die Städte gezogen; andere sind geblieben und verdienen außerhalb der Landwirtschaft oder mit anderen landwirtschaftlichen Tätigkeiten noch Geld dazu.

»Die Industrialisierung hat die Farmer von ihrem Grund und Boden getrennt. Wenn nicht physisch, dann doch zumindest psychisch«, sagt John Ikerd, emeritierter Professor für Agrarökonomie an der Universität von Missouri.[2] »Den meisten Farmern gehört das Land nicht, das sie bebauen, und die meisten derjenigen, die Land besitzen, haben entweder zu wenig Zeit oder zu wenig Geld, sich darum zu kümmern, selbst wenn es ihnen wichtig ist.«

Die Sorgen um die Auswirkung der Landwirtschaft auf die Umwelt nehmen zu. Während einige Befürwortergruppen behaupten, das Landwirtschaftsgesetz von 2002 sei das umweltfreundlichste Gesetz seit dem »Clean Water Act« (Wasserschutzgesetz), sagen andere, es müsse mehr getan werden.

Marty Primus aus Minnesota bewirtschaftet seine 80 ha Land im Rahmen einer Bio-Landbau-Kooperative, um sich auf dem globalisierten Weltmarkt behaupten zu können.

> In den letzten 50 Jahren haben Probleme des internationalen Agrarhandels für die Vereinigten Staaten an Bedeutung zugenommen, weil die steigende Produktivität der Landwirtschaft einen Bedarf an zusätzlichen Absatzmöglichkeiten für amerikanische Waren auf Exportmärkten geschaffen hat. Dieser Drang nach Exportmärkten hat zu Dumpingpreisen für amerikanische Agrargüter auf dem Weltmarkt geführt und Not leidenden armen Menschen in ländlichen Gebieten der Entwicklungsländer sehr geschadet.

Die Produktionsprozesse und Geschäftsbeziehungen in der Landwirtschaft gleichen inzwischen mehr denen anderer Wirtschaftszweige als denen des traditionellen Modells vom kleinen unabhängigen Farmer. Obwohl Marktbeobachter sagen, dass diese Veränderungen die Produktivität und Wirtschaftlichkeit gesteigert haben, sind viele skeptisch, ob diese Entwicklungen die Vereinigten Staaten in die richtige Richtung geführt haben, insbesondere, wenn man die Kosten für die ländlichen Gemeinden nicht nur in Amerika, sondern auch in anderen Ländern berücksichtigt.

Steigende Farmproduktivität

Die ersten Programme zur Kontrolle der Produktion begrenzten die Anbaufläche, um so die Überproduktion herunterzufahren und die Preise zu erhöhen. Aber die Farmer antworteten mit einer Intensivierung der Fläche, indem sie neue Technologien, Düngemittel, Pestizide und Anbauverfahren anwandten.[3] Alle Zugewinne, die man durch das Stilllegen von Flächen im Rahmen dieser Programme erzielte, wurden durch die höhere Produktivität zunichte gemacht.

Die ersten Maßnahmen zur Begrenzung der Anbauflächen wurden schließlich aufgegeben, dafür blieben neue Angebotssteuerungsprogramme bis einschließlich 1996 weiterhin in Kraft.

Zwischen 1948 und 1996 stieg die Produktion der US-amerikanischen Landwirtschaft jährlich um durchschnittlich 1,89 Prozent und übertraf damit die anderen Sektoren einschließlich der verarbeitenden Industrie (1,2 Prozent pro Jahr) an Produktivität.[4] Obwohl die steigende Produktivität manchmal kurzfristig zu höheren Farmeinkommen führte, stiegen langfristig die erzeugten Mengen, die Erzeugerpreise fielen und letztlich sanken die Farmeinkommen. Steigende Kosten für Düngemittel, Saatgut, Maschinen und andere Produktionsmittel verschärften diesen Trend.

Zwar senkte die höhere Produktivität die Produktionskosten für die Lebensmittelhersteller, doch dieser Vorteil wurde so gut wie gar nicht an die Ver-

weiter auf S. 24

Mazon, Illinois: Flächen-sharing für die Hungernden

von Doug Harford

Meine Familie lebt in Mazon, Illinois, einem Ort mit 764 Seelen. Seit 29 Jahren bauen wir dort Mais und Sojabohnen an. Die meisten meiner Nachbarn leben entweder direkt auf Farmen oder nicht weit davon entfernt. So war das schon immer. Viele der Menschen, mit denen ich gemeinsam jeden Sonntag den Gottesdienst in der freien Gemeindekirche besuche, arbeiten auf Farmen. Doch sie wissen nicht, wie lange noch.

Die persönliche Zufriedenheit hat abgenommen – das Gefühl der Erfüllung, das wir alle bei der harten Arbeit und beim Einbringen der Ernte empfanden, ist bei manchen sogar ganz verschwunden. 1973 war mein erstes Jahr als Farmer. Damals erhielten wir für ein Bushel Mais 3,90 Dollar; ich konnte mir für 12.500 Dollar einen neuen Traktor kaufen. Letztes Jahr erhielten wir für ein Bushel Mais 1,90 Dollar und ein vergleichbarer neuer Traktor kostete 100.000 Dollar.

Niemand redet gern über unsere Abhängigkeit von den Subventionen, aber sie machen einen großen Teil unseres Einkommens aus. Es herrscht eine gewisse Frustration, weil man es nicht aus eigener Kraft schafft.

Diese wirtschaftliche Realität wird immer mehr Farmern bewusst. Wir kämpfen noch damit zu akzeptieren, dass Farmer sein eher eine Berufung ist als ein Beruf.

Die Entscheidung

Ich beschloss, dass, wenn ich mich für die Berufung entscheiden müsste, es dann eine sein sollte, die meiner Gemeinde dient, meinen Nachbarn in der Welt und Gott.

Vor einem Jahr hielt Norm Braksick, der Geschäftsführer der Foods Reserve Bank, in unserer Kirche eine Predigt über den Welthunger. Nach Beendigung des Gottesdienstes traf er sich mit mir und einigen anderen Farmern und Gemeindeführern, um darüber zu reden, wie wir unsere Fähigkeiten nutzen könnten, dabei zu helfen, die Hungrigen satt zu machen. Farmer wissen, wie man Land bewirtschaftet, aber dieses Wissen scheint heutzutage in der Gemeinschaft nicht viel wert zu sein. Wie in anderen Wirtschaftszweigen auch werden diese Fähigkeiten durch Technologie und durch billigere ausländische Ware ersetzt.

Das Welthungerprogramm, das die Foods Reserve Bank auf den Weg gebracht hat, ist einzigartig. Hier werden nicht containerweise Lebensmittel über die Weltmeere geschippert. Das Programm ermöglicht den Menchen in den ärmsten Dörfern der Welt, dass sie die Würde und den Stolz erfahren, sich selber ernähren zu können. Wir hörten Norm zu und wussten, wovon er sprach. Über unsere von Gott gegebenen Fähigkeiten, anderen Menschen zu helfen und, wie Norm betonte, ein Geschenk, das nur wir geben können.

Mich zu bitten, einen Scheck über tausend Dollar zur Bekämpfung des Welthungers auszustellen, das wäre hart für mich. Aber wir können unser Wissen und unsere Fähigkeiten nutzen, um die Äcker zu bestellen und mit unseren Maschinen die Ernte einbringen. Das ist kein großer Akt, das machen wir jeden Tag. Und das ist ein Geschenk, das nur wir geben können. Das ist einfach toll!

Besitz-Sharing

Innerhalb einiger Tage nach dem »Welthunger«-Gottesdienst in unserer Kirche spendete einer unserer Farmer die Ernte von 40 Acre seiner Fläche für dieses Jahr. Wir boten ihm an, bei der Bewirtschaftung zu helfen, aber er sagte, wir würden sie ihm

Farmer und Mitglieder zweier Kirchengemeinden in Minnesota versammeln sich zu einer gemeinsamen Ernteaktion. Die Erträge kommen Frauen und Kindern in Gambia zugute.

»nur vermasseln«, und so halfen wir ihm stattdessen bei der Ernte. Wir machten uns auch auf die Suche nach dem, was er für die Produktion benötigte.

Norm hatte von einer »Partnerschaft« mit einer städtischen Kirche gesprochen. Er half uns, einen Partner zu finden: Die freie Gemeindekirche (Congregational Church) in Western Springs, Illinois, eine große Kirche in einem Vorort von Chicago mit fünf Pfarrern und 1500 Gemeindegliedern. Vier von uns gingen nach Western Springs und trafen uns mit dem Mission Outreach Committee (»Missionsausschuss für erweiterte Sozialdienste«) der Kirchengemeinde.[1]

Der Anbau von einem Acre Mais kostet rund 205 Dollar. Zur Aufschlüsselung der Kosten brachten wir ein detailliertes Budget mit. Das allein schon öffnete unseren neuen Freunden in der Stadt die Augen. Wir forderten sie auf, einzelnen Familien oder Gruppen von Familien für 205 Dollars die Sponsorenschaft für einen Acre anzubieten. Begeistert nahmen sie die Herausforderung an. Wir hielten einen ähnlichen Gottesdienst und eine ähnliche Predigt über den Welthunger in ihrer Kirche, wie Norm Braksick bei uns, und um 12.30 Uhr waren 42 Acres zu je 205 Dollar im »Besitz« unserer städtischen Partner. Die Menschen waren begeistert!

Nun waren sie Eigentümer und es war keine abgehobene theoretische Diskussion darüber, was auf »globaler Ebene« getan werden sollte; es war »Besitz eines Acre« und gleichzeitig die Lösung des Welthungers in einem Dorf nach dem anderen.

Die vorstädtischen »Besitzer« hatten die Ressourcen bereitgestellt zum Kauf von Saatgut, Düngemitteln und anderem. Wir wussten, dass, wenn wir uns anstrengten, dies alles gespendet zu bekommen, die 205 Dollar pro Acre zum Geldwert der Ackerbauerzeugnisse hinzukämen, wenn wir den Gewinn unseres Projektes der Foods Resource Bank überbrachten. Wir waren verblüfft! Sobald die Leute aus dem Agrobusiness von unserem Projekt und seiner Zielsetzung wussten, nämlich verarmten Menschen helfen sich selber zu ernähren, erhielten wir fast alle Inputs geschenkt und konnten die restlichen mit den Spenden aus der Stadt bezahlen.

Wir feierten Gottes große Gabenfülle mit einer Erntefeier. Am 20. Oktober 2002 trafen wir uns um 11.30 Uhr auf dem Feld. Mehr als hundert Menschen hatten den 50-minütigen Weg von Western Springs zu uns gemacht. Wir hielten einen Weihgottesdienst ab und organisierten ein typisch ländliches Essen, zu dem jeder etwas mitgebracht hatte; am Nachmittag ernteten wir dann. Die Stadtkids, große und kleine, fuhren auf den Mähdreschern mit, halfen das Getreide zur Getreideannahme zu transportieren und hörten Diskussionen darüber, wie wir uns um das Land kümmern, das uns Gott geliehen hat.

> »Das ist wunderbar. Wenn ich einen Scheck ausstelle und das Scheckbuch wieder zuklappe, ist es erledigt. Aber jetzt fühle ich mich, als ob ich direkt die Hungrigen mit Essen versorgen würde, und ich bin sicher, dass nun viele Jugendliche wissen, dass Cornflakes nicht in einer Schachtel wachsen!«

Bis zum jetzigen Zeitpunkt haben beide Kirchen daran gearbeitet, weiteres Geld aufzutreiben. Das Gesamtprojekt hat 31.000 Dollar zur Bekämpfung des Welthungers aufgebracht. Zum Vergleich: unser gesamtes Kirchenbudget beträt 90.000 Dollar. Wir wären nie in der Lage gewesen, einen solchen Betrag nur durch persönliche Spenden aufzubringen.

Die Partnerschaft mit Western Springs bringt unerwartete Erfolge. Obwohl die Beziehung sich erst entwickelt, wird dieses Projekt ein Forum für Mazon und seine Bewohner sein, in dem sie mehr über die »Urbanisierung« lernen können, die eigentlich vor unserer Tür beginnt; und die Menschen aus Western Springs können mehr über ihre Landwirtschaft betreibenden Nachbarn lernen. Das wird die ländlich-städtische Verbundenheit aufbauen helfen, die verloren gegangen ist und die wir beide zu erneuern wünschen.

Wir gehen auf die Reise! Unsere Gelder werden der Wider Church Ministries der United Church of Christ zur Verfügung gestellt, das ist eine mit der Durchführung betraute Mitgliedsorganisation der Foods Resource Bank. Mit der Auswahl und Leitung der Programme ist der Church World Service beauftragt, eine andere Mitgliedsorganisation. Stephen Mbandi, der für Entwicklungshilfe zuständige Direktor beim Church World Service, war bei unserem Erntedankfest und gemeinsam mit ihm beschlossen wir, dass unsere Gelder nach Gambia gehen sollten, um damit in fünf Dörfern Frauen beim Brunnenbauen und bei der Anlage von Gärten zu unterstützen und so die Unterernährung ihrer Kinder verringern zu helfen. In einem Jahr will eine Gruppe von uns diese Dörfer und Menschen besuchen. Mit unseren bescheidenen Mitteln wollen wir Solidarität schaffen zwischen unserem Wohlstand in Mazon und den Bedürfnissen dieses Dorfes. Und ich wette, wir werden das eine oder andere von den Menschen dort lernen.

Die Zukunft gewinnen

Mehr als alles andere bietet dieses Projekt für Farmer wie mich eine Gelegenheit und einen Grund, das zu tun, was wir gerne machen. Die Menschen mögen es, gute Dinge zu machen, sie mögen es, sich aufgrund dessen, was sie machen, gut zu fühlen.

Wenn wir verschiedene Wege finden können, unsere Fähigkeiten anzuwenden, so wie mit diesem Welthunger-Projekt, haben wir die Chance, einer großen Anzahl von Menschen zu helfen und unseren persönlichen Lohn dafür zu ernten.

Die Zeiten sind unsicher, aber die Farmer müssen ihre eigene Zukunft aus einer neuen Perspektive betrachten. Viele von uns sind in den Fünfzigern und kurz vor der Rente und so ist zusätzliche Zeit eine Chance. Ich für mich habe beschlossen, dass ich mich aus der Landwirtschaft etwas zurückziehe und mich mehr der Missionsarbeit widme.

Ich sehe dieses Welthunger-Projekt als eine Chance, meine Energie zu erneuern und meine Arbeit mit Sinn zu erfüllen.

Doug Harford ist Farmer und wohnt bei Mazon, Illinois.

---

[1] »Outreach Services« sind Einrichtungen, die sich um Menschen kümmern, die von den normalen Sozialdiensten nicht erreicht werden beziehungsweise die diese nicht aus eigener Kraft in Anspruch nehmen können.

braucher oder Erzeuger weitergegeben. Der Anstieg anderer Kosten, insbesondere der Vermarktungskosten, die den Wertzuwachs eines Produktes durch Arbeit, Werbung, Verarbeitung, Transport und Verpackung widerspiegeln, führte nicht nur zu höheren Verbraucherpreisen, sondern auch zu einem geringeren so genannten Farm-Wert, der dem Anteil des Landwirts am »Konsumenten-Dollar« entspricht. 1970 betrug der Farm-Wert an den Verbraucherausgaben für Nahrungsmittel noch ein Drittel, die Vermarktungskosten betrugen zwei Drittel. Bis 2000 war der »Farm-Wert« an den Verbraucherausgaben für Nahrungsmittel auf ein Fünftel gesunken, das ist ein Rückgang um 40 Prozent innerhalb von 30 Jahren.[5]

Wegen der größer werdenden Kluft zwischen Erzeuger- und Verbraucherpreisen wirken sich Marktschwankungen kaum auf die Verbraucher aus. Steigende Nahrungsmittelpreise zeigen heutzutage meistens gestiegene Vermarktungskosten an, die enger mit der Gesamtwirtschaft verbunden sind. Diese Entkopplung von Erzeuger- und Verbraucherpreisen ist umso größer, je stärker ein Lebensmittel verarbeitet ist. Beispielsweise erhält der Farmer 35 Cent für eine Fünfpfund-Tüte Mehl, während der Verbraucher dafür 1,75 US-Dollar bezahlen muss. Bei Brot verhält es sich ähnlich: Von 1,75 Dollar erhält der Farmer gerade mal neun Cent.[6]

Der Farmer hat die Wahl: Zweitjob oder mehr Anbaufläche

Eine vierköpfige Farmersfamilie in Mechanicsburg, Ohio, braucht im Jahr rund 45.000 US-Dollar zum Leben. 80 Prozent ihrer Einnahmen muss die Familie für die Produktionskosten aufwenden. Das bedeutet, sie muss ungefähr 225.000 Dollar aus dem Verkauf von Feldfrüchten einnehmen.[7] Aufgrund stagnierender oder fallender Agrarpreise und des sinkenden »Farm-Werts« müssen die Farmer entweder noch andere Jobs machen oder jedes Jahr ihre Anbaufläche ausdehnen, damit sie überleben können.

Um die Preise auf einem Niveau zu halten, das den Farmern das Überleben in einer wirtschaftlichen Notlage sichert, wurden Programme zur Einkommensstützung geschaffen. Schaut man sich jedoch die Einkommen der Farmer im Verhältnis zu guten und schlechten landwirtschaftlichen Jahren an, dann wird offensichtlich, dass die allgemeine wirtschaftliche Lage der Landwirtschaft wenig Ähnlichkeit mit der wirtschaftlichen Lage der Farmhaushalte hat.

Man könnte annehmen, dass, wenn die Preise für Feldfrüchte niedrig sind und das Gesamtbetriebs-

24 Landwirtschaft in der globalen Ökonomie

einkommen der Farmer fällt, ihr Haushaltseinkommen ebenfalls zurückgeht und den Lebensstandart senkt. Doch das scheint nicht der Fall zu sein. Im Jahr 1997, das allgemein als ein gutes landwirtschaftliches Jahr gilt und in dem das Gesamt-Nettobetriebseinkommen der Farmer die Rekordsumme von 48,6 Milliarden US-Dollar erreichte – hatte rund ein Drittel der Farmer zu wenig Einkommen aus der Landwirtschaft, um damit Grundbedürfnisse wie Nahrung, Kleidung und medizinische Versorgung zu decken.[8] Mindestens die Hälfte der kleinen Farmer verfügt über ein Nettoeinkommen von weniger als 6.000 Dollar.[9]

Unterdessen hatte im Jahr 1999 – die Nettoeinkommen gegenüber dem Vorjahr waren um nahezu elf Prozent auf 43,4 Milliarden gefallen – weniger als ein Fünftel der Farmer nicht genügend Einkommen zur Deckung ihrer Bedürfnisse. Der Grund dafür ist, dass die meisten Familien den durchschnittlichen Rückgang des Nettobetriebseinkommens von 2.000 Dollar durch außerlandwirtschaftliches Einkommen in Höhe von durchschnittlich 16.000 Dollar ausgleichen konnten.

Dies spiegelt eine Entwicklung der letzten 20 Jahre wider; die Farmer sind zur Deckung der Haushaltskosten zunehmend auf außerlandwirtschaftliches Einkommen angewiesen. 62 Prozent der meisten Farmhaushalte sind in anderen Bereichen beschäftigt.[10] Viele dieser kleinen Nebenerwerbsfarmer arbeiten normalerweise mit Verlust oder erwirtschaften niedrige Einkommen aus der Landwirtschaft, die lediglich einen Bruchteil zum Haushaltseinkommen beiträgt.

In den meisten Farmersfamilien arbeiten die Frauen ganztags außerhalb der Farm, um zusätzliches Einkommen und Sozialleistungen wie Krankenversicherung sicherzustellen. Zusätzlich zu ihrem Ganztagsjob arbeiten viele Frauen auch noch im Betrieb mit: sie erledigen die Buchhaltung und machen den Haushalt. 40 Prozent der Farmhaushalte, die von verheirateten Paaren geführt werden, sind auf das außerlandwirtschaftliche Einkommen beider Ehegatten angewiesen. Lediglich ein Fünftel aller Farmerehepaare arbeiten ausschließlich auf der Farm.[11]

Cheryl Anderson lebt mit ihrem Mann und drei Söhnen in der Nähe von Walcott, Norddakota. Die Farm gehörte bereits dem Urgroßvater ihres Mannes. Seit 21 Jahren schon arbeitet Cheryl ganztags bei MeritCare in Fargo, obwohl sie sich bei ihrer Heirat nicht vorstellen konnte, so lange außerhalb zu arbeiten. »Ich habe mir vorgestellt«, erzählt sie, »wenn wir Kinder haben, mache ich nur noch Teilzeitarbeit, sodass ich mehr Zeit für meine Kinder habe und ihnen eine gute Mutter sein kann.« Aber aufgrund der finanziellen Situation des Betriebes stand diese Möglichkeit nicht zur Diskussion.[12]

Die Tatsache, dass sie aus verschiedenen Quellen ihr Einkommen beziehen und sich nicht ausschließlich auf ihr landwirtschaftliches Einkommen verlassen, hilft den Farmersfamilien, sich vor der finanziellen Instabilität der Branche zu schützen. Natürlich ist für diejenigen, die finanziell noch immer hauptsächlich von der Landwirtschaft abhängig sind, die allgemeine ökonomische Lage der Landwirtschaft von größerem Belang. 1999 betrug das durchschnittliche Haushaltseinkommen der Familien, die von der Landwirtschaft abhängig waren, 53.172 US-Dollar. Bei Haushalten, deren Haushaltsvorstand und Betriebsleiter hauptberuflich außerhalb der Landwirtschaft tätig war, betrug das Durchschnittseinkommen 79.726 Dollar.[13]

Die Farmer, die im Vollerwerb Landwirtschaft betreiben wollen oder müssen, sind normalerweise gezwungen, ihren Betrieb zu vergrößern, um renta-

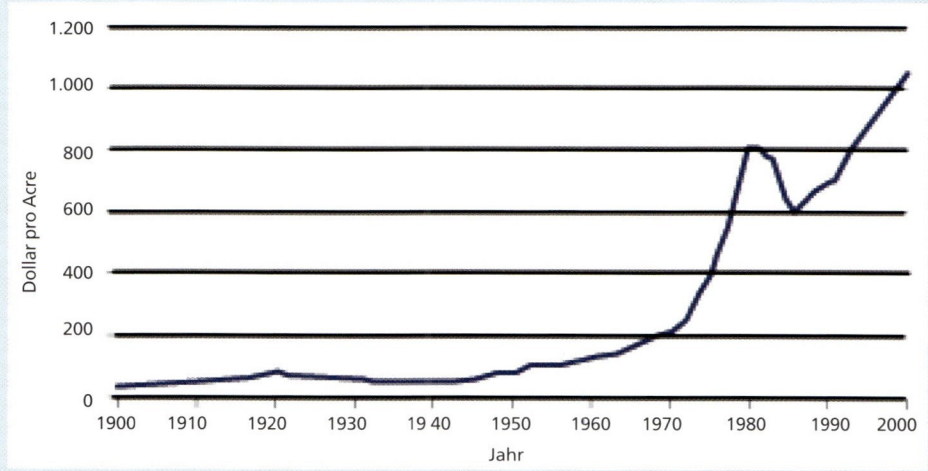

Grafik 1.3: Durchschnittliche landwirtschaftliche Bodenpreise in den USA – Entwicklung von 1900 bis 2000

Quelle: US-Landwirtschaftsministerium

Tabelle 1.1: Die amerikanischen Farmen in Zahlen

	Kleine Farmen[1]	Mittlere Farmen[2]	Große (Kommerzielle) Farmen[3]
Durchschnittliches Alter des Farmers:	59 Jahre	54 Jahre	50 Jahre
Anzahl der Farmer:	1.362.605	625.615	177.840
davon:	62%	30%	8%
Durchschn. Eigentumsfläche pro Farm:	110 Acre	351 Acre	767 Acre
Durchschn. bewirtschaftete Fläche pro Farm:	160 Acre	605 Acre	2.180 Acre
Produktionswert insgesamt:	$21 Milliarden	$62 Milliarden	$111 Milliarden
davon:	11%	32%	57%
Durchschn. Haushaltseinkommen je Farm:	$63.918	$46.205	$120.044
davon durchschn. Einkommen aus der Landwirtschaft:	$-4.498	$2.243	$81.142
davon durchschn. außerlandwirtschaftliches Einkommen:	$68.416	$43.962	$38.902
Durchschn. Einkommen aus Subventionen:	$1.552	$10.009	$43.379
Subventionen pro Acre Eigentumsfläche:	$14	$29	$57
Anteil sämtlicher staatlichen Zahlungen:	13%	40%	47%
Durchschn. Nettowert eines Farmhaushalts:	$385.029	$611.569	$1.366.124
Durchschn. Schulden pro Farmhaushalt:	$47.076	$78.791	$312.367
Farmen gegliedert nach Produktionszweig:			
Verkaufsgetreide:	8%	30%	25%
Andere Ackerbaukulturen:	25%	14%	16%
Hochwertige Kulturen:	7%	7%	15%
Rindfleisch:	43%	26%	11%
Mastschweine:	keine Angabe	keine Angabe	keine Angabe
Milchvieh:	keine Angabe	14%	11%
Andere Tierhaltung:	16%	8%	16%

Quelle: 2000 Agricultural Resource Management Survey (ARMS)

[1] Kleine Farmen sind Betriebe mit einem Verkaufserlös von unter 250.000 US-Dollar pro Jahr; diese Kategorie ist gegliedert in: Betriebe mit begrenzten Ressourcen; Betriebe, die von Rentnern bewirtschaftet werden und Nebenerwerbsbetriebe (Definition nach ARMS).

[2] Mittlere Farmen sind Betriebe mit einem Verkaufserlös von unter 250.000 US-Dollar; diese Kategorie ist untergliedert in Betriebe mit geringen Verkaufsanteil und Betriebe mit einem sehr hohen Verkaufsanteil (Definition nach ARMS).

[3] Die Kategorie »große (kommerzielle) Farmen« ist untergliedert in große und sehr große Familienbetriebe und in Nicht-Familienbetriebe (Definition nach ARMS).

bel arbeiten zu können. Seit 1935 ist die Anzahl der Farmen in den USA um zwei Drittel zurückgegangen – von 6,8 auf 2,2 Millionen. Allerdings hat sich der Rückgang in den letzten Jahren verlangsamt.[14] In derselben Zeit hat sich die Fläche pro Betrieb verdreifacht, von 155 Acres, also rund 63 Hektar, auf 487 Acres oder rund 197 Hektar im Jahr 1997 (s. Grafik 1.3, S. 25)

Programme zur Unterstützung der Landwirtschaft haben diesen Rückgang der Betriebe und die

Zunahme der Fläche pro Betrieb beschleunigt, weil sie die Farmer ermutigt haben, ihre Betriebe zu vergrößern, um so mehr subventionsberechtigte Fläche zu erlangen und damit höhere staatlich garantierte Zahlungen zu erhalten. Vor 1960 machten staatliche Zahlungen weniger als zehn Prozent des Netto-Einkommens eines Farmers aus. Zwischen 1960 und 1980 stieg dieser Prozentsatz auf durchschnittlich 20 Prozent. Doug Harford, ein Farmer aus Illinois, beschreibt die Lage so: »Niemand redet gerne über unsere Abhängigkeit von Agrarsubventionen, aber einen großen Teil unseres Einkommens beziehen wir aus staatlichen Programmen. Es ist schon irgendwie frustrierend, dass wir's nicht aus eigener Kraft packen können. Landwirtschaft ist inzwischen eher Lifestyle als Broterwerb, auch wenn es uns schwer fällt, das zu akzeptieren« (s. auch Bericht S. 22ff).

In dem Umfang, in dem der Anteil staatlicher Zahlungen am Nettoeinkommen steigt, wächst auch der Anreiz, sich zu vergrößern und mit anderen zusammenzuschließen. In jüngster Zeit haben die größten Farmen den größten Teil der staatlichen Unterstützung erhalten. Farmen mit jährlichen Verkaufserlösen von mehr als 500.000 Dollar erhielten im Jahr 1999 22 Prozent der staatlichen Zahlungen, eine Zunahme um 13 Prozent seit 1993. Farmen mit Verkaufserlösen zwischen 250.000 und 500.000 Dollar erhielten 21 Prozent der staatlichen Zahlungen; 1993 waren es noch 18 Prozent.[15]

Explodierende Bodenpreise

Eine andere nicht beabsichtigte Folge der US-amerikanischen Agrar-Programme trägt mit zu diesem Zyklus der Konzentration und der Expansion bei: die Explosion der Bodenpreise (s. Grafik 1.3, S. 25). Der Wert der landwirtschaftlichen Flächen hängt, wie bei den meisten anderen Dingen auch, von den erwartenden künftigen Erträgen ab. Zwei Faktoren, die zunehmend zu höheren Ertragserwartungen von landwirtschaftlichen Flächen beitragen, sind direkte staatliche Zahlungen und Stadtnähe.

Im Jahr 2000 beliefen sich die direkten staatlichen Zahlungen auf 22,9 Milliarden US-Dollar.[16] Weil diese Zahlungen, von denen die meisten direkt an die Fläche gebunden sind, seit mehr als 50 Jahren ununterbrochen in die Landwirtschaft fließen, betrachten viele Investoren landwirtschaftlichen Grund und Boden als eine ständige Quelle staatlicher Zahlungen und sind bereit, für den erwarteten künftigen Gewinn bereits in der Gegenwart zu bezahlen.

Die steigende Nachfrage nach Eigenheimen im Grünen, nach landwirtschaftlichen Anwesen und Freizeitgrundstücken sowie andere auf das Land übergreifende vorstädtische Entwicklungen beeinflussen ebenfalls die Preise für landwirtschaftliche Flächen. Das US-amerikanische Landwirtschaftsministerium schätzt, dass zwischen zehn und zwanzig Prozent der landwirtschaftlichen Nutzfläche –

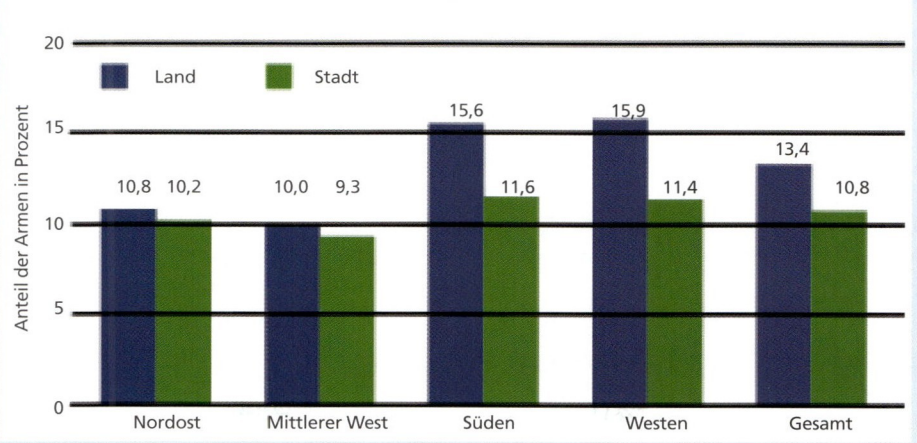

Grafik 1.4: Die ländliche Armut ist größer als die städtische

Die Anzahl armer Menschen in den ländlichen Regionen der Vereinigten Staaten erreichte mit 6,9 Millionen Menschen im Jahr 2000 ihren bisher tiefsten Stand, so das US-amerikanische Landwirtschaftsministerium. Die ländlichen Armutszahlen und Raten verbesserten sich hauptsächlich aufgrund des beispiellosen wirtschaftlichen Wachstums in den Vereinigten Staaten zwischen 1993 und 2000.

Nun, nachdem sich das Wirtschaftswachstum verlangsamt hat und die Arbeitslosenzahlen gestiegen sind, beginnen die Armutsraten ebenfalls zu steigen.

Die ländlichen Armutsraten (13,4 Prozent) sind nach wie vor höher als die städtischen, die im Jahr 2000 10,8 Prozent betrugen – ein weiteres Rekordtief. Überdies ist die ländliche Armut im Süden und Westen der Vereinigten Staaten am schlimmsten.

Quelle: Berechnungen des Economic Research Service des US-amerikanischen Landwirtschaftsministeriums; sie basieren auf dem Current Population Survey, March Supplement 2001.

vor allem in Stadtnähe – solchen städtischen Einflüssen ausgesetzt ist.[17]

Folglich steigt der Wert der landwirtschaftlichen Flächen weiter an; 2001 erreichte er eine Rekordhöhe von 1.130 US-Dollar pro Acre, also rund 2.792 Dollar pro Hektar, das war gegenüber dem Vorjahr ein Anstieg um 4,6 Prozent.[18] Seit der Wirtschaftskrise im Agrarsektor in den 1980er-Jahren – damals sank der Wert der Ackerflächen dramatisch –, ist er wieder beständig gestiegen, und zwar um ungefähr 90 Prozent, verglichen mit dem Tiefstand im Jahr 1987, als ein Acre 599 Dollar wert war, also etwa 1.480 Dollar pro Hektar.

Der steigende Wert der landwirtschaftlichen Flächen ist vermutlich der größte Nutzen, den die Farmer von den US-amerikanischen Landwirtschaftsprogrammen haben. Als Gruppe betrachtet verfügen die Farmer heute über ein akkumuliertes Netto-Durchschnittsvermögen, das das einer durchschnittlichen US-amerikanischen Familie übersteigt, wobei der Grundbesitz mehr als drei Viertel des Vermögens der Farmer ausmacht. 1999 betrug das durchschnittliche Netto-Vermögen eines Farmhaushalts 563.000 US-Dollar, das der anderen amerikanischen Familien durchschnittlich 283.000 Dollar.[19]

Dieser wachsende Reichtum kommt jedoch nicht allen Farmern in gleichem Umfang zugute. Diejenigen, die neu ins Geschäft einsteigen, haben gewaltige Kosten, hauptsächlich aufgrund der Bodenpreise. Es verwundert nicht, dass der Anteil der Farmer, die jünger als 35 sind, von 15 Prozent im Jahr 1954 auf acht Prozent im Jahr 1997 gesunken ist.[20]

Hohe Bodenpreise machen eine Expansion für existierende Betriebe teurer und damit schwieriger, egal ob es sich um Kauf oder Pacht handelt. Laut Landwirtschaftsministerium untergräbt diese Entwicklung auch die Konkurrenzfähigkeit der amerikanischen Farmer auf dem Weltmarkt. Weil der Bodenpreis einen großen Teil der Gesamtkosten ausmacht, »haben anhaltende Zuwächse bei Bodenpreisen und Pachten eine entschieden negative Wirkung auf die Wettbewerbsfähigkeit unserer Farmer, verglichen mit denen anderer Exportländer – ein Grund für wachsende Besorgnis in den letzten Jahren.«[21]

Schulden, Bankrott und Zwangsvollstreckung

Da die Einkommen der Bauern und ihre Vermögensverhältnisse wenig Bezug zur wirtschaftlichen Situation in der Landwirtschaft haben, verwundert es nicht, dass deren Schuldenhöhe und Entscheidungen in Zusammenhang mit Schutz vor Konkurs- und Zwangsvollstreckungsanträgen wenig miteinander zu tun haben. Entgegen der Meinung der meisten Menschen über die Landwirtschaft sind Schulden nicht die Hauptquelle des Kapitals für Farmen. Ende 2000 gaben nur 42 Prozent der Landwirte an, ausstehende Schulden zu haben.[22]

Da für die Erweiterung des Betriebs oder für die Investition in neue Technologien jedoch mehr Geld benötigt wird, steigt der Anteil des Fremdkapitals. Im Jahr 2001 betrug die Verschuldung der Landwirtschaft geschätzte 192,8 Milliarden US-Dollar, das ist eine Zunahme von 4,8 Prozent gegenüber dem Vorjahr. Für 2002 geht man davon aus, dass diese Summe erneut um 1,9 Prozent steigt, das wäre der zehnte Anstieg innerhalb von zehn Jahren.[23]

Trotz chronisch niedriger Agrarpreise, die nach wie vor die Farmeinkommen drücken, bleiben Zahlungsverzug und andere Kreditprobleme bei allen Hauptkreditgebern – einschließlich der Farm Services Agency, des regierungseigenen Kreditgebers letzter Instanz – auf niedrigem Niveau. Laut dem Agricultural Income and Finance Annual Lender Issue des amerikanischen Landwirtschaftsministeriums aus dem Jahr 2002 »profitiert die Stabilität der landwirtschaftlichen Kreditportfolios von umfangreichen staatlichen Zahlungen und den beträchtlichen Summen außerlandwirtschaftlicher Einkommen.[24]« Ein Blick in die Annalen der Bundesaufsicht der US-Banken zeigt uns, dass die verspäteten Kreditrückzahlungen 1987 ihren Höchststand hatten; sie betrugen damals elf Prozent des Kreditvolumens. Seitdem sind sie zurückgegangen und haben sich in den vergangenen Jahren bei etwa drei Prozent des Kreditvolumens eingependelt.[25]

Eine größere Bedrohung für die Zahlungsfähigkeit der Farmer ist die mangelnde Liquidität. Während in den 1980er-Jahren die Farmer von zu vielen Schulden erstickt wurden, ist heute ihr Vermögen im Boden gebunden, sodass sie oft kein Bargeld haben, es sei denn, sie verkaufen oder verpachten einen Teil ihres Vermögens. Wie andere Unternehmen auch, die im Wettbewerb stehen, werden jedes Jahr Farmen aus den verschiedensten Gründen aufgegeben. Die Amerikanische Bankenvereinigung berichtet, dass der Anteil der Zwangsvollstreckungen im landwirtschaftlichen Bereich mit 6,2 Prozent 1986 seinen Höhepunkt hatte. Inzwischen hat er sich zwischen zwei und drei Prozent eingependelt. Auch die Konkursanmeldungen waren 1986 mit 4,2 Prozent am höchsten; in den 1990er-Jahren betrugen sie zwischen einem und zwei Prozent.

Tatsache ist sogar, dass landwirtschaftliche Betriebe weniger konkursanfällig sind als andere Unternehmen, hauptsächlich weil Neu-Farmer höhere Betriebsgründungskosten haben und mehr Eigenkapital aufs Spiel setzen. Die Kosten einer Geschäftsaufgabe sind daher viel höher als in anderen Bereichen. In der Tat beträgt die Rate der Geschäftsaufgaben bei nichtlandwirtschaftlichen Unternehmen 15 Prozent. Die Wahrscheinlichkeit, dass sie aufgeben ist damit viermal so hoch wie bei neuen Farmen.[26]

Hohe Betriebsgründungskosten stellen einen weiteren Faktor dar, der mit zur chronischen Überproduktion landwirtschaftlicher Erzeugnisse beiträgt, nämlich die hohe Kapitalanlage in der Landwirtschaft. Ist ein Restaurant oder eine Produktionsanlage nicht mehr rentabel, kann man die Einrichtung, die Gebäude und die Vorräte – also das Kapital – zu einem anderen Zweck wiederverwenden oder verkaufen. Obwohl ein Farmer in ähnlicher Weise seine Farm verkaufen kann, wenn sie für ihn nicht mehr rentabel ist, wartet fast immer schon ein größerer Betrieb darauf, sie zu kaufen und das Land zu bebauen – oft mit derselben Kultur – mit dem Ergebnis, dass es keinen Netto-Rückgang in der Produktion gibt.[27]

Die Farmlandschaft ist vielgestaltig

Die bereits geschilderten Trends zeigen die Schwächen der traditionellen Agrarprogramme mit ihren Maßnahmen zur Einkommensstützung und Versorgungskontrolle auf und vermitteln einen Eindruck davon, wo die Landwirtschaft heute steht, aber sie geben keine Auskunft über die Bandbreite und Komplexität des Agrarsektors. Damit die Auswirkungen der Agrarpolitik auf die unterschiedlichen Farmtypen diskutiert werden kann, wurden sie in drei Gruppen eingeteilt: große, kleine und mittlere Betriebe (s. Tabelle 1.1, S. 26).[28]

Große kommerzielle Farmen

Allgemein gesprochen: Die einzigen Farmer, die heutzutage Profit machen, sind die mit den größeren kommerziellen Betrieben und Verkaufserlösen von mehr als 250.000 US-Dollar. Das sind zwar nur acht Prozent aller Farmen, aber sie erhalten fast die Hälfte, genau gesagt 47 Prozent der Subventionen. Weil sie Gewinn erzielen, haben sie überdies Geld, um die steigenden Preise für landwirtschaftliche Flächen zu zahlen und können sich vergrößern. Ein typischer Großbetrieb ist ein Familienbetrieb, der sich auf Verkaufsfrüchte wie Getreide oder Sojabohnen spezialisiert hat, die im Jahr zwischen

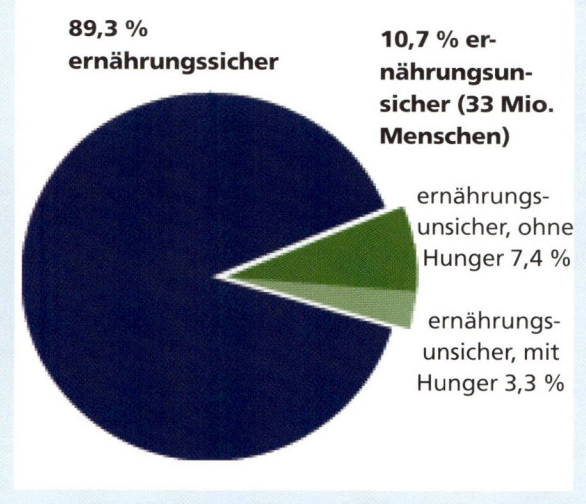

Grafik 1.5: Ernährungssicherheit der US-amerikanischen Haushalte im Jahr 2001

89,3 % ernährungssicher

10,7 % ernährungsunsicher (33 Mio. Menschen)

ernährungsunsicher, ohne Hunger 7,4 %

ernährungsunsicher, mit Hunger 3,3 %

Quelle: Berechnet auf der Grundlage des Food Security Supplement des Economic Research Service vom Dezember 2001 des US-amerikanischen Landwirtschaftsministeriums.

250.000 und 500.000 Dollar bringen. Der durchschnittliche Farmer in dieser Betriebsgruppe ist 50 Jahre alt. Obwohl er mindestens 100.000 Dollar im Jahr mit seiner Farm verdient, arbeitet seine Frau wahrscheinlich in der nahe gelegenen Stadt und verdient so noch etwas dazu. Im Jahr 2000 erhielten diese Farmer 43.000 Dollar an staatlichen Zahlungen aus verschiedenen Agrarprogrammen.

Zu dieser Gruppe gehören auch größere Betriebe wie zum Beispiel große so genannte »corporate farms« mit Verkaufserlösen von mehr als 500.000 Dollar. Diese sehr großen Betriebe sind normalerweise auf Geflügel oder Mastschweine spezialisiert; annähernd zwei Drittel der US-amerikanischen Produktion in diesem Bereich kommt aus »corporate farms«. Bei Ackerbauerzeugnissen haben sie einen vergleichbaren Anteil und sie erhalten auch einen vergleichbaren Anteil der Subventionen. Die Familienhaushalte in dieser Untergruppe verdienen etwas mehr als 200.000 Dollar pro Jahr – mehr als das vierfache eines durchschnittlichen amerikanischen Haushalts – wobei der größte Teil ihres Einkommens aus der Landwirtschaft stammt.

Kleine, aber nicht immer traditionelle Farmen

Anders ergeht es dem typischen Kleinfarmer: Er verliert mit seinem Betrieb Geld und ist auf außerlandwirtschaftliches Einkommen angewiesen, um diesen

Verlust auszugleichen; die Subventionen reichen dafür nicht aus. Dieser Farmer hat Verkäufe von weniger als 250.000 US-Dollar brutto. Viele kleine Farmer, genauer 43 Prozent, sind auf die Erzeugung von Fleischrindern spezialisiert. Das ist ein relativ flexibles Geschäft mit niedrigen Arbeitsansprüchen.

Als Gruppe gesehen, bilden die kleinen Farmer mit 62 Prozent die größte Gruppe der Farmer in den Vereinigten Staaten. Die meisten von ihnen werden als Freizeit- oder Lifestylefarmer betrachtet. Normalerweise arbeiten beide, der Farmer und seine Frau, außerhalb der Landwirtschaft – manchmal in einer Stadt – wo sie den größten Teil ihres Einkommens verdienen. Diese Gruppe ist die einzige in der Gruppe der »kleinen«, die über ein Einkommen verfügt, das über dem des durchschnittlichen US-amerikanischen Haushalts liegt. Im Jahr 2000 verdiente diese Gruppe 83.000 Dollar.

Die meisten Ruhestandsfarmer gehören ebenfalls in diese Gruppe. Weil sie im Ruhestand sind – durchschnittlich 69 Jahre alt – und beziehen den größten Teil ihres Einkommens aus anderen Quellen wie beispielsweise Rente oder Kapitalerträge. Einen großen Teil ihres Landes haben sie an andere Farmer verpachtet oder für Naturschutzprogramme stillgelegt. Im Jahr 2000 erhielten die Ruhestandsfarmer ein Fünftel aller Zahlungen aus Schutzprogrammen. Das durchschnittliche Haushaltseinkommen dieser Farmer beträgt 40.600 US-Dollar.

Die dritte und letzte Gruppe der kleinen Farmer ist diejenige, bei der die Not am größten ist. Normalerweise liegen die Verkaufserlöse dieser Gruppe unter 100.000 Dollar und das Farmvermögen unter 150.000 Dollar. Ihr durchschnittliches Haushaltseinkommen beträgt etwa 9.500 Dollar. Der Durchschnittsfarmer in dieser Gruppe ist 59 Jahre alt und hat keine High-School-Bildung. Aufgrund der begrenzten Ressourcen, der Bildung, des Alters und der finanziellen Bedürfnisse hat das US-amerikanische Landwirtschaftsministerium diese Gruppe als diejenige identifiziert, der zu helfen mit den aktuellen Landwirtschaftsprogrammen am schwierigsten ist.

Die mittleren Betriebe stecken in der Krise

Die Farmer, die am stärksten von niedrigen Produktpreisen und daraus resultierenden Einkommensdefiziten getroffen werden, sind diejenigen mit mittleren Betrieben. Diese sind nicht groß genug, um die gleichen Produktionsvorteile wie Großbetriebe zu haben, aber zu groß, als dass der Farmer einer außerlandwirtschaftlichen Tätigkeit nachgehen könnte. Die meisten dieser Farmer, 73 Prozent, erzielen Verkaufserlöse, die unter 100.000 Dollar liegen und ebenso wie ihre Kollegen im Ruhestand mit den kleinen Betrieben haben sich viele auf Viehhaltung spezialisiert. Viele dieser Farmer, deren Durchschnittsalter bei 59 Jahren liegt, bereiten sich auf ihren Ruhestand vor; viele von ihnen haben ein Zusatzeinkommen aus Kapitalerträgen. In vielen Familien arbeiten die Ehefrauen noch; das trägt den größten Teil zum Haushaltseinkommen von 43.000 Dollar bei.

Von den jüngeren Farmern in dieser Gruppe müssen viele kämpfen, um sich über Wasser zu halten. Und weil sie knapp bei Kasse sind, haben die meisten von ihnen nicht das nötige Geld, um den Betrieb zu vergrößern oder zusätzliches Land zu pachten. Ungefähr ein Viertel der Farmer mit mittelgroßen Betrieben erzielen Verkaufserlöse zwischen 100.000 und 250.000 Dollar. Die meisten von ihnen sind auf Getreide und Milchvieh spezialisiert. Nahezu alle, nämlich 81 Prozent, erhalten Zahlungen aus dem Commodity Program. Das durchschnittliche Haushaltseinkommen dieser Betriebe betrug 53.300 Dollar im Jahr 2000.

Erntehelfer auf einer Farm bei Selma, Kalifornien. Trotz harter Arbeit verfügt ein Farmhaushalt über weniger als US$ 10.000 pro Jahr.

Das ländliche Amerika verändert sich

Eine noch größere Vielfalt findet man im ländlichen Amerika. In nicht allzu ferner Vergangenheit war Landwirtschaft fast gleichbedeutend mit ländlich. Aber das trifft nicht mehr zu. Obwohl die Landwirtschaft in vielen ländlichen Gegenden eine wichtige Quelle für Beschäftigung und Einkommen ist – und nach wie vor das meiste Land beansprucht – ist sie nicht mehr der wichtigste ländliche Wirtschaftszweig.

Jon Evert, Koordinator von Rural Life Outreach in Minnesota, hat diesen Wandel über die Zeit beobachtet. Er erinnert sich daran, dass er benachbarten Farmern geholfen hat, die Wirtschaftskrise der 1980er-Jahre zu überstehen, die viele Farmer gezwungen hatte, Konkurs anzumelden. »Die Farmer flehten uns an, für sie einen Weg zu finden, damit sie auf ihrer Farm bleiben konnten«, erzählt Jon. »Wir alle waren uns sicher, dass die Krise vorübergehender Natur war und dass es nur darauf ankam, den Farmern über den Berg zu helfen. Das würde ihnen ermöglichen, ihren Betrieb umzugestalten und weiterzumachen mit ihrem früheren und gesicherten Leben. Heute bitten uns die Farmer, müde und oft ohne Hoffnung, ihnen dabei behilflich zu sein, aus der Landwirtschaft auszusteigen.«

In den letzten vier Jahrzehnten gingen die Arbeitsplätze in der Landwirtschaft von knapp acht auf etwas mehr als drei Millionen zurück. Weil die Zahl der Farmen in den letzten 20 Jahren abnahm, verringerte sich auch die Anzahl der landwirtschaftlichen Arbeitskräfte um die Hälfte, von 14,4 auf 7,6 Prozent.[29]

Hunger und Armut auf dem Land

Für viele in der Landwirtschaft verloren gegangene Arbeitsplätze wurde kein Ersatz geschaffen. Das amerikanische Landwirtschaftsministerium stufte 500 ländliche Bezirke als »Dauer-Armutsgebiete« ein, das bedeutet, dass sie während der letzten 40 Jahre eine ständige Armutsquote von 20 Prozent oder mehr hatten.[30] Obwohl die meisten Menschen, die unter Ernährungsunsicherheit leiden, in den Städten leben, nimmt ihre Zahl in den Vororten und in den ländlichen Gebieten zu. Den raschesten Zuwachs verzeichnen dabei die landwirtschaftlich geprägten Gebiete im Westen und Süden der Vereinigten Staaten.[31] Im Jahr 2000 lag der Anteil der Menschen, die unter Ernährungsunsicherheit litten, in ländlichen Gemeinden bei 13,4 Prozent und übertraf damit die städtische Quote, die bei 10,8 Prozent lag (s. Grafik 1.4, S. 27).

Von den 33 Millionen Menschen in den Vereinigten Staaten, die entweder zeitweise zu wenig zu essen haben oder ständig hungern, leben sieben Millionen in ländlichen Gemeinden (s. Grafik 1.5, S. 29). Ein Fünftel davon sind Kinder, das ist Besorgnis erregend.

Der hohe Anteil an von Armut betroffener Menschen in den ländlichen Gebieten kostet die dortigen Gemeinden viel mehr, als sie für bedarfsorientierte Sozialdienste an Steuern zahlen oder den örtlichen Kirchen und Suppenküchen spenden. Wenn Kinder nicht genügend zu Essen bekommen oder eine Mahlzeit ausfallen lassen müssen, wird ihnen schwindelig und sie fühlen sich matt, ihre Lernfähigkeit ist beeinträchtigt. Hungrige Menschen brauchen eher medizinische Hilfe, sind nicht so produktiv und neigen eher zur Resignation.[32]

Die Catholic Campaign for Human Development veröffentlichte eine Studie mit dem Titel »Poverty Pulse«, frei übersetzt »Am Puls der Armut«. Im Rahmen dieser Studie wurden sowohl Durchschnitts-Amerikaner als auch solche, von denen man annahm, sie hätten ein geringes Einkommen, danach gefragt, was es ihrer Meinung nach bedeute, in den Vereinigten Staaten arm zu sein. Obwohl die meisten Befragten mit geringe Gefühlszustand. Armut ist bedrückend und erniedrigend, sie haben das Gefühl, dass man auf sie herunterschaut, sie fühlen sich hoffnungslos, einsam und machtlos.[33]

Selbst wenn landwirtschaftliche Arbeitsplätze durch andere ersetzt werden, sind es meist weniger qualifizierte Arbeitsplätze, die schlechter bezahlt sind als beispielsweise in der verarbeitenden Industrie und im Dienstleistungsgewerbe.[34] Diese Verlagerung bedeutet nicht nur einen Verlust von Arbeitsplätzen und Einkommen für die Familien in den ländlichen Gebieten – und dadurch mehr Armut und Hunger – sondern auch einen Rückgang des Steueraufkommens, mit dem die Kommunen öffentliche Dienste wie Schulen, Krankenhäuser und Sozialprogramme zum Teil finanzieren. Diese Steuereinbußen haben in vielen ländlichen Kommunen eine langfristige Abwärtsspirale in Gang gesetzt.

Das Center for Rural Affairs, eine gemeinnützige Organisation mit Sitz in Walthill, Nebraska, untersuchte die wirtschaftlichen Bedingungen einer sich über sechs Staaten erstreckenden landwirtschaftlichen Region, die als »Rural farm«-Region in den Great Plains bezeichnet wird. Das Institut bestätigte, im Vergleich zu den eher städtischen Gebieten in diesen Staaten, einen starken Bevölkerungsrückgang verbunden mit steigender und weit verbreiteter Armut.[35] Die wichtigsten Ergebnisse waren:

> »Das ländliche Amerika braucht Familienbetriebe als Motor für seine Wirtschaft.«[36]
>
> Annette Dubas, Fullerton

Die landwirtschaftlich geprägten Bezirke verloren 1997/98 vier Prozent ihrer Bevölkerung, während in dieser Region insgesamt in dieser Zeit ein Bevölkerungszuwachs von sechs Prozent zu verzeichnen war.

Sowohl die allgemeine Armutsrate als auch die bei Kindern ist in landwirtschaftlichen Gebieten erheblich höher. Bei Kindern beträgt sie in Gemeinden auf dem Land durchschnittlich 18 Prozent, verglichen mit 12 Prozent in städtischen Gebieten.

Armut unter den Landwirten ist keine Einzelerscheinung. Mehr als ein Drittel der ländlichen Haushalte haben ein Einkommen von weniger als 15.000 Dollar pro Jahr.

»Wenn ein Familienbetrieb aufhört, ist das für immer«, sagt Annette Dubas aus Fullerton, Nebraska, die mit ihrer Familie eine Farm bewirtschaftet. Sie fürchtet den Tribut, den der Verlust der Farmen von ihrer Gemeinde fordert.

Landarbeiter und Indianer

Zu den am stärksten gefährdeten Bevölkerungsgruppen in landwirtschaftlichen Gegenden gehören die Landarbeiter und die Indianer. Obwohl die meisten Landarbeiter Wanderarbeiter sind – entweder aus den Vereinigten Staaten selbst oder aus dem Ausland – tendieren sie dazu, nur einen landwirtschaftlichen Job im Jahr anzunehmen. Im Durchschnitt verdienen sie 5,94 Dollar pro Stunde.[37] Mehr als drei Viertel der Landarbeiter-Haushalte verdienen weniger als 10.000 Dollar im Jahr.

In den Vereinigten Staaten werden Landarbeiter hauptsächlich zur Obst-, Gemüse- und Nussernte sowie bei anderen arbeitsintensiven Kulturen eingesetzt – alles einträgliche, florierende landwirtschaftliche Bereiche. Dennoch gingen im vergangenen Jahrzehnt die Arbeitsstunden der Arbeiter zurück, ebenso ihre Löhne. Seit 1990 nahm die Kaufkraft der Landarbeiter-Löhne um zehn Prozent ab.[38]

Der Gegensatz zwischen der Armut der Landarbeiter und dem Wohlstand der Branche ist nirgendwo offensichtlicher als im kalifornischen San Joaquin Valley. Dort ist eine der vielfältigsten und

Ländliche Gemeinden müssen umdenken: Statt ausschließlich Landwirtschaft zu betreiben, müssen neue Arbeitsplätze in anderen Erwerbsbereichen geschaffen werden.

produktivsten Branchen der US-Landwirtschaft zu Hause. Dort findet man aber auch einige ihrer ärmsten Gemeinden. Im letzten Jahrzehnt erzielten die Farmer in Gemeinden wie Visalia, Gresno und Madera Rekordsteigerungen ihrer Umsätze.[39] Unterdessen müssen die Landarbeiter darum kämpfen, dass ihre Familien ein Dach über dem Kopf und etwas zu Essen haben.

Im kalifornischen Napa County werden während der Herbsternte 6.000 Arbeitskräfte in den Weinbergen benötigt, aber es gibt nur 200 billige Schlafplätze in Arbeiterunterkünften.[40] Viele der Arbeiter müssen in behelfsmäßigen Unterkünften aus Pappe oder Plastiksäcken campen. Selbst wenn eine Familie einen Schlafplatz hat – viele dieser Behausungen haben weder einen Wasseranschluss im Haus noch eine Küche.

Trotz dieser Verarmung nehmen nur wenige Landarbeiter Sozialleistungen in Anspruch wie Sozialversicherung und Sozialwohnungen. Beispielsweise beantragten 1998 weniger als 100 Farmarbeiter in den Vereinigten Staaten Sozialhilfe, so genannte Temporary Assistance for Needy Families. Ebenso bitten weniger als drei Prozent der Landarbeiter um Unterstützung bei kommunalen oder kirchlichen Einrichtungen, die ein bedeutendes Sicherheitsnetz für andere arme Bevölkerungsgruppen in den Vereinigten Staaten darstellen.[41] Stattdessen verlassen sich viele Landarbeiter auf die Hilfe von Freunden und Familie. Ganz allgemein gibt es in vielen ländlichen Gegenden relativ wenig Food Pantries, also Verteilstellen für Lebensmittelpakete.

weiter auf S. 35

Nordkarolina: Hilfe für Bauern und Gemeinden

von Betty Bailey

Weltweit bauen 33 Millionen Menschen Tabak an. Es ist eine Verkaufsfrucht, daher sind die Familien vom Tabak und dem daraus erzielten Einkommen für den Lebensunterhalt ihrer Familien abhängig. Allein im Süden der Vereinigten Staaten sind es 120.000 Familien.

Die jüngsten Veränderungen in der Tabakwirtschaft – Kürzungen im staatlichen Quotenprogramm – bedeuten für diese amerikanischen Farmersfamilien, dass sie sich für ihren Lebensunterhalt nicht mehr länger hauptsächlich auf den Tabak verlassen können. Das ist zwar auf der einen Seite verheerend, auf der anderen Seite aber bietet die Veränderung eine enorme Chance, diesen Farmern zu helfen, in andere Unternehmungen zu wechseln und gleichzeitig viele kleinere amerikanische Farmen in der Landwirtschaft zu halten.

Umwälzungen in der Branche

Die Veränderungen in der Tabakwirtschaft kamen mehr oder weniger über Nacht. Innerhalb von nur drei Jahren wurden die Tabakquoten – das ist die entsprechend der Marktnachfrage staatlich festgelegte Anbaumenge – halbiert. Die Tabakkonzerne kaufen mehr Rohware außerhalb der Vereinigten Staaten. Innerhalb von zwei Jahren ist die Tabakmenge, die unter vertraglichen Bedingungen zwischen Farmern und Tabakkonzernen angebaut wird, auf 80 Prozent gestiegen. Überdies verliert das alte Auktionssystem rapide an Bedeutung, allein in Nordkarolina haben 106 Lagerhäuser im vergangenen Jahr geschlossen.

Ein Lichtstrahl inmitten dieser Umwälzung ist das Master Settlement Agreement (MSA) für Tabak, das 1998 zwischen 46 Bundesstaaten und den größten Tabakkonzernen geschlossen wurde. Es ist eine Übereinkunft zur Entschädigung von Verlusten im Zusammenhang mit Tabak. Als Gegenleistung für die Beendigung von Gerichtsprozessen stimmten die Tabakkonzerne zu, den Bundesstaaten Entschädigungen zu bezahlen für Gesundheitsfürsorgekosten und in Tabak produzierende Bundesstaaten für Verluste der Farmer und Gemeinden aufzukommen, die vom Tabakanbau abhängig sind.

Die Bundesstaaten haben einen erheblichen Einfluss darauf, wie sie diese Gelder verwenden. Im Rahmen der Kampagne »Tobacco Free Kids«, was so viel bedeutet wie »Keine Kippen für Kids«, geben nur wenige Bundesstaaten einen signifikanten Anteil des Geldes aus, um das Rauchen unter Teenagern zu stoppen oder für andere Maßnahmen zur Kontrolle des Tabakkonsums. Acht von 14 der Bundesstaaten, in denen der Tabak hauptsächlich angebaut wird, setzen einen Teil der Gelder für die landwirtschaftliche Entwicklung ein. Fünf von acht haben durchschnittlich 22 Prozent der Gelder für diesen Zweck bereitgestellt. Aber es könnte noch viel mehr getan werden, sowohl um den Farmern zu helfen als auch um die Jugendlichen vom Rauchen abzuhalten.

Leben nach dem Tabak

Die Tabakanbauer wissen, dass sie sich umstellen müssen, wenn sie überleben wollen. Eine von der Wake Forest University und Rural Advancement Foundation Interantional (RAFI) USA durchgeführte Befragung von 1.236 Farmern in Nordkarolina ergab, dass die Farmer die Zeichen der Zeit erkannt haben. Sie sind der Überzeugung, dass

- sie in Zukunft keinen Tabek mehr anbauen werden;
- dass sie ihren Kindern nicht raten werden, Tabak anzubauen, weil das staatliche Tabakprogramm in fünf Jahren nicht mehr existieren wird;
- sie Interesse an einer Diversifizierung ihres Einkommens haben und in der Landwirtschaft bleiben wollen.

Überdies war jeder fünfte der befragten Farmer bereits aus dem Tabakanbau ausgestiegen, obwohl die meisten noch immer darum kämpften, in der Landwirtschaft zu bleiben. Die meisten Farmer, nämlich 96 Prozent, bauen bereits etwas anderes an, meistens die traditionell angebauten Kulturen, aber sie verdienen nichts dabei.

Nach Aussage der Farmer scheitert die Rentabilität an mangeldem Kapital, an fehlenden lokalen Verarbeitungs- und Vermarktungsmöglichkeiten, Arbeitskräften und geeigneten Maschinen. In einem Markt, in dem der Anteil der Farmer am so genannten »Lebensmittel-Dollar« sinkt und die Gewinne der Verarbeiter und des Handels steigen, müssen die Farmer versuchen, im nachgelagerten Bereich neue Märkte zu erschließen und darüber nachzudenken, was aus einer Ernte wird, nachdem sie die Farm verlassen hat.

Eine goldene Chance

Die Bundesstaaten sollten das Geld aus dem Vergleich mit den Tabakkonzernen verwenden, um den Farmern bei der Diversifizierung ihrer Produktion zu helfen und zum Aufbau der ländlichen Gemeinden beizutragen. Noch vor dem Abschluss des Master Settlement Agreement waren einige Programme entwickelt worden, um den Farmern beim Ausstieg aus dem Tabakanbau zu unterstützen. RAFI betrieb das Tobacco Communities Reinvestment-Pilotpogramm und die Commodity Growers Cooperative in Kentucky richtete ein ähnliches Programm ein. Die Farmer und Gemeinden erhielten aus dem Reinvestitionsprogramm einen Teil ihrer Kosten erstattet, die ihnen durch das Ausprobieren neuer Ideen zur Steigerung des Einkommens entstanden waren. Die finanziell unterstützten Projekte umfassten Bauernmärkte, genossenschaftliche Verarbeitung, von Farmern angebotene Dienstleistungen und neue Verwendung alter Ausstattung. Einige Farmer steigerten ihr Einkommen, indem sie in ehemaligen Tabak-Gewächshäusern Obst und Gemüse außerhalb der normalen Vegetationsperiode anbauten. Andere Projekte zielen auf Farmer, die Selberpflücken oder Selberfischen anbieten oder Direktvermarktung betreiben.

Nordkarolina rechnet damit, über einen Zeitraum von 25 Jahren 4,6 Milliarden US-Dollar von den Tabakkonzernen zu erhalten. Die Hälfte davon geht in die Golden Long-Term Economic Advancement Foundation (LEAF), die andere Hälfte wird zwischen zwei Fonds aufgeteilt: dem Health and Wellness Trust und dem Tobacco Trust für die Farmer, Arbeiter und Firmen. Ein zusätzlicher Phase II-Fonds wurde Nordkarolina und den anderen Tabak produzierenden Bundesstaaten für direkte Zahlungen an Farmer und Quoteninhaber zur Verfügung gestellt. Entscheidungen der ersten Phase II-Kommission bedeuten, dass nur diejenigen Zahlungen erhalten, die weiterhin im Tabakgeschäft bleiben.

Schätzungsweise sind 43 der 59 Millionen US-Dollar, die bisher in Nordkarolina ausgegeben wurden, in die Tabakverarbeitung und in Vermarktungsmaßnahmen geflossen, um die Farmer des Bundesstaates und die Gemeinden im globalen Tabakmarkt auf dem Weltmarkt wettbewerbsfähig zu erhalten. Nordkarolina leidet, wie viele andere Bundesstaaten auch, unter einem Haushaltsdefizit. Im Jahr 2002 wurden die 80 Millionen US-Dollar aus dem Vergleich mit der Tabakindustrie zum Stopfen von Haushaltslöchern verwendet, anstatt sie an die Bauern auszahlen.

Trotzdem wird ein beträchtlicher Teil der Gelder für die landwirtschaftliche Entwicklung ausgegeben. Die Stiftung Golden LEAF hat 15 Millionen US-Dollar für die Entwicklung alternativer Feldfrüchte und andere wirtschaftliche Entwicklungsprojekte in den ärmsten und am meisten vom Tabak abhängigen Bezirken ausgegeben. Der Tobacco Trust hat jetzt bekannt gegeben, dass er Fördermittel in Höhe von drei Millionen US-Dollar für die Landwirtschaft und die Schaffung von Arbeitsplätzen bereitstellt, darunter auch Gelder für die Reinvestitions-Fonds von RAFI und ergänzende Projekte.

Der Tabak anbauende Süden hat eine noch nie da gewesene Chance, durch den klugen Einsatz der Mittel aus dem Vergleich die kleinen Farmen und ländlichen Gemeinden wiederzubeleben. Politische Trends und der wirtschaftliche Abschwung werden großen Druck auf die Verwendung dieser Gelder ausüben. In solchen Zeiten sollten die Bundesstaaten nicht vergessen, dass kleine Farmen gut sind für die Region. Sie tragen zur Versorgung mit frischen lokalen Lebensmitteln bei, sie sorgen für Beschäftigung, grüne Felder und Wälder und noch vieles mehr für die Gemeinden im Süden.

Betty Bailey ist Geschäftsführerin der Rural Advancement Foundation International USA.

Tabelle 1.2:
Veränderungen in der Größenklassen-Verteilung der Farmen zwischen 1993 und 1999

	Farmgröße (Klassifizierung anhand jährlicher Verkaufserlöse)				
	$500.000 oder mehr	$250.000-499.999	$100.000-249.999	$50.000-99.999	Gesamt
1993	45.856	70.982	224.823	212.531	554.192
1997	53.531	82.984	207.058	187.831	531.404
1999	63.422	80.917	199.012	166.208	509.559
Gesamt 1993-1999					
Veränderungen in Prozent	38%	14%	-11%	-22%	-8%
Zu- und Abgänge	17.566	9.935	-25.811	-46.323	-44.633
Anzahl der ausgeschiedenen Betriebe mit einem Bruttoerlös von $50.000-249.999					-72.134

Quelle: Farm Business Economics Briefing Room. Farm Structure Reading Room, »A Close-Up of Changes in Farm Organization«, USDA (US-Landwirtschaftsministerium), 1996a und 2000

In Kalifornien beispielsweise betreibt das Tulare County Food Link-Programm rund 20 solcher Verteilstellen im gesamten Bezirk – das ist nicht einmal eine Food Pantry pro Gemeinde.

Direkte Nahrungsmittelhilfe wie Lebensmittelmarken und das Special Supplemental Nutrition Program for Women, Infants and Children – ein spezielles Ernährungsprogramm, in dessen Rahmen qualitativ hochwertige Nahrungsmittel an Schwangere und Kleinkinder verteilt werden – nehmen zehn Prozent der Farmarbeiter in Anspruch. Und nur 13 Prozent nehmen die staatliche Krankenversicherung für Arme in Anspruch. Diese niedrigen Zahlen deuten darauf hin, dass viele Familien hungern oder andere Grundbedürfnisse nicht decken können.

In den indianischen Gemeinden sind die Hunger- und Armutsraten noch schlimmer. Fast ein Drittel der Indianer lebt in Armut und nahezu ein Viertel aller Haushalte gelten als ernährungsunsicher.[42] Weil viele Gemeinden ziemlich weitab von öffentlichen Einrichtungen wie Lebensmittelmarken- und Sozialhilfe-Büros liegen, hat das amerikanische Landwirtschaftsministerium spezielle Programme geschaffen, um damit ihre Bedürfnisse besser zu erfüllen. Aber es muss noch mehr getan werden.

Vieles spricht für die kleinen Farmen

Die Farmerin Annette Dubas aus Nebraska und andere Beobachter argumentieren, das ländliche Amerika brauche seine kleinen Farmen, wenn die Wirtschaft überleben solle. Historisch betrachtet, hingen Beschäftigung und Einkommen in diesen Gemeinden hauptsächlich von der Landwirtschaft ab. Nicht nur die Familienfarmen, sondern fast alle Familienbetriebe – Lebensmittelgeschäft, Getreideannahmestelle, Futtermittelgeschäft – waren Teil einer landwirtschaftlichen Struktur, die das wirtschaftliche Rückgrat der Gemeinde war. Jeder neu

Gary Braver, Farmer in Minnesota, setzt sich für biodynamischen Anbau ein.

weiter auf S. 38

Das Agrargesetz von 2002 – viele Gewinne, bedeutende Verluste

Mit der Unterschrift von Präsident Bush am 13. Mai 2002 trat das neue Agrargesetz nach mehr als einjähriger Debatte in Kraft.

Das Gesetz enthält mehr neue und erweiterte Unterstützungsmöglichkeiten für Umweltmaßnahmen als jemals zuvor, aber es spricht so gut wie gar nicht die Preisverzerrung, die Überproduktion oder die Belange der kleinen Farmer hinsichtlich Konzentration und Wettbewerb an. Das Gesetz erhöht auch deutlich die Ausgaben für Einkommenszahlungen, die von den Entwicklungsländern und anderen als handelsverzerrend und unfair betrachtet werden, weil der Löwenanteil den großen Farmbetrieben zugute kommt.

Dieses Gesetz bestimmt die Agrar- und Ernährungspolitik der nächsten sechs Jahre. Der Beginn der Debatte zum nächsten Agrargesetz ist für 2007 geplant. Das rund 180 Milliarden US-Dollar Budget, mit dem das Gesetz ausgestattet ist, wird über einen Zeitraum von zehn Jahren ausgegeben werden und enthält einen Grundbetrag von rund 97 Milliarden Dollar sowie einen zusätzlichen Betrag von 83,8 Milliarden über das vorherige Agrarbudget hinaus.

Zusätzliche Ausgaben über die nächsten zehn Jahre

Titel	Gesamtsumme (in Mrd. Dollar)	prozentualer Anteil am Haushalt
Produktion	56,7	68
Umwelt	17,1	20
Ernährung	6,6	7,9
Handel	1,1	1,3
Ländl. Entwicklg.	1,0	1,2
Forschung	1,3	1,5

Insgesamt enthält das Gesetz verschiedene positive Maßnahmen für die Armen und Hungrigen sowie für die ländlichen Gemeinden.

Ernährung

Der Titel »Ernährung« des Agrargesetzes aus dem Jahre 2002 umfasst viele Programme, die das größte Potenzial haben, die Ernährungssicherheit der Verbraucher mit geringem Einkommen, einschließlich der Landarbeiter, Senioren und Kinder, direkt zu beeinflussen und zu verbessern.

Lebensmittelmarken

■ Legale Einwanderer, die seit fünf Jahren im Land sind, erhalten wieder Lebensmittelmarken.
■ Innerhalb der Gruppe der legalen Einwanderer erhalten Kinder und Behinderte Lebensmittelmarken, und zwar ohne Einschränkung bezüglich der Aufenthaltsdauer.
■ Die Bundesstaaten erhalten Anreize zum Abbau von Bürokratie, die Millionen anspruchsberechtigter Menschen davon abhält, Lebensmittelmarken zu beantragen.

WIC und FMNP

Diese Programme erlauben Frauen, Kindern und Senioren, die staatliche Unterstützung erhalten, lokal erzeugte frische Produkte von unabhängigen landwirtschaftlichen Familienbetrieben zu kaufen. So fließen Lebensmittelmarken-Dollars in die Taschen der Farmer und verringern den Betrag der Steuerdollars, die für Lebensmittelmarken- und WIC-Programm ausgegeben werden. Die Programme haben somit einen doppelten Nutzen: die Ernährung armer Familien und die Aufbesserung des Einkommens kleiner Farmen. Das Agrargesetz enthält dazu folgendes:

■ Das WIC- und das FMNP-Programm erhalten für das Fiskaljahr 2002 zusätzlich 15 Millionen US-Dollar als Ersatz für nicht ausbezahlte Gelder aus dem regulären WIC-Programm.
■ Das FMNP-Programm für Senioren wird zu einem ständigen Programm mit einer gesetzlich vorgeschriebenen Finanzausstattung von 15 Millionen US-Dollar pro Jahr.

Ernährungsprojekte auf Gemeindeebene

Das Community Food Security Program hilft bei der Finanzierung kommunaler Projekte zur Verbesserung der Ernährungslage von Menschen mit niedrigem Einkommen in der Gemeinde. Das Agrargesetz erhöht die gesetzlich vorgeschriebene Finanzausstattung auf fünf Millionen Dollar pro Jahr, das ist doppelt so viel wie in der Vergangenheit.

Förderung des Kaufs lokal erzeugter Nahrungsmittel

Dieses Programm unterstützt Institutionen, die am National School Lunch Program und am School

Breakfast Program teilnehmen, lokal erzeugte Nahrungsmittel zu kaufen. Das Agrargesetz von 2002 bewilligt bis zu 400.000 US-Dollar zur Unterstützung von Institutionen, die damit beginnen, lokal erzeugte Nahrungsmittel zu kaufen.

Ländliche Entwicklung

Das Agrargesetz von 2002 erhöhte die Ausgaben für ländliche Entwicklung und konzentriert sich auf die Unterstützung unabhängiger landwirtschaftlicher Betriebe und die Entwicklung kleiner Unternehmen durch

■ das Value-added Agricultural Product Market Development Program, das bis zu 500.000 US-Dollar an kleine und mittelgroße Farmen vergibt, die alternative Möglichkeiten zur Steigerung des Farmeinkommens ausprobieren;

■ Rural Business Enterprise Grant; mit Zuschüssen aus diesem Programm werden bestehende und neue kleine Privatunternehmen in Regionen mit weniger als 5.000 Menschen unterstützt.

Umweltschutz

Das neue Agrargesetz erhöhte die Gelder für Umweltschutzmaßnahmen um 80 Prozent, obgleich über die Hälfte der Finanzmittel – nämlich neun von 17,1 Milliarden US-Dollar – in das Environmental Quality Incentive Program (EQUIP) fließen werden.

■ Das Conservation Security Program gibt finanzielle Anreize, um Produzenten dazu zu bewegen, Umweltschutzmaßnahmen auf ihren Farmen umzusetzen. Es ist ein staatliches Berechtigungsprogramm und damit als erstes Umweltprogramm den Produktionsstützungsprogrammen gleichgestellt. Das bedeutet, dass jeder Farmer oder Viehhalter, der die Voraussetzungen erfüllt, daran teilnehmen kann.

■ Das EQUIP-Programm bietet den Farmern Kostenbeteiligung, um ihre Farm umweltgerechter zu machen.

Landwirtschaftliches Sozialprogramm für Minderheiten

Das Agrargesetz aus dem Jahr 2002 verbessert und stärkt deutlich das Minority Farm Outreach and Assistance Program, das 1990 geschaffen wurde. Es unterstützt Organisationen und Institutionen, die kleinen und Minderheitenfarmern helfen, Zugang zu Kredit-, Produktions-, Umwelt- und anderen Programmen des amerikanischen Landwirtschaftsministeriums (USDA) zu erhalten. Das neue Agrargesetz erhöhte die Gelder für das Programm von zehn auf 25 Millionen US-Dollar. Da dieses Programm nach wie vor nicht fest abgesichert ist, ist es unbedingt erforderlich, dass die Unterausschüsse für die Zuweisung der Agrarfinanzmittel über die Notwendigkeit der vollen Finanzierung des Programms aufgeklärt werden, das noch nie eine Mittelzuweisung von mehr als 3,2 Millionen US-Dollar erhalten hat.

Schutz für Landarbeiter

Über die – bereits beschriebene – Wiedereinführung des Bezugs von Lebensmittelmarken für legale Einwanderer hinaus umfasst das Agrargesetz einige Sozialleistungen, die einer kleinen Anzahl Landarbeiter zugute kommen werden. Dazu gehören:

■ Nothilfen für Niedriglohn-Wander- und Saison-Landarbeiter, die von Naturkatastrophen betroffen sind und

■ Zuschüsse bis zu einer Höhe von zehn Millionen US-Dollar für die Ausbildung von Landarbeitern in neuen Technologien und speziellen Fertigkeiten, die für Kulturen mit höherem Wert erforderlich sind.

Farmer aus Minnesota diskutieren mit Mitgliedern von »Rural Life Outreach« über die Überschwemmung 2002 und ihre Schwierigkeiten, den Farmbetrieb am Laufen zu halten.

Die Landwirtschaft ist nicht nur die Haupteinkommensquelle für die auf dem Land lebenden Amerikaner.

verdiente Dollar wechselte den Besitzer drei- oder viermal, ehe er die Gemeinde verließ.

Heute hat das ländliche Amerika seine Abhängigkeit von der Landwirtschaft verringert, neue Branchen sind im Kommen. Viele Wirtschaftswissenschaftler glauben nicht mehr, die Landwirtschaft sei für die Entwicklung der ländlichen Wirtschaft unabdingbar. Sowohl Farmer als auch ländliche Gemeinden haben gelernt, dass sie sich verändern und diversifizieren müssen um zu überleben. Vor diesem Hintergrund lässt sich fragen, ob kleinere Farmen – einschließlich der ums Überleben kämpfenden mittelgroßen Farmen – eine wichtige Rolle spielen bei der Schaffung eines nachhaltigen landwirtschaftlichen Systems.

Die Verfechter der kleinen Farmen behaupten, dass die »Wachsweiche-Philosophie«, die die derzeitige Agrarpolitik bestimmt, nicht die wirklichen Kosten berücksichtigt, die die zunehmende Konzentration für Gemeinden, Umwelt und Wirtschaft hat. Sogar für Gemeinden, die erfolgreich neue Arbeitgeber gefunden haben, kann der Übergang schwierig und teuer sein. Für eine Gemeinde kann es Jahre dauern, einen neuen großen Arbeitgeber zu gewinnen, geschweige denn zwei oder drei, um die Wirtschaft tatsächlich zu diversifizieren. Bis es soweit ist, können Familien gezwungen sein, weite Strecken zu einem Arbeitsplatz zu pendeln oder lange Perioden der Arbeitslosigkeit – und oft der Armut – auszuhalten.

Dan Smalley, ein Geflügelerzeuger von Red Hill Farms in Guntersville, Alabama, erinnert sich an den Strukturwandel, den er in den vergangenen Jahrzehnten in seinem Bereich erlebt hat. 1980 erzeugten die vier größten Unternehmen mit 34 Betrieben ungefähr ein Viertel der Gesamtproduktion, 1988 erwirtschafteten die vier größten Unternehmen mit 70 Betrieben fast die Hälfte der Gesamtproduktion.[43] Obwohl Smalley zugibt, dass »Vertrags«-Hähnchenmast als Teil einer »vertikal integrierten« Landwirtschaft nicht jedermanns Sache ist, fügt er hinzu: »Die Bildung von Allianzen mag für einzelne Erzeuger der annehmbarste Weg sein, um den Marktzugang sicherzustellen.«

Bei der vertikalen Integration besitzen und kontrollieren Unternehmen verschiedene Stufen in der Nahrungsmittelverarbeitungskette. Das ist vor allem in der tierischen Erzeugung wie bei Geflügel und Mastschweinen der Fall, zunehmend aber auch im Getreidebereich, bei Obst und Gemüse. Dadurch, dass sie viele Stufen der Nahrungsmittelerzeugung und -verarbeitung kontrollieren – von der Mast über die Schlachtung und die Verpackung bis hin zum Transport – drücken die »Integratoren« die Erzeugerpreise für Geflügel oder Schweine. Dadurch können sie besser die Kosten des verarbeiteten Endprodukts – beispielsweise Chicken Nuggets – kontrollieren.

Unternehmen wie die in Virginia ansässige Smithfield Foods Inc. schließen Verträge mit Farmern ab, die Schweine oder andere Tiere für sie mästen. Das nennt man **Vertragslandwirtschaft**. Obwohl die Verträge einige Vorteile und Schutz vor Risiken bieten, machen Kritiker geltend, dass die Farmer kaum Möglichkeiten haben, bessere Preise oder bessere Verträge auszuhandeln, weil die Unternehmen die meisten Bereiche der Produktion kontrollieren.

In Nordkarolina sind kleine Familienbetriebe, die

> »Ja, die Familienfarm ist Teil unserer Kultur ... einer, der bewahrt und unterstützt werden sollte. Das ländliche Amerika spiegelt unsere Werte wider: harte Arbeit, Achtung vor der Scholle, Nachbarn, die sich gegenseitig helfen. Grundlegende Tugenden, die für unser persönliches Wohlergehen und für das unserer Gemeinschaft und unserer Nation wichtig sind.«[46]
>
> Jean Carnahan, früherer demokratischer Senator aus Missouri

Schweinemast betreiben, nur noch Überbleibsel aus der Vergangenheit. Früher waren sie die Grundlage der Wirtschaft. Heute gibt es hier 2.200 »Schweinemastfabriken«, von denen 1.600 Smithfield gehören oder von Smithfield kontrolliert werden.[44] »Eben dieser Prozess der vertikalen Integration hat fünf von sechs amerikanische Schweinemastfarmer in den letzten 15 Jahren ruiniert«, sagte Richard Dove von der New Yorker Umweltgruppe Waterkeeper Alliance am 13. März 2002 vor dem Senatsausschuss für Regierungsangelegenheiten aus.[45]

Viele Verfechter kleiner Farmen, aber auch andere behaupten, dass Großbetriebe wie die konzentrierten Mastbetriebe die ökologischen Folgen der Konzentration einer großen Anzahl von Tieren auf einer begrenzten Fläche nicht genügend berücksichtigen. Der Neuse-Fluss in Nordkarolina sowie auch andere Flüsse kämpfen mit Nährstoffeinträgen aus Großmastbetrieben und anderen Quellen. Diese Verschmutzung lässt Pfisteria piscidia gedeihen, einen einzelligen Parasiten, der Fische lähmt, ihre Haut abstreift und sich von deren Blutzellen ernährt.

Als ein Ergebnis der Verschmutzung aus den Schweinemastbetrieben erlebte Nordkarolina 1991 und 1995 ein Fischsterben, dem nachweislich mehr als 10.000 Fische zum Opfer fielen. Trotz negativer Presse und örtlicher Bemühungen von Umweltgruppen, die Unternehmen dafür haftbar zu machen, wurde nichts dagegen unternommen.

Solche Umweltprobleme unterstützen das Argument, dass der Verlust von kleinen und mittleren Familienfarmen die Rolle der Farmer als gute Verwalter des Landes schmälert. Kleine Farmer bewirtschaften fast 60 Prozent des US-amerikanischen Ackerlandes. Sie nutzen auch höchst wahrscheinlich die gegenwärtigen Anreize zum Umweltschutz.

Ihre Rolle als verantwortliche Manager der natürlichen Ressourcen des Landes – Boden, Wasser, Flora und Fauna – sollte unterstützt und verbessert werden.

Abgesehen davon, glauben viele Amerikaner einfach, dass die Kultur und das Erbe des ländlichen Amerika es wert sind, bewahrt zu werden.

Das Agrargesetz von 1996: Mehr Marktnähe

Offenbar nutzt das gegenwärtige System weder dem Großteil der Farmer noch den armen Menschen des ländlichen Amerika so richtig. Die Tatsachen unterstreichen den Bedarf an einer Reihe agrarpolitischer Maßnahmen, die über den Schutz von Erzeugungsprogrammen hinausgehen, die Armut verringern und die ländlichen Gebiete in den Vereinigten Staaten und letztlich auch weltweit entwickeln.

1996 unternahm der Kongress einen Versuch, viele Mängel der herkömmlichen Agrarprogramme durch einen mehr markt- und exportorientierten Ansatz zu beheben. Unter dem neuen Agrargesetz (FAIR Act) wurden die Angebotsbeschränkungen abgeschafft. Die Farmer durften nun anbauen, was sie wollten, dafür wurden die staatlichen Einkommenshilfen bis 2003 allmählich zurückgefahren. Von den Landwirten erwarteten die Politiker, dass sie sich in Zukunft bei ihren Anbauentscheidungen an den Anforderungen des Marktes orientieren würden und nicht an Regierungsprogrammen. Aber diese Erwartungen wurden nicht erfüllt.

Die Politiker gingen davon aus, dass während einer Anfangsperiode die Preise in einem Ungleichgewicht sein würden, und während dieser Zeit sollten die Farmer Übergangszahlungen erhalten. Nachdem der Markt sich eingependelt hatte, sollten sich Preise und Einkommen stabilisieren. Dieser Voraussage lag als zentrale Annahme zugrunde, dass die Nachfrage als ein Ergebnis expandierender Exportmärkte – zum Beispiel in China und Südostasien – steigen würde, weil dort die Einkommen stiegen.[47]

Die US-amerikanischen Farmer begrüßten diese neue »Produktionsfreiheit« und praktizierten zwischen 1996 und 2000 eine größere Anbauflexibilität; sie reduzierten die Weizenanbaufläche um 16,7 Prozent und dehnten die Sojabohnenanbaufläche um 16 Prozent aus. Doch die Finanzkrise in Asien 1997/98 ließ die dortige Nachfrage in den Keller sinken. Überdies hatten zur gleichen Zeit andere Länder die Produktion bei den wichtigsten Agrarprodukten, einschließlich Mais, Sojabohnen und Weizen, ausgebaut. Argentinien und Brasilien steigerten ihre Sojabohnenexporte um 13 Prozent.[48] Bei der Weizenproduktion legten die Europäische Union um 5,8 und Argentinien um 3,7 Prozent zu.[49] Als Ergebnis gingen die US-amerikanischen Exporte zwischen 1996 und 2000 bei Mais um acht und bei Weizen um elf Prozent zurück. Lediglich der Export von Sojabohnen stieg um fünf Prozent.

Was viele Farmer und Politiker als Scheitern des Agrargesetzes von 1996 ansahen, war in Wirklichkeit ein Ergebnis der Veränderungen im globalen Nahrungsmittelsystem und auf dem Weltmarkt. Im Vergleich zu den Vereinigten Staaten können viele Länder – insbesondere Entwicklungsländer – den Vorteil billigeren Landes und billigerer Arbeitskräfte verbuchen. Je mehr ihre Volkswirtschaften wachsen, desto besser sind sie in der Lage, diesen Wettbewerbsvorteil in der landwirtschaftlichen Produktion zu nutzen. Das wirkt sich wiederum auf das internationale Angebot aus und auf die Preise, welche die US-Farmer auf dem Weltmarkt erhalten. Ein Beispiel: Drei Viertel des Kostenvorteils, den in Brasilien erzeugte Sojabohnen gegenüber US-amerikanischen genießen, sind auf billigere Bodenpreise zurückzuführen.[50]

Amerikanische Bemühungen, die Farmer stärker an eine echte Marktwirtschaft heranzuführen, werden durch einen anderen Umstand erschwert: Das Ausmaß der Protektion, das andere Industrieländer nach wie vor ihren Bauern gewähren. Aus diesen und anderen Gründen konnte das Agrargesetz von 1996 weder die Produktpreise noch die Marktanteile der amerikanischen Landwirte erhöhen. Insgesamt ging die US-amerikanische Handelsbilanz im Agrarsektor zwischen 1996 und 2000 um mehr als die Hälfte zurück, von 29,5 Milliarden Dollar – einem Spitzenwert – auf 12,6 Milliarden, weil die Preise für die wichtigsten Agrargüter fielen. Die US-Regierung reagierte auf die fallenden Preise mit Nothilfen in Milliardenhöhe für die Farmer: Zahlungen, die nach den Aussagen vieler Landwirte die Voraussetzung fürs geschäftliche Überleben waren. Doch selbst diese Zahlungen änderten nichts daran, dass weiterhin kleine und mittlere Betriebe verschwanden. (s. Tabelle 1.2, S. 35)

Diese Erfahrung beeinflusste die Agrargesetzdebatte des Jahres 2002. Obwohl viele Farmer kein Vertrauen mehr in den marktwirtschaftlichen Ansatz hatten, für den das Agrargesetz aus dem Jahr 1996 geworben hatte, geben doch viele von ihnen zu, dass Preissubventionen ihre Existenz eher untergraben als erhalten. Bei der Vorlage des Agrargesetzes 2002 verlangten mehr Parlamentarier als zuvor aus dem Mittleren Westen, die Subventionen für Ackerfrüchte zu reformieren, wie zum Beispiel eine Beschränkung der Subventionen für die größten Agrarunternehmen. Andere Parlamentarier drängten nach mehr Geld für Umweltprogramme, die eher kleineren Farmern zugute kommen.

Viele dieser Reformen überdauerten die ersten Verhandlungsrunden im Kongress. Die Agrargesetzesvorlage von 2002 sah erweiterte Programme für Umweltschutz, für ländliche Entwicklung, für mehr Gleichheit und Abbau der Diskriminierung zwischen Farmern und Landarbeitern sowie für Ernährung vor (s. Kasten S. 36ff). Doch letztendlich hatten die Agrarunternehmen eine zu mächtige Lobby, und so wurden ihnen die Subventionen nicht gekürzt. Die Schwächen früherer Programme blieben größtenteils auch im Agrargesetz von 2002 enthalten. So dürfen große Farmen nach wie vor unbegrenzte Vermarktungskredite erhalten, die die Produktionsentscheidungen der Farmer direkt beeinflussen; und ein einzelner Farmer kann staatliche Zahlungen von bis zu 360.000 US-Dollar erhalten.[51]

Konturen einer künftigen Agrarpolitik

Insgesamt erhalten die Farmer aufgrund des Agrargesetzes von 2002 in den nächsten zehn Jahren fast 84 Milliarden US-Dollar mehr in Form von Subventionen und Zahlungen für Umwelt und andere Programme als durch das vorige Gesetz. Diese Zunahme der Zahlungen für die Landwirtschaft stieß auf beachtlichen Widerstand und Kritik der internationalen Gemeinschaft. Sophia Murphy, die Direktorin für Handel und Landwirtschaft beim Institute for Agriculture and Trade Policy (Institut für Landwirtschaft und Handelspolitik) sagte:

»Das Agrargesetz von 2002 scheint bei so ziemlich jedem einen wunden Punkt getroffen zu haben, aber das Protestgeschrei ist außerhalb der Vereinigten Staaten vielleicht am lautesten. Von Brasilien über Brüssel bis Brisbane stehen die Länder auf, um das Agrargesetz vor der WTO anzufechten. Das Agrargesetz bringt die Verhandlungsführer der USA auch in Verlegenheit bei den WTO-Verhandlungen. Die Vereinigten Staaten können nicht mehr länger vorgeben, dass die Milliarden von Dollar, die sie seit 1997 in ständig steigender Höhe zahlen, eine Art Ausnahme aufgrund von Notfällen sind.«[52]

Ungeachtet des mit dem Agrargesetz von 2002 verbundenen, weithin bekannten Rückschlags legte die Bush-Regierung einen Plan für eine **globale Agrarhandelsreform** mit folgenden Zielen vor:

■ Abschaffung der Exportsubventionen innerhalb von fünf Jahren – obwohl die Vereinigten Staaten keine Exportsubventionen haben

■ Senkung der durchschnittlichen Agrarzölle von 62 auf 25 Prozent und Begrenzung der handelsverzerrenden Subventionen auf nicht mehr als fünf Prozent der gesamten Agrarproduktion.[53]

Obwohl dieser Vorschlag den Weltagrarhandel in eine positive Richtung lenken würde, ist nicht klar, wie viel Unterstützung er in den Vereinigten Staaten oder als Teil der laufenden internationalen WTO-Verhandlungsrunde in Doha, Katar, erhalten wird. Befürworter scheinen diejenigen Länder zu sein, die am wenigsten zu verlieren haben, wie beispielsweise Neuseeland, das bereits ein leistungsfähiges, liberales Agrarprogramm hat. Die Europäische Union dagegen, die ihre Landwirtschaft größtenteils durch Exportsubventionen schützt, hat viel zu verlieren und ist daher recht freimütig bei ihrer Kritik an dem US-amerikanischen Vorschlag.

Viele Staaten stellen die Frage, warum die USA es versäumt haben, ihre eigene Agrarpolitik im Sinne dieses Vorschlags zu gestalten. Die Regierung Bush führt diesen Widerspruch auf die Wirklichkeiten der US-amerikanischen Politik zurück. Laut Landwirtschaftsministerin Ann M. Veneman, die am 3. Mai 2002 vor dem International Policy Council on Agriculture, Food and Trade in Ottawa, Kanada sprach, stellt das »Landwirtschaftsgesetz, das von den Konferenzteilnehmern verhandelt worden ist, einen Kompromiss über einen sehr kontroversen Prozess dar. ... Aber eines möchte ich absolut klarstellen: Es bleibt unsere feste Absicht, eine Handelsreform in der Doha-Runde weiterhin aggressiv zu verfolgen. Das Agrargesetz ändert daran in keiner Weise etwas.«[54]

Die Schwierigkeiten bei der Reform der amerikanischen Agrarpolitik sind zum Teil auf die auseinander strebenden Interessen der verschiedenen Bundesstaaten, Regionen und Farmer zurückzuführen. Obwohl eine Handelsliberalisierung für die US-amerikanische Landwirtschaft insgesamt von Vorteil wäre, weil sie erweiterte Märkte für amerikanische Produkte schaffen und amerikanischen Verbrauchern einen größeren Zugang zu einer Vielzahl von Nahrungsmitteln von US-Handelspartnern ermöglichen würde, käme dieser Vorteil nicht allen Wirtschaftszweigen und nicht allen Farmern gleichmäßig zugute. Manche Gruppen würden möglicherweise endgültig aus der Landwirtschaft hinausgedrängt werden.

Von einer weit reichenden Liberalisierung des Agrarhandels würden praktisch alle Beteiligten am gegenwärtigen Nahrungsmittelsystem profitieren. Der Prozess wäre jedoch nicht ohne negative Auswirkungen. Der Wechsel von einer hoch geschützten zu einer hoch liberalisierten Landwirtschaft würde viele ländliche Gemeinden in den USA durch den Verlust von Arbeitsplätzen und Ressourcen ins Straucheln bringen. Für andere würde dieser Wechsel eine Veränderung ihres Lebensstils mit sich bringen.

Die von einer Liberalisierung am härtesten getroffene Gruppe wären die »commodity farmers«, also diejenigen, die bisher mehr oder weniger ausschließlich subventionierte Kulturen angebaut haben. Betroffen wären auch Farmer in bestimmten Regionen, deren Gemeinden von landwirtschaftlichen Subventionsprogrammen in hohem Maße abhängig sind. Obwohl es schwierig ist zu schätzen, wie viele Farmen durch die Kürzung laufender Programme verschwinden würden, stimmen die meisten Forscher darin überein, dass Farmer, die von den Programmen begünstigt sind – wie beispielsweise Erdnuss-, Weizen- und Baumwollanbauer sowie Milchviehhalter – und Farmer in den Bundesstaaten, die am meisten von den Preisstützungsprogrammen profitieren – wie beispielsweise die südöstlichen Bundesstaaten und die Plains-Staaten – ihre Betriebe am stärksten umstellen müssten. Manche Forscher sprechen davon, dass bis zu 25 Millionen Acres, das sind rund zehn Millionen Hektar, auf denen bislang Ackerbaukulturen angebaut werden, in Grasflächen und Baumflächen umgewandelt oder anderweitig genutzt werden könnten.[55]

Farmen mit einem Verkaufserlös zwischen 100.000 und 250.000 US-Dollar haben am meisten unter den derzeitigen Farmprogrammen zu kämpfen, weil sie nicht groß genug sind, um Produktivitätsvorteile auszunutzen, aber zu groß, um Landwirtschaft im Nebenerwerb zu betreiben. Aus denselben Gründen würden die Farmer mit Betrieben mittlerer Größe am meisten leiden, wenn die USA ihre gegenwärtigen Einkommenshilfen streichen würden. Dies gilt nicht für kleine und größere Farmen, die auch ohne staatliche Programme Gewinne abwerfen oder ihr Einkommen hauptsächlich aus anderen Quellen beziehen.

Andere mögliche Verlierer sind Landeigentümer, deren Besitz an Wert verlieren würde. Ohne ein System, das den globalen Agrargütermarkt drückt, würden die Preise für Mais und anderes Getreide steigen. Infolgedessen würden wahrscheinlich auch die Kosten für Geflügel- und andere Mastbetriebe steigen, obwohl manche Ökonomen damit rechnen, dass diese Kosten auf die Verbraucher abgewälzt werden.

Dennoch, die Gewinne für die Verbraucher und Steuerzahler werden insgesamt höher geschätzt als die Verluste für Farmer und andere Erzeuger, sodass die Vereinigten Staaten letzten Endes an den Reformen echt verdienen. Diese Nettogewinne könnte man zur Entschädigung der »Verlierer« verwenden. Sie können so in ein System einmünden, in dem es jedem besser geht: den Verbrauchern, den Farmern, den Armen und den von Hunger Betroffenen. Die Herausforderung besteht darin, ein Programm zu schaffen, das verschiedene Sicherheitsnetze – aber nicht unbedingt Subventionen – für Farmer im Übergang umfasst. Der erste und vielleicht schwierigste Schritt ist, ein US-amerikanisches agrarpolitisches Ziel zu identifizieren und zu artikulieren, das umfassend genug ist, um die wirtschaftliche Gerechtigkeit und die Leistungsfähigkeit zu fördern für das Wohlergehen aller Menschen.

Bei ihrer Gestaltung künftiger Agrarpolitik hat die Regierung Bush mehrere Prioritäten gesetzt: Hilfe für das ländliche Amerika, Verbesserung der Umwelt und Berücksichtigung infrastruktureller Erfordernisse.[56] Diese Prioritäten sind ein Anfang, aber das oberste Ziel amerikanischer Agrarprogramme muss sein, nachhaltige Landwirtschaft zu fördern, ländliche Armut zu vermindern und Ernährungsunsicherheit zu beseitigen, in den Vereinigten Staaten und in der ganzen Welt.

Um dies zu erreichen, sollten die Vereinigten Staaten Folgendes tun:

- Allmähliche Abschaffung der Zölle auf Agrarexporte aus Entwicklungsländern, der Export-Subventionen und der angebotsgebundenen heimischen Stützungszahlungen.
- Anpassungshilfe für amerikanische Farmer, die die Landwirtschaft aufgeben; diese Unterstützung sollte beinhalten: Beratung, Berufsbildung, Rückerstattung von Bildungsaufwendungen und Fahrtbeihilfe.
- Unterstützung kleiner und mittlerer landwirtschaftlicher Betriebe mit umfassenden ländlichen Entwicklungsprogrammen und technischer Hilfe bei der Übernahme neuer Technologien und bei der Entwicklung größerer Produktivität.
- Mittel bereitstellen, um Farmern zu helfen, Verluste durchzustehen, die aus katastrophalen Wetterereignissen resultieren.
- Stärkung der Hilfe für Farmer zur Erreichung von Umweltschutzzielen und Umweltmandaten einschließlich technischer Hilfe, Kostenbeteiligungsprogrammen und finanzieller Anreize für die Anwendung umweltfreundlicher Praktiken.
- Verstärkung von Forschung und Regulierung auf Gebieten wie Biotechnologie, Ernährungssicherheit, Krankheitsvorbeugung und Umweltqualität.
- Investitionen in ländlichen Gemeinden durch Unterstützung von Wirtschaftsentwicklungs-Initiativen, Berufsbildung, Unternehmensförderung und Infrastrukturentwicklung.
- Reduzierung des Hungers sowohl in den Vereinigten Staaten (durch Ernährungs- und Armutsbekämpfungsprogramme) als auch weltweit (durch Entwicklungshilfe und Handelsmöglichkeiten), und zwar so, dass dieses den laufenden Bedarf an Nahrungserzeugung erhöht. Untersuchungen und Forschung müssen sich auch mehr mit den Belangen sozialer Gerechtigkeit im Zusammenhang mit der Landwirtschaft befassen, z.B. mit der Frage, ob die Vertragslandwirtschaft einer Reform bedarf und wie die Konzentration im Agrobusiness sich auf das Nahrungsmittelsystem auswirkt.

Im August 2003 haben sich die USA und die EU in bilateralen Gesprächen auf ein Rahmenwerk zur Reform des weltweiten Agrarhandels geeinigt. In dem Papier werden die strittigen Hauptthemen behandelt, allerdings ohne konkrete Zahlen zu nennen: Marktzugang, Exportsubventionen und Stützung der Landwirte. Die EU-Agrarminister hatten sich bereits im Juni 2003 auf eine umfassende Reform der 40 Milliarden Euro teuren EU-Agrarpolititk geeinigt. Sie zielt darauf ab, Anreize für eine Überproduktion von Agrarerzeugnissen zu verringern und eine umweltverträgliche Landwirtschaft zu fördern.

Nichtregierungsorganisationen und Vertreter von Südregierungen bemängeln, dass die mächtigsten Handelsblöcke der Erde den erzielten Kompromiss für eine weltweite Reform des Agrarhandels unter Ausschluss der Öffentlichkeit und somit auch der anderen 130 WTO-Mitgliedsländern ausgeküngelt haben. Der Vorschlag soll auf der 5. Ministerkonferenz der Welthandelsorganisationim im mexikanischen Cancun im September 2003 Grundlage der Entscheidung darüber sein, ob der für Ende 2004 geplante Abschluss der Doha-Runde eingehalten werden kann.

KAPITEL 2

Die Afrikanische Landwirtschaft

von Daniel D. Karanja und Melody R. Mc Neil

© Jim Stipe

Afrika, insbesondere Afrika südlich der Sahara, steht weiterhin vor vielen politischen, sozialen und wirtschaftlichen Herausforderungen, deren größte seine Unfähigkeit ist, eine rasch wachsende Bevölkerung zu ernähren. Die Landwirtschaft trägt zwischen einem Fünftel und der Hälfte zum Bruttoinlandsprodukt (BIP) der afrikanischen Länder bei; zwei Drittel der Arbeitskräfte sind in der Landwirtschaft beschäftigt und nahezu drei Viertel der ländlichen Bevölkerung leben von der Landwirtschaft.

Obwohl die Landwirtschaft für die meisten afrikanischen Volkswirtschaften unentbehrlich ist, wird sie durch viele nationale und internationale Zwänge daran gehindert, afrikanischen Familien die Nahrungsmittel und Einkommen zu liefern, die sie für ihr Überleben brauchen.[1] Weil die meisten armen Menschen in Afrika südlich der Sahara in ländlichen Gemeinden wohnen, spielen die Landwirtschaft und der Agrarhandel eine große Rolle beim Wiederaufbau der afrikanischen Volkswirtschaften und bei der Linderung der Armut. Doch die derzeitigen Handelspraktiken der Industrieländer beschneiden diese Möglichkeiten.

Jeder dritte Afrikaner ist unterernährt und etwa die Hälfte der nahezu 700 Millionen Menschen haben weniger als einen US-Dollar am Tag zum Leben; die meisten, nämlich 80 Prozent, haben weniger als zwei US-Dollar am Tag.[2] Das war nicht immer so. In einer noch nicht allzu weit entfernten Vergangenheit war Afrika besser in der Lage, sich selbst zu ernähren und sein Anteil am Welthandel betrug vier Prozent. Aber in den letzten drei Jahrzehnten ging dieser Anteil um mehr als die Hälfte zurück und dieser Abwärtstrend wird – zusammen mit steigendem Hunger und steigenden Armutsraten – wahrscheinlich anhalten, wenn sich die Bedingungen für den Agrarhandel nicht verbessern.

Untersuchungen des International Food Policy Research Institute (IFPRI) ergaben, dass die Liberalisierung des Agrarsektors der Industrieländer einen Anstieg von 45 Prozent des Netto-Agrarhandels der Länder in Afrika südlich der Sahara zur Folge hätte – von 7,4 auf 10,7 Milliarden US-Dollar. Des weiteren könnten die afrikanischen Bauern und Nahrungsmittelverarbeiter einen Einkommensanstieg von zwei Milliarden US-Dollar pro Jahr verzeichnen, ein Anreiz, der für die meisten armen afrikanischen Bauern und die gesamte Wirtschaft einen zusätzlichen finanziellen Nutzen bringen könnte.

Würden die handelsverzerrenden Protektionsmaßnahmen im Agrarsektor der Industrieländer abgeschafft, wäre Afrika wahrscheinlich in der Lage, seinen Anteil am Welthandel zu halten oder wieder zu erhöhen. Das wäre eine Umkehrung des bisherigen Trends. Weil Afrikas Handelsniveau so niedrig ist, würde nicht einmal eine Verdopplung oder Verdreifachung seines Anteils der Position der Industrieländer auf dem Weltmarkt Schaden zufügen.

Mosambikanische Bauern kaufen Saatgut in einem von der »Cooperative Leage of the U.S.A.« unterstützen Geschäft.

Obgleich die Steigerung des Weltagrarhandels für Afrikas Zukunft wichtig ist, muss die Landwirtschaft selbst auch unterstützt und entwickelt werden. Die verarmten afrikanischen Kleinbauern brauchen:

▪ Zugang zu Ressourcen wie Land, Kredit, Beratung und Marktinformation;

▪ bessere Straßen, Kommunikationsnetze und andere Infrastruktur;

▪ bessere landwirtschaftliche Produktionstechnologien, bessere Verarbeitungstechnologien und

▪ stabilere wirtschaftliche und politische Rahmenbedingungen.

Wirtschaftswende

Die wirtschaftlichen Rahmenbedingungen in Afrika haben sich in den vergangenen vier Jahrzehnten dramatisch verändert. Nach dem Ende der Kolonialherrschaft legten viele afrikanische Länder eine Zeitlang eine eindrucksvolle wirtschaftliche und soziale Entwicklung vor. Während der 1970er-Jahre waren sie sogar Netto-Lebensmittelexporteure. Hohes Bevölkerungswachstum und stagnierende landwirtschaftliche Produktivität jedoch führten zu einem Rückgang der Pro-Kopf-Nahrungsmittelerzeugung. Dieser Trend wurde verschärft durch schlechtes Wetter, fallende Weltmarktpreise für afrikanische Exportprodukte und zunehmende Handels- und andere Barrieren seitens der Industrieländer.

Das Einkommenswachstum in Afrika hält mit dem Bevölkerungswachstum kaum Schritt. Es liegt unter 2,5 Prozent und ist die Ursache dafür, dass Afrikas Anteil an den ärmsten Ländern der Welt von einem Viertel auf fast ein Drittel gestiegen ist. Infolgedessen sind die Pro-Kopf-Einkommen nun niedriger und weniger gleichmäßig verteilt als während der 1970er-Jahre. Eine vor kurzem veröffentlichte Studie der Welthandels- und Entwicklungskonferenz der Vereinten Nationen (UNCTAD) kam zu dem Ergebnis, dass der Anteil der Afrikaner, die weniger als einen US-Dollar am Tag zum Leben haben, zunimmt. In der Zeit von 1965–1969 traf dies auf die Hälfte der Bevölkerung zu, in der Zeit von 1995–1999 bereits auf zwei Drittel.[3]

Inzwischen verdient die ländliche Bevölkerung in Afrika nur noch die Hälfte dessen, was die städtische Bevölkerung verdient, das führt zu einer verstärkten Abwanderung vom Land in die Stadt und zu größerer Arbeitslosigkeit in den Städten. Die wachsende Instabilität in den Städten bedroht die politische und wirtschaftliche Stabilität der Länder.[4] Viele Länder wurden auch durch ungeschickte Lenkung der Wirtschaft und durch Auseinandersetzungen in der Bevölkerung geschwächt.

Verglichen mit den Entwicklungsländern anderer Regionen hinken die afrikanischen Länder bei der Grundschul-Einschulungsrate, der Senkung der Kindersterblichkeit und bei der Senkung des Vorkommens endemischer Krankheiten wie HIV/Aids, Malaria und Tuberkulose hinterher. Die hohe internationale Verschuldung verschlimmert noch die Situation. In den letzten 25 Jahren liefen Zuschüsse und Kredite von Gebern zu einer Summe von mehr als 350 Milliarden US-Dollar auf. Das ließ die Verschuldung der afrikanischen Länder von 60 auf 230 Milliarden Dollar und den Schuldendienst von sechs auf elf Milliarden ansteigen.[5] Obwohl einige afrikanische Länder von Entschuldungsbemühungen wie der HIPC-Initiative der Weltbank profitieren, behaupten Kritiker, dass die derzeitige Handelspolitik diese Erfolge untergrabe. »Man kann argumentieren, dass eine Handelspolitik, die danach trachtet, die inländischen Produzenten von Gütern in Industrieländern zu schützen, den Ländern schadet, denen Entschuldungsbemühungen zugute kommen«, so die Ansicht von Vikram Nehru, der bei der Weltbank für die HIPC-Initiative zuständig ist, denn die Höhe der Entschuldung ist an die Exporterlöse des jeweiligen Landes gekoppelt.[6]

Unerfüllte Erwartungen

Als die meisten afrikanischen Länder vor 40 Jahren ihre Unabhängigkeit erlangten, erwarteten die Menschen ein rasches Wirtschaftswachstum. Absoluten Vorrang hatte die Bekämpfung von Unwissenheit, Krankheit und Armut, mit ihren bei großen Teilen der Bevölkerung verheerenden Folgen. Obwohl der Unabhängigkeitskampf der afrikanischen Länder auch ein Kampf um die Wiedererlangung der Kontrolle über das Land und die Landwirtschaft war, setzten viele Länder zur Förderung des wirtschaftlichen Wachstums und zur Bekämpfung der Armut auf die Industrialisierung und verteilten damit Arbeitskräfte, Rohstoffe und Steuereinnahmen vom landwirtschaftlichen Sektor in den industriellen Sektor um.

Die meisten afrikanischen Volkswirtschaften waren jedoch für eine industrielle Entwicklung nicht gerüstet. Schlechte Infrastruktur und Kommunikationsnetze, nur angelernte Arbeitskräfte und kaum vorhandene Vermarktungseinrichtungen behinderten Afrikas Wettbewerbsfähigkeit in einer zunehmend globalen Wirtschaft. Auch hemmten viele Regierungsinitiativen – einschließlich der rigi-

Vielen afrikanischen Gemeinden mangelt es an Trinkwasser. In Nampula, Mosambik, wurde mit einer Handpumpe Abhilfe geschafft.

weiter auf S. 48

Kapverden: Tropfen für Tropfen in eine bessere Zukunft

von Ray Almeida

Die Trockenheit hat die Kapverdischen Inseln fest im Griff. Sie lockert ihn nur selten und gestattet den Bauern kaum mehr, als nur einen Bruchteil der Nahrung zu produzieren, die das Land braucht. In den schlimmsten Zeiten muss der westafrikanische Inselstaat bis zu 90 Prozent seiner Grundnahrungsmittel einführen. Fällt jedoch ausreichend und in den richtigen Abständen Regen, lässt die fruchtbare Vulkanerde der Kapverden eine Fülle an Obst und Gemüse gedeihen, um die Inselbevölkerung zu ernähren und die Einkommen der ländlichen Haushalte zu stärken.

Angesichts des geringen Niederschlags auf den Inseln und des schlechten Wassermanagements sind die kapverdischen Bauern auf den Anbau bestimmter Pflanzen beschränkt. Dazu gehören Zuckerrohr, Kassava und, in nicht allzu großem Umfang, Tomaten, Zwiebeln und Kohl. Glücklicherweise können die Bauern mithilfe der Tropfbewässerung Gartenbau betreiben und ihre Erträge steigern, sowohl pro Einheit der bebauten Fläche als auch pro Einheit des eingesetzten Wassers. Das gibt den Familien größere Ernährungssicherheit und erlaubt einigen Bauern sogar den Anbau von Verkaufsfrüchten.

Die gemeinnützige US-amerikanische Entwicklungshilfeorganisation Agricultural Cooperative Development International and Volunteers in Overseas Cooperative Assistance (ACDI/VOCA) arbeitet seit 1992 auf den Kapverden mit Kleinbauern, um die landwirtschaftliche Produktivität und die Einkommen der ländlichen Haushalte zu steigern. Als Teil seiner Leistung verkauft ACDI/VOCA Mais, Weizen und Erbsen – alles gespendet und alles in den Vereinigten Staaten erzeugt. Die Grundlage dafür bildet ein entsprechendes Programm der staatlichen US-amerikanischen Entwicklungsorganisation (USAID). Mit dem aus dem Verkauf erzielten Geld finanziert ACDI/VOCA seine Aktivitäten auf den Kapverden. Ein großer Teil dieser Einnahmen fließt in Tropfbewässerungsprojekte.

Obwohl die Anfangskosten für Tropfbewässerungsanlagen höher sind als für traditionelle Methoden, können die Bauern bei ACDI/VOCA einen kleinen Kredit beantragen zur Finanzierung dieser Kosten. Weil die Tropfbewässerung schnell die allgemeine Rentabilität steigert, sind die Bauern in der Lage, innerhalb weniger Jahre ihre Kredite zurückzuzahlen. Viele Bauern, die beim ersten Programm dabei waren, nutzen bereits ihre Gewinne, um die Tropfbewässerung auszudehnen.

Seit 1995 hat sich die Gemüseproduktion des Landes mehr als verdoppelt. Dieser allmähliche Anstieg der jährlichen gärtnerischen Erzeugung stabilisiert auch die Preise auf den lokalen Erzeugermärkten und gewährleistet damit den Bauern ein verlässlicheres Einkommen. Die Mehrerzeugung an Obst und Gemüse verbesserte die Ernährung der kapverdischen Bauern, Familien und Kinder, die noch vor wenigen Jahren unter der Einseitigkeit ihres Speiseplans litten.

Die Kapverden werden wohl nie in der Lage sein, sämtliche benötigten Nahrungsmittel selbst zu erzeugen. Doch ist die Tropfbewässerung eine viel versprechende Technologie für die Kapverden. Zusätzlich zu der Verbesserung der Ernährung und der größeren Vielfalt an Kulturen für die Farmer führte die Technologie zu einer kleinen, wenn auch statistisch signifikanten Verminderung in der Abhängigkeit des Landes vom Import von Agrargütern.

ACDI/VOCA wird auch weiterhin mit den Erzeugern zusammenarbeiten, und zwar nicht nur um die gärtnerische Produktion zu steigern, sondern auch um die Bauern für die Aufbereitung und Vermarktung ihrer Erzeugnisse fit zu machen. Heute sind auf den Kapverden hunderte von Kleinbauern in Erzeugergenossenschaften und Vermarktungsvereinigungen organisiert und das Programm weitet sich aus, weil die Bauern sehen, dass sie diese Technologie für sich einsetzten können, um Produktion und Einkommen zu steigern.

ACDI/VOCA arbeitet an der Basis mit ineinander verzahnten Programmen, die die Beiträge aller Teilnehmer verstärken und maximieren. Damit trägt die Organisation zur Steigerung der landwirtschaftlichen Erzeugung bei, zur Bewahrung der natürlichen Ressourcen, zur Ernährungserziehung, zur Förderung des Zugangs von Kleinunternehmern zu Mikrofinanzdiensten und zur Förderung demokratischer Verhaltensweisen. Am wichtigsten aber ist, dass ACDI/VOCA den kapverdischen Menschen hilft, gemeinsam Lösungen zur Verbesserung der Ernährungssicherheit des Landes zu finden.

Ray Almeida ist Politik-Referentin bei Bread for the World.

den Kontrolle der meisten Dienstleistungssektoren – das Wachstum des privaten Sektors sowie in- und ausländischer Investitionen und vereitelten dadurch die weitere Entwicklung.

Einige wenige Länder wie die Côte d'Ivoire, Kenia und Uganda (ehe Idi Amin an die Macht kam) nutzten ihre komparativen Vorteile und investierten in die kleinbäuerliche Landwirtschaft, in Agrarforschung und Beratung und erzielten dadurch beachtliche Gewinne in den 1960er- und 1970er-Jahren, als die Preise für Agrargüter auf einem historischen Höchststand waren. Doch die Ölkrise in den 1970er-Jahren und der Zusammenbruch der Weltmarktpreise versetzten allen sich entwickelnden Ökonomien einen harten Schlag, auch den afrikanischen.

In den frühen 1980er-Jahren befanden sich die meisten afrikanischen Ökonomien in einer Krise. Wiederholte Dürren, innere Konflikte und ungünstigere Bedingungen für den Agrarhandel – größtenteils aufgrund der Protektion der Agrarmärkte in den Industrieländern – untergruben den wirtschaftlichen Fortschritt noch weiter. Der Internationale Währungsfonds (IWF) und die Weltbank schlugen wirtschaftliche Sparmaßnahmen im Rahmen von Strukturanpassungsprogrammen vor, deren Wirksamkeit bis heute noch nicht geklärt ist. Diese Programme versuchten die staatliche Kontrolle zu vermindern und die Märkte zu öffnen.

Zusätzlich zur Einführung der Strukturanpassungsprogramme verringerten die meisten afrikanischen Länder die öffentliche Ausgaben für Bildung, Gesundheitswesen, landwirtschaftliche Beratung und andere Sozialdienste. Sie erwarteten, der private Sektor würde einsteigen und einige dieser öffentlichen Dienste anbieten, aber dazu war dieser nicht in der Lage. Mangels ausreichender Finanzierung der sozialen Dienste stiegen Armut und Ungleichheit weiter.[7]

Daher wurde eine neue Initiative vorgeschlagen, die Schuldenerlass und Armutsminderung in einem von dem jeweiligen Land geführten Prozess kombiniert. Diese Initiative ist bekannt unter dem Namen **Armutsbekämpfungsstrategie** (Poverty Reduction Strategy Process, PRSP).[8] PRSP ermutigt jedes Land, unter Beteiligung der Zivilgesellschaft seine eigene Strategie zu entwickeln und seine Entwicklung an dem Ziel der Armutsbekämpfung auszurichten. Kritiker merken an, dass diese Strategie, die vom IWF und von der Weltbank unterstützt wird, nach wie vor Anpassungsmaßnahmen von den Ländern verlangt. Andere Beobachter stellen fest, dass die meisten der neu formulierten Strategien der Landwirtschaft zu wenig Gewicht beimessen.

Viele Hindernisse für die Landwirtschaft

Landwirtschaft und wachsender Handel können die ländlichen Regionen und die Not leidenden Menschen von Hunger und Armut befreien. Aber viele Hürden verstellen den Weg.

Tabelle 2.1: Produktionszuwächse der Hauptgetreidearten ausgedrückt in Kilogramm pro Kopf der Bevölkerung

Region	Pro-Kopf Getreideproduktion (in Kilogramm/Kopf)			
	1967	1982	1990	1997
Lateinamerika	225,3	262,0	222,1	253,4
Sub-Sahara Afrika	127,9	110,8	122,3	124,6
Westasien/Nordafrika	255,8	231,5	245,5	245,6
Asien gesamt	163,6	206,9	224,4	236,4
Südasien	146,0	171,3	182,1	182,6
Südostasien	157,8	198,8	210,1	226,3
Ostasien	188,7	248,7	276,5	295,8
Industrieländer	564,6	670,4	680,3	660,1
Entwicklungsländer	176,0	206,8	216,0	225,6

Quelle: International Food Policy Research Institute

Afrikanische Frauen müssen oft lange Wege zurücklegen, um ihren Haushalt zu organisieren.

Land: eine schwindende Ressource

Afrika ist ein mannigfaltiger Kontinent, der fast ein Viertel der gesamten Landoberfläche der Erde umfasst. Trotz seiner enormen Größe gelten nur 430 Millionen Acres, das sind knapp 174 Millionen Hektar, weniger als ein Fünftel der gesamten Vereinigten Staaten, als geeignet für den Ackerbau. Landdegradation ist die Hauptbedrohung für Afrikas landwirtschaftliches Produktivitätswachstum. Der Zwang, eine rasch wachsende Bevölkerung ernähren zu müssen, führte zu einer intensiven Nutzung des Landes und, aufgrund ungenügender Nährstoffversorgung des Bodens, zum Verlust der Bodenfruchtbarkeit. Das Fehlen geeigneter Boden- und Wasserkonservierungsmaßnahmen und die Inkulturnahme ehemaliger Waldflächen und anderer empfindlicher Böden verschärfte das Problem. In Afrika sind zwei Drittel der Flächen Wüsten- oder Trockengebiete, die hier vorhandene Ackerfläche ist hoher Degradation unterworfen durch Überweidung, nicht angepasste Bearbeitung, Abholzung und Desertifikation.[9]

Die von Wäldern bedeckte Fläche in Afrika wurde 1980 auf rund 1,72 Milliarden Acres oder 695 Millionen Hektar geschätzt. Seitdem nimmt die Fläche jedes Jahr um 9,14 Millionen Acres oder rund 3,7 Millionen Hektar ab, Tendenz steigend. Die Hälfte des afrikanischen Ackerlandes ist von Bodendegradation und Erosion betroffen und bis zu 80 Prozent der Weideflächen zeigen Anzeichen schwerer Degradation.[10] In den an die Sahara angrenzenden Ländern lässt die Desertifikation viele Menschen ohne Wasser und Ackerland. Wenn diese Menschen nicht wegziehen können – was oft der Fall ist – stehen sie vor einer kritischen Ernährungslage, so wie in Dschibuti und Nordmali.

Afrikas Unfähigkeit, seine Bevölkerung zu ernähren, hängt eng mit der abnehmenden Bodenqualität und dem langsamen Produktivitätswachstum bei der Nahrungserzeugung zusammen. Obwohl die Bevölkerungswachstumsrate, die in den Jahren 1982–1990 2,9 Prozent betrug, zwischen 1990 und 1997 auf ungefähr 2,6 Prozent gefallen ist, stagnierte die Pro-Kopf-Getreideerzeugung bei ungefähr 125 Kilogramm pro Kopf im Verlauf der letzten 30 Jahre. Im Vergleich dazu stieg die Getreideerzeugung in den Industrieländern von 565 auf 660 Kilogramm pro Kopf und in Asien von 164 auf 236 Kilogramm pro Kopf, hauptsächlich ein Ergebnis der Grünen Revolution.[11]

Bei Mais, einem der wichtigsten Grundnahrungsmittel in Afrika, gingen die Erträge deutlich zurück, und zwar hauptsächlich, weil es so gut wie keine forschungsbedingten Produktivitätsgewinne gab.[12] Überdies vernachlässigte die Grüne Revolution weitgehend Pflanzen, die in Afrika wichtige Nahrungsquellen sind und die in den landwirtschaftlich problematischen Trockengebieten gut gedeihen. Dazu gehören beispielsweise Kassava, Hirse, Hülsenfrüchte, Wurzeln und Knollen.[13] Mehr Forschung und Ausbildung in der landwirtschaftlichen Beratung bezüglich dieser Pflanzen könnten Afrikas Ernährungssicherheit steigern.

Land: Die Bauern brauchen sichere Verhältnisse

In Afrika ist das meiste ackerfähige Land in Gemeinschaftsbesitz, das bedeutet, der einzelne hat weder Besitzrechte noch Eigentum. Dieser Gemeinschaftsgeist beinhaltet die Gleichbehandlung aller Dorfbewohner und des Landes, aber er hemmt oft eine produktive Nutzung oder führt zu einer Übernutzung. Damit in Afrika langfristig erfolgreiches landwirtschaftliches Wachstum stattfinden kann, brauchen die Bauern garantiertes Eigentum an Land und sichere Nutzungsrechte. Nur so werden die Investitionen in das Land allmählich gesteigert, die natürlichen Ressourcen geschützt und die langfristig nachhaltige Nutzung gefördert.

Bis jetzt bestanden die meisten Landreformbemühungen darin, das Land aufzuteilen und an die Kleinbauern umzuverteilen. Sie versäumten aber im Wesentlichen, den Landbesitz rechtlich abzusichern und führten damit zu zahlreichen mit der

weiter auf S. 51

Malawis Bauern sind der Ansicht »Die Zukunft gehört den Organisierten«

von ACDI/VOCA[1]

Malawi ist eines der ärmsten Länder Afrikas. Es hat regelmäßig mit Nahrungsmittelknappheit zu kämpfen – Ergebnis wiederkehrender Dürren, begrenzter und degradierter Ackerflächen sowie schwacher Vermarktungssysteme. Seit 1994 jedoch hilft ACDI/VOCA[2] den Kleinbauern sich zu organisieren und auf Dorfebene Klubs zu bilden, die zusammenarbeiten, um allgemeine Probleme bei der landwirtschaftlichen Produktion und Vermarktung gemeinsam anzugehen.

1997 unterstützte ACDI/VOCA die Bildung der National Smallholder Farmers' Association of Malawi (NASFAM), des nationalen malawischen Kleinbauernverbandes, der heute nahezu 100.000 Bauernfamilien vertritt, die in 32 sich finanziell selbst tragenden landwirtschaftlichen Geschäftsvereinigungen zusammengeschlossen sind. NASFAM bietet seinen Mitgliedern eine Reihe von Dienstleistungen einschließlich der vertraglichen Beschaffung von Transport und Produktionsmitteln, Verkauf im In- und Ausland, Ausbildung in der Betriebsführung, Qualitätskontrolle und Lesen und Schreiben. Alle kommerziellen Dienstleistungen werden über Mitgliedsbeiträge und Gebühren finanziert, Bildung und Ausbildung werden durch externe Geber finanziell unterstützt. Zusätzlich ermöglicht NASFAM tausenden von Kleinbauern, an demokratischen Prozessen teilzunehmen und Partnerschaften mit Finanzdienstleistern aufzubauen. Ihr Motto lautet: »Die Zukunft gehört den Organisierten.«

Mitte 1996 wurde ACDI/VOCA gebeten, mit der Malawi Association of Spice and Herbs (MASH), dem malawischen Verband der Gewürz- und Kräuterproduzenten in Mulanje zu arbeiten, der zu der Zeit ernsthafte finanzielle und Managementprobleme hatte. Angesichts der schlechten Leistung und der fortgesetzten Schwierigkeiten des Verbandes entschied man, MASH sei kein geeigneter Partner. Örtliche Bauern wollten jedoch unbedingt Hilfe, um sich zu organisieren. Sie sagten zu ACDI/VOCA: »Wir wissen um den Nutzen von Vereinigungen. ... Wir wollen nicht außen vor bleiben.«

ACDI/VOCA richtete im darauf folgenden Jahr in der Region ein kleines Büro für technische Unterstützung ein und begann die landwirtschaftlichen Aktivitäten zu begutachten. Es wurde bald klar, dass die scharfen Birdseye-Chilischoten das größte Gewinnpotenzial boten. Die ACDI/VOCA-

Bauern aus Zikometso, Malawi, erzielten mit dem Export von Pfefferschoten einen Gewinn von insgesamt 200.000 Dollar.

Mitarbeiter halfen den Chili-Anbauern, sich in kleinen Gruppen zu organisieren, die sich ihrerseits zusammentaten, um Sammel- und Vermarktungs-Zentren zu schaffen. Dann verteilten sie Qualitätssaatgut und lehrten die Bauern, wie sie ihre Chilischoten für den Export richtig trocknen und klassifizieren müssen. Die Bauern arbeiteten hart, um anfängliche Qualitätsprobleme zu überwinden, verbesserten ständig ihre Produktion sowie ihre Trocknungs- und Klassifizierungstechnik und erwarben so den Ruf, eine beständig hohe Produktqualität zu garantieren.

Die Zikometso Smallholder Farmers' Association wurde 1999 formales Mitglied von NASFAM, nachdem sie eine Satzung entwickelt und angenommen und einen Vorstand gewählt hatte. Zu dieser Zeit hatte die Vereinigung mehr als 5.000 Mitglieder, die auf Dorfebene in 239 Klubs organisiert waren.

Im Jahr darauf verkaufte Zikometso 62 Tonnen Birdseye-Chili nach Europa und Australien und machte einen Gewinn von 27.000 US-Dollar. Der größte Teil dieses Geldes wurde als Prämie an die Mitglieder ausbezahlt. Bauern, die Mitglieder bei Zikometso waren, erhielten auf diese Weise 35 Prozent mehr für ihre Chilischoten als Nichtmitglieder. Die Vereinigung war auch die erste, die das ACDI/VOCA-Programm absolvierte, indem sie ihr gesamtes eigenes Management und Feld-Personal rekrutierte, zwei Warenlager mietete, ihren eigenen Computer kaufte und für ihre Außendienstmitarbeiter Motorräder zur Verfügung stellte. NASFAM ist als Anbauberater tätig und exportiert den Chili kostenlos – als Vermittler.

In diesem Jahr erfreuten sich die 5.700 Mitglieder der Zikometso Association einer weiteren erfolgreichen Chili-Ernte in Höhe von 80 Tonnen. Davon wurden 77 Tonnen nach Europa exportiert, das brachte Bruttoeinnahmen von 200.000 US-Dollar. Zikometso betreibt inzwischen drei Läden für landwirtschaftliches Zubehör, in denen Saatgut und Düngemittel verkauft werden und das Geschäft blüht. Zikometso-Vorstand Byson Eruwa sagt: »Es ist unser bislang bestes Jahr – das war möglich durch die starke Führung und gutes Personal auf allen Ebenen. Die Bauern sind der Vereinigung treu, weil wir bestens mit den Händlern konkurrieren können, die kein langfristiges Interesse an den Bauern haben. Zum dritten Mal in vier Jahren erhalten wir eine Prämie von dem Verband. Das kann kein Händler bieten.«

Zikometso teilt sein frisch erworbenes Knowhow mit einem anderen NASFAM-Mitglied, der Balaka Area Smallholder Farmers' Association (BASFA). Hochwertiges Qualitätssaatgut von Zikometso wurde an BASFA-Mitglieder verteilt, die auch eine Schulung erhielten, wie man das Saatbett vorbereitet und auspflanzt. Elf Tonnen Chilischoten wurden von BASFA in die Lagerhäuser von Zikometso transportiert zur Klassifizierung und zum Export, der erste Container mit Chili aus Balaka wurde im September 2002 nach Europa exportiert.

Durch ihr Qualitätsbewusstsein, ihre Bereitschaft zur Zusammenarbeit und einfach durch harte Arbeit haben die Mitglieder von Zikometso ihre Einkommen gesteigert und ihren Gemeinden wirtschaftliche Sicherheit gebracht. Wie zehntausende andere NASFAM-Bauern haben sie gezeigt, dass in Malawi die Zukunft den Organisierten gehört.

---

[1] Agricultural Cooperative Development International and Volunteers in Oversees Cooperative Assistance ist eine gemeinnützige US-amerikanische Entwicklungshilfeorganisation.
[2] Mit finanzieller Unterstützung der staatlichen US-amerikanischen Entwicklungsorganisation (USAID).

Landfrage zusammenhängenden Konflikten. Auch frühere Landumverteilungen in Afrika waren nicht immer erfolgreich. Nachdem Kenia 1963 seine Unabhängigkeit erlangt hatte, wurden im Rahmen des staatlichen Landreformprogramms Großbetriebe von ehemaligen weißen Siedlern aufgekauft. Diese Betriebe wurden in kleinere aufgeteilt und an hunderttausende kenianische Bauern umverteilt. Dann verstärkte die Regierung die Forschung, die landwirtschaftliche Beratung und die Kreditmöglichkeiten für die Kleinbauern, eine Unterstützung, die es während der Kolonialzeit nicht gab.[13] Fast sofort schnellten die Einkommen der Bauern in die Höhe, ebenso die Produktivität.

Im Gegensatz dazu verfolgte das Nachbarland Tansania ein Programm der Verstaatlichung des Landes. Die Regierung schuf, oft unter Ausübung von Zwang, große sozialistische Produktionseinheiten, die so genannten Ujamaa-Dörfer. Staatliche Geschäftsführer verwalteten diese Dorfbetriebe, die Arbeiter erhielten kärgliche Löhne und waren ohne Eigentums- oder Anbaurechte. Unter diesem System hatten die Arbeiter wenig Anreize, hart zu arbeiten, das Land zu verbessern oder die Produktivität zu steigern. Infolgedessen ging die landwirtschaftliche Wachstumsrate des Landes deutlich zurück.

Vor kurzem leitete Robert Mugabe, der Präsident von Simbabwe, ein Hauruck-Landreformprogramm in die Wege, indem er Land von meist weißen kommerziellen Farmern beschlagnahmte und es an schwarze Bauern umverteilte, die seine politischen Gefolgsleute waren, so die Aussage von Beobach-

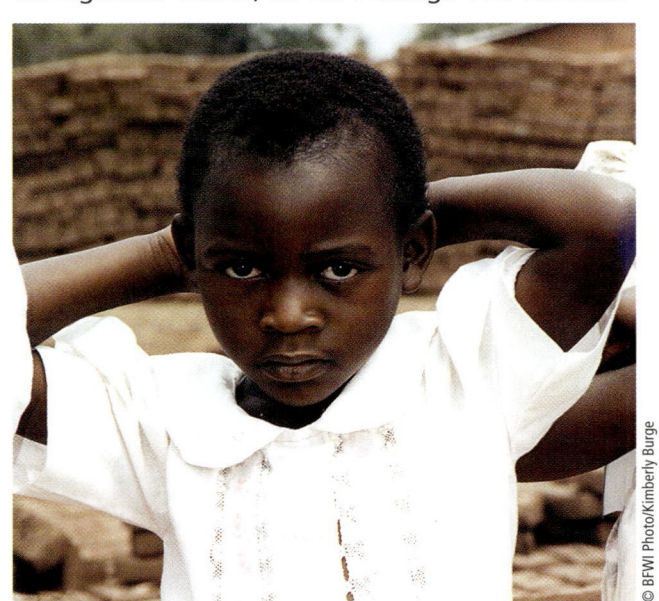

HIV/AIDS macht viele zu Waisen und bedroht so die Zukunft des afrikanischen Kontinents.

weiter auf S. 53

HIV/Aids verstärkt den Hunger in Afrika

von Dr. Lucy W. Karanja

Vor 22 Jahren sahen Ärzte in New York und Kalifornien hilflos zu, wie ihre Patienten einer Krankheit erlagen, die sie weder zum Stillstand bringen noch verstehen konnten. Drei Jahre später war die Krankheit als erworbenes Immunschwächesyndrom identifiziert, auf englisch acquired immunodeficiency syndrome, abgekürzt Aids. Ausgelöst wird Aids durch den HI-Virus, kurz HIV genannt. Die Krankheit hat sich inzwischen weltweit verbreitet. Nahezu 60 Millionen Menschen wurden bereits infiziert, etwa ein Drittel davon ist schon gestorben. Es ist eine der schlimmsten Epidemien, die es je gab. Innerhalb von sechs Jahren verdoppelte sich die Anzahl der mit HIV/Aids Infizierten von 22,6 Millionen im Jahr 1996 auf 42 Millionen im Jahr 2002. 70 Prozent der Infizierten leben in Afrika, 80 Prozent der Neuinfektionen entfallen ebenfalls auf Afrika.[1]

HIV/Aids wird durch Geschlechtsverkehr übertragen, durch Infusion von verseuchtem Blut und durch Nadeln, die Fixer gemeinsam benutzen. Infizierte Mütter übertragen die Krankheit während des Geburtsvorgangs auf ihr Kind. Die Infektionsrate und die gesundheitlichen Auswirkungen werden in Afrika durch viele Faktoren verschärft: Armut, Unwissenheit, mangelndes Bewusstsein, das Fehlen antiretroviraler Medikamente und hohe Kosten für solche Medikamente, große Migrationsbewegungen aufgrund von Kriegen, Hunger und Suche nach Arbeit, politische Untätigkeit, riskantes Sexualverhalten und kulturelle Gewohnheiten.[2]

Zuerst war hauptsächlich die städtische Bevölkerung von der Krankheit betroffen. Aber nun hat sie sich weit im ländlichen Afrika verbreitet, wo sie die Landwirtschaft lahm legt. Sie ist der größte Wirtschaftssektor stellt für zwei Drittel der afrikanischen Bevölkerung Nahrungsmittel, Beschäftigung und Einkommen bereit. Die afrikanische Landwirtschaft ist arbeitsintensiv und der Verlust von Arbeitskräften infolge von Tod durch und Erkrankung an Aids vermindert die Produktivität der Nahrungsmittelerzeugung und das Farmeinkommen und verschärft dadurch Hunger, Armut und Ernährungsunsicherheit. Durch Hunger geschwächte Menschen werden eher infiziert, weil sie anfälliger sind. Die Situation wird weiter verschlimmert durch Trockenheit, innere Unruhen und schlechte wirtschaftliche Bedingungen.

Frauen stellen den größten Teil der Arbeitskräfte in der afrikanischen Landwirtschaft und sie produzieren den größten Teil der landwirtschaftlichen Erzeugnisse. Sie sind stärker durch HIV/Aids gefährdet, ebenso junge Menschen zwischen 15 und 39, die sexuell aktiv sind.

Künftige Generationen tragen das Risiko einer geringeren Lebenserwartung, erhöhter Sterblichkeit und einer zunehmenden Abhängigkeit von Waisen und Kindern, die mit HIV/Aids leben.

Eine Studie in Simbabwe ergab, dass infolge von HIV/Aids die Menge des vermarkteten Maises um 61 Prozent zurückging, bei Baumwolle war es die Hälfte und bei Erdnüssen ein Drittel. In dem tansanischen Dorf Kagabiro wurden 29 Prozent der Haushaltsarbeitskraft darauf verwendet, für Aids-Patienten zu sorgen – Arbeit, die sonst zur Steigerung der Nahrungsmittelproduktion eingesetzt worden wäre. In landwirtschaftlichen Kaffee-Bananen-Anbausystemen in Kenia deutet die Forschung darauf hin, dass die Krankheit auch den Transfer von Wissen und Fertigkeiten untergräbt, die traditionellerweise von den Eltern an die Kinder weitergegeben werden. Das verschärft den Verlust der ländlichen Wirtschaft noch weiter.

In den nächsten zehn Jahren wird das Bruttoinlandsprodukt (BIP) in Tansania um 25 Prozent und in Kenia um 14 Prozent zurückgehen.[3] Geringere Arbeitsproduktivität und schlechte wirtschaftliche Aussichten werden weiter Afrikas Fähigkeit schwächen, für genügend Nahrungsmittel und Einkommen zu sorgen, um Wirtschaftswachstum und Entwicklung zu stimulieren. Überdies sind viele Regierungen durch steigende Kosten für Nahrungsmittelimporte bereits eingeschränkt und können deshalb nicht wirksam auf zunehmende öffentliche Gesundheitsausgaben reagieren, die von steigenden HIV/Aids-Raten und anderen opportunistischen Krankheiten verursacht werden.

Kurzfristig müssen Gemeinden und Regierungen für ein öffentliches Bewusstsein über HIV/Aids sorgen. Ferner müssen sie freiwillige Untersuchungen und Beratung fördern, billigere und wirksamere antiretrovirale Medikamente zur Verfügung stellen sowie Frauenrechte und die Unterstützung von Frauen auf Gemeindeebene fördern. Außerdem müssen sie die Bevölkerung über die Vorbeugung von sexuell übertragbaren Krankheiten aufklären.[4]

Dies wird ein großes Engagement erfordern und eine ebensolche Mobilisierung öffentlicher und privater Ressourcen, politische Führerschaft und Teilhabe der Zivilgesellschaft auf lokaler, nationaler und internationaler Ebene. Uganda hat bewiesen, dass konzertierte öffentliche Bewusstseinsbildungs-Kampagnen und aktive Beteiligung der politischen Führer, religiöse Gruppen und die Zivilgesellschaft helfen kann, den Trend bei den HIV/Aids-Infektionen umzukehren. Ugandas Präsident Yoveri Museveni nimmt jede Gelegenheit wahr, die Krankheit ins Bewusstsein der Öffentlichkeit zu rücken und sie davor zu warnen.

Die afrikanischen Länder brauchen länger andauernde und umfassendere Langzeit-Hilfe sowie das Engagement ihrer Regierungen und ausländischer Partner, um die Bedrohung durch HIV/AIDS und deren Folgen zu überwinden. Die 936 Millionen US-Dollar, die bislang für den Globalen Fonds zur Bekämpfung von Aids, Tuberkulose und Malaria einbezahlt wurden (für den 2,1 Milliarden Dollar zugesichert sind), sind zu wenig um der Herausforderung durch HIV/Aids, Malaria und Tuberkulose zu begegnen. Die Vereinten Nationen schätzen, dass jährlich sieben bis zehn Milliarden Dollar nötig wären, die Hälfte davon für Afrika südlich der Sahara.[5] Jede Regierung und Organisation muss ihre Anstrengungen verstärken und ihre Unterstützung jetzt gewähren.

---

[1] Gemeinsames Programm der Vereinten Nationen zu HIV/Aids: Global Health Update. 2002

[2] L.W. Karanja: Vertical Transmission on HIV/AIDS in Sub-Saharan Africa: An Epidemiological Review. Magisterarbeit, Michigan State University. 2002

[3] The Economic Impact of AIDS in Africa, the Futures Group International Inc., 2002. Unter: http://www.tfgi.com/ecimaids.asp

[4] International Center for Research on Women: Community Involvement and the Prevention of Mother-to-Child Transmission of HIV/AIDS. 2002

[5] United Nations: Global AIDS, Health Fund Operational by Year End. Pressemitteilung vom 6. Mai 2001

---

tern. Diese Landumverteilung störte die landwirtschaftliche Produktion nachhaltig und ist, zusammen mit einer der schlimmsten Dürren seit 50 Jahren, für die gegenwärtige Ernährungskrise des Landes verantwortlich.

Arbeit: Weniger Arbeitskräfte

Weil die Mehrheit der Afrikaner in ländlichen Regionen lebt, in denen Arbeitslosigkeit und Unterbeschäftigung hoch sind, wird die afrikanische Landwirtschaft gerne als ein Wirtschaftszweig beschrieben, dem ausreichend viele Arbeitkräfte zur Verfügung stehen. Doch das Gegenteil ist der Fall. Vor allem in Zeiten, wenn Arbeitskräfte dringend gebraucht werden, also beim Unkrautjäten, Pflanzen und Ernten, leiden die kleinen Betriebe unter starkem Arbeitskräftemangel.

Die meisten afrikanischen Kleinbauern benutzen traditionelle Arbeitsgeräte und wenden Methoden an, die viel Handarbeit erfordern; sie sind deshalb auf Familienarbeitskräfte angewiesen. Da jedoch die Mehrheit der jungen Männer und Frauen entweder in der Schule oder in die Städte abgewandert sind bzw. nichtlandwirtschaftliche Aktivitäten bevorzugen, gibt es keine Arbeitskräfte mehr so wie früher. Zusätzlich beeinträchtigt HIV/Aids die landwirtschaftliche Arbeitsproduktivität drastisch. (s. Kasten S. 52f). Die fehlende Infrastruktur, vor allem schlechte Straßen, macht es für weit auseinander wohnende Familien ebenfalls schwierig, in die ländlichen Gebiete zu reisen, um sich während der verschiedenen landwirtschaftlichen Zyklen gegenseitig zu helfen, besonders in der Regenzeit.

Um die landwirtschaftliche Produktivität zu steigern, müssen die Länder die Infrastruktur verbessern und die Land-Stadt-Migration verringern, indem sie mehr Arbeitsplätze in den ländlichen Gebieten schaffen und dafür sorgen, dass die Arbeitseinkommen vor allem der armen Haushalte steigen.

Frauen: Hoch produktiv, aber benachteiligt

Jeder Versuch, die Landwirtschaft zu entwickeln und die Ernährungssicherheit der Haushalte zu verbessern, muss die Frauen einbinden. Die meisten afrikanischen Bauern sind Frauen, und Haushalte mit einem weiblichen Haushaltvorstand sind eher durch Hunger und Armut gefährdet.[15] Frauen erzeugen zwei Drittel der afrikanischen Agrarproduktion und beteiligen sich am Handel und an der Weiterverarbeitung.

Die Frauen verbringen viele Stunden mit Landwirtschaft, Sammeln von Brennholz, Wasser holen,

weiter auf S.56

Die Zukunft der afrikanischen Landwirtschaft heißt Agrarforschung

von Carl K. Eicher

Die derzeitige Dürre im südlichen Afrika und die Tatsache, dass die Grüne Revolution auf dem Kontinent nicht Fuß fassen konnte, hat die Sorge erhöht, Afrika könne sich nicht selbst ernähren. Doch dieser Zweifel an der Fähigkeit eines Kontinents, Nahrungssicherheit zu erlangen, wurde schon längst Lügen gestraft, und zwar von Asien.

In den frühen 1960er-Jahren zweifelten viele Fachleute an Asiens Fähigkeit, sich selbst zu ernähren: die Erträge der Hauptnahrungspflanzen waren niedrig, die Monsunregen verheerend und das Bevölkerungswachstum in der Region stark. Doch der Schwarzmalerei zum Trotz reagierte Indien mit einem langfristigen politischen Engagement und stimmte die Investitionen in Kredit, Bildung, Beratung, Bewässerung, Forschung und Straßen aufeinander ab. Der Erfolg dieser Investitionen war beeindruckend. Indien begann 1965 seinen Marsch in die Nahrungsmittel-Selbstversorgung, 16 Jahre später hatte es sein Ziel erreicht. Ähnliche Anstrengungen wurden in Indonesien, Thailand und anderen asiatischen Ländern unternommen. Zu Beginn der 1980er-Jahre gab es in Asien mehr als genug Getreide.

Eine düstere wirtschaftliche Zukunft für Afrika ist nicht ausgemacht. Die afrikanischen Länder können von der Erfahrung Asiens lernen. Um die Landwirtschaft anzukurbeln, schufen die asiatischen Länder eine starke agrarwissenschaftliche Basis, ein Instrument, mit dem neue Technologien unter die Bauern gebracht werden können, indem man Beratungsdienste nutzt und ein nationales System staatlicher landwirtschaftlicher Universitäten, in denen der Nachwuchs an Agrarforschern ausgebildet wird.

Das Wissens-Dreieck

Seit Mitte der 1990er-Jahre spielt die Landwirtschaft in vielen afrikanischen Ländern und bei vielen Geber-Organisationen nur noch eine untergeordnete Rolle. Gegenwärtig betragen die Kredite der Weltbank für Landwirtschaft weniger als zehn Prozent der Gesamtkredite, ein noch nie da gewesenes Tief. Zahlreiche Geber haben ihre Unterstützung für nationale Forschungssysteme reduziert und nannten als Grund dafür einen Mangel an finanzieller Tragbarkeit. Weil die Agrarforschung der Motor des landwirtschaftlichen Wachstums ist, muss sie wieder auf die Tagesordnung der politischen Führer Afrikas und der internationalen Geber-Organisationen gesetzt werden.

Doch es muss mehr sein als die bloße und unproduktive Vorbereitung einer Reihe von geberfinanzierten Agrarforschungsprojekten. Dieser Weg wurde vorher schon beschritten. Afrikas öffentliche Forschungssysteme sind eigentlich von eigenständigen Projekten abhängig, die durch Auslandshilfe finanziert werden. Vielmehr müssen die afrikanischen Länder Forschungsinvestitionen in den drei landwirtschaftlichen Kernbereichen Forschung, landwirtschaftliche Beratung und höhere Bildung sicherstellen. Diese drei Kernbereiche bilden das »Dreieck landwirtschaftlichen Wissens«.

Forschungskapazität aufbauen

Für den Aufbau einer starken nationalen agrarwissenschaftlichen Basis, die es ermöglicht, neue Technologien für Kleinbauern zu entwickeln, bedarf es sieben wichtiger Voraussetzungen:

- politische Führung

In vier Jahrzehnten der Ausbildung von Studenten und des Aufbauens von Forschungskapazitäten in Afrika habe ich gelernt, dass die wichtigste Voraussetzung die afrikanische politische Führung ist. Damit die Landwirtschaft in Afrika Erfolg hat, müssen seine Führer ihr Augenmerk auf die Schaffung und Unterstützung wissenschaftlicher und technologischer Institutionen richten, die dem Wohle aller dienen. Entwicklungshilfe und vermehrter Handel können nur Wirkung zeigen in Ländern, deren Führer sich mit Weitblick und Engagement der Landwirtschaft annehmen.

- Engagement für eine langfristige Entwicklung

Erfolgreiche Entwicklung wird nicht in Jahren, sondern in Jahrzehnten gemessen und erfordert eine langfristige Unterstützung, sowohl national als auch durch Geber. In Simbabwe brauchte es 28 Jahre der Forschung, nämlich von 1932 bis 1960, ehe die berühmte Hybridmaissorte SR 52 auf den Markt kam, die 41 Prozent mehr Ertrag brachte, und zwar ohne Dünger. Die Zeit, die man zur Entwicklung neuer Technologien für die Kleinbauern benötigt, variiert ziemlich. Für eine neue Pflanzensorte braucht man durchschnittlich zehn und für die Verbesserung der Nutztiere durchschnittlich zehn bis 20 Jahre.

- **wirtschaftlicher Erfolg**

Forschung ist eine Investition mit einer hohen Rendite. Die erste Untersuchung der Entwicklung der Hybridmaissorten in Kenia bilanzierte Kosten und Nutzen der Forschung in Kenia von 1955 bis 1988 und kam zu dem Ergebnis, dass die jährliche Rendite der öffentlichen Investitition bei 68 Prozent lag.[1] Die Renditen anderer Forschungsbemühungen sind zwar niedriger, aber im Durchschnitt kann Forschung in Afrika günstige Renditen erbringen, ähnlich den Erfolgen in Lateinamerika und Asien.

- **starke Netzwerke**

Afrikas Vielfalt und seine unterschiedlichen Agroökologien erfordern eine enge Verknüpfung der regionalen und globalen Forschungssysteme, und zwar sowohl der öffentlichen als auch der privaten. Die Association for Strengthening Agricultural Research in Eastern and Central Africa (ASARECA), was übersetzt so viel heißt wie Vereinigung zur Stärkung der Agrarforschung in Ost- und Zentralafrika, ist eine innovative Institution, die Forscher in zehn Ländern durch Forschungsnetzwerke miteinander verbindet. Da 20 Prozent der Agrarforscher in mehr als 35 afrikanischen Ländern beheimatet sind und 80 Prozent in 13 großen Ländern, ist es für kleinere Länder schwierig, große Investitionen in Gebäude und Forschungseinrichtungen zu finanzieren. Deshalb ist es im Interesse der Forscher dieser kleineren Länder, intelligente Entleiher der Technologie ihrer Nachbarländer, regionaler Zentren sowie öffentlicher und privater internationaler Forschungsinstitutionen werden.

- **öffentliche und private Investitionen**

Weil sich die meisten afrikanischen Länder in einem frühen Stadium der institutionellen Entwicklung befinden, muss die Öffentlichkeit bei der Bereitstellung von Geldern für nationale Forschungssysteme die Führungsrolle übernehmen. Gegenwärtig stammen etwa 90 Prozent der Gelder für die Agrarforschung in Afrika aus öffentlichen und zehn Prozent aus privaten Quellen. Während die Privatisierung von Forschung und Beratungsdiensten auf der Agenda vieler internationaler Geberorganisationen steht, wird auch in absehbarer Zukunft noch in Afrika der größte Teil der Forschung staatlich finanziert werden müssen.[2]

- **Mobilisierung der Universitäten**

Ein großer Teil des akademischen Personals an afrikanischen Universitäten hat nur lose Verbindungen zu Forschern nationaler Agrarforschungsorganisationen. Das behindert sowohl den Rückfluss von praktischem Wissen in die Lehre als auch die Entwicklung von Forschungspartnerschaften. Viele internationale Geber haben sich wegen schwacher Leistung, Doppelung der Forschung und Politisierung der Universitäten aus der Finanzierung afrikanische Agrarfakultäten zurückgezogen. Aber die Übersee-Stipendienaufenthalte versiegen und Investitionen in afrikanische Agrarfakultäten und Universitäten werden benötigt. Nationale Forschungssysteme sind ohne Universitäten zur Bildung und Ausbildung neuer Generationen von Forschern unvollständig.

- **positive Anreize für Wissenschaftler**

Institutionen in Entwicklungsländern und anderswo müssen begabte Wissenschaftler einstellen, entsprechend entlohnen und sie halten.

Zusammenfassung

Der Erfolg oder Misserfolg vieler Dorfprojekte und Bauernverbände, die in Afrika entstehen, wird von der Verfügbarkeit rentabler Technologie für Kleinbauern abhängen. Diese Situation erinnert an einige der schwierigen Entscheidungen, die asiatische Politiker in den 1960er-Jahren getroffen haben, um Dreiecke landwirtschaftlichen Wissens zu schaffen. Werden afrikanische politische Führer die gleichen schwierigen Entscheidungen treffen zur Einrichtung nationaler agrarwissenschaftlicher »Basislager« oder werden sie sich weiterhin auf falsch angepackte, provisorische Projekte und einen Sack voll Nahrungsmittelhilfe-Spenden verlassen? Die Zukunft wird es zeigen.

Dr. Carl K. Eicher ist Professor für Agrarwirtschaft an der Michigan State University.

[1] Daniel Karanja: The Rate of Return to Maize Research in Kenya, 1955–1988. Unveröffentlichte Master of Science-Arbeit, Michigan State University. 1990

[2] Carl K. Eicher: Mozambique: An Analysis of the Implementation of the Extension Master Plan. Staff Paper No. 2002-03, Department of Agricultural Economics, Michigan State University. 2002

Kochen, Kinderbetreuung und Betreuung kranker Familienmitglieder. Zunehmend führen Frauen den Haushalt alleine, meist weil ihre Ehemänner auf der Suche nach Arbeit in die nächste Stadt abwandern. Doch im Vergleich zu Männern sehen sich die Frauen größeren Hindernissen gegenüber bei der Verbesserung der Landwirtschaft und ihres Lebensunterhalts, weil es eher unwahrscheinlich ist, dass sie Land besitzen und Zugang zu Kredit, zu landwirtschaftlicher Beratung oder zu anderen Hilfeleistungen haben.[16] Zukünftige Reform- und Entwicklungspolitiken müssen das berücksichtigen und diese Einseitigkeit korrigieren.

Kredit: Hilft den Bauern zu investieren und Risiken auszugleichen

Die meisten afrikanischen Bauern haben kein Geld und sind daher nicht in der Lage, in die Landwirtschaft zu investieren und das zu kaufen, was sie zum Pflanzen brauchen.[17] Saatgut, Düngemittel und Unkrautvernichtungsmittel können teuer sein und sind daher für viele Kleinbauern unerschwinglich. Ohne diese Produktionsmittel und aufgrund einer von Natur aus geringen Bodenfruchtbarkeit sind die Erträge der Bauern relativ niedrig.

Kreditmöglichkeiten helfen den Bauern, finanzielle Engpässe zu überbrücken, indem ihnen kleine Darlehen zur Verfügung gestellt werden bis zur nächsten Ernte. Mit dem Verkaufserlös können sie ihr Darlehen zurückzahlen. Kreditmöglichkeiten helfen den Kleinbauern auch Risiken besser auszugleichen, die mit der Landwirtschaft zusammenhängen, wie beispielsweise Wetterkatastrophen, das eine ganze Kultur zerstören kann. Durch besseren Zugang zu Krediten und Möglichkeiten zum Anbau von Verkaufsfrüchten können die Bauern mehr Produktionsmittel kaufen, was zu einer höheren landwirtschaftlichen Produktion führt.[18] Aber die meisten afrikanischen Länder verfügen über nur wenige Agrarkreditquellen und viele davon werden von ineffizienten staatlichen Institutionen geführt, deren bisherige Leistungen schwach waren. Privatbanken andererseits bieten kaum Agrarkredite an, weil sie die Landwirtschaft für zu riskant und die Bedienung der Bauern mit Kredit für zu teuer halten.

Es ist ganz eindeutig, wenn die landwirtschaftliche Entwicklung Erfolg haben soll, müssen die Bauern direkten Zugang zu Kredit haben, damit sie in ihren Betrieb investieren können. Der private Sektor sollte ermutigt werden, mit den Regierungen partnerschaftlich zusammenzuarbeiten, um kostengünstige Möglichkeiten der Kreditvergabe und des Sparens für Kleinbauern zu schaffen. Eine andere Möglichkeit ist die Förderung von Bauerngruppen und Genossenschaften, die leichter zu finanzieren sind und die günstigere Kredite für die Bauern herbeiführen können. Die National Small Farmers Association (NASFAM), der nationale Kleinbauernverband Malawis, ist ein Beispiel für solch eine Genossenschaft.[19] Er bietet seinen Mitgliedern Produktions- und Vermarktungsdienstleistungen,

Tabelle 2.2: Öffentliche Ausgaben für Agrarforschung – weltweite Trends

Region	Ausgaben (in Mio US$)			jährliche Zuwachsrate (in Prozent pro Jahr)	
	1971	1981	1991	1971–1981	1981–1991
Entwicklungsländer	2.895	5.535	8.017	6,4	3,8
Sub-Sahara Afrika	699	927	968	2,5	0,8
China	457	934	1.494	7,7	4,7
Asien/Pazifik (ohne China)	862	1.922	3.502	8,7	6,2
Lateinamerika/Karibik	508	1.008	951	7,2	-1,1
Westasien/Nordafrika	459	738	1.102	4,3	4,0
Industrieländer	4.298	5.713	6.941	2,7	1,7
Gesamt*	7.283	11.248	14.958	4,4	2,8

Quelle: P.G. Pardey, J. Rosebroom und B.J. Craig: Agricultural R&D Investments and Impact. In: J.M.Alston, P.G. Pardey und V.H. Smith: Paying for Agricultural Productivity. Baltimore, 1998

* ohne Kuba und Russische Föderation

Die afrikanischen Länder sollten in Ausbildungsprogramme investieren.

Betriebwirtschaft, Ausbildung in der Vermarktung und Ausbildung in der Qualitätskontrolle.

Beispiele erfolgreicher Organisationen wie NAS-FAM sollten anderen Farmern zugänglich gemacht und weiterentwickelt werden. Zusätzliche Hilfe bei der Verbesserung von Führungsmethoden und der Verantwortlichkeit wird es solchen Genossenschaften ermöglichen, den Bauern bessere Dienstleistungen zu bieten, sodass sie Größenvorteile nutzen, ihren Einfluss in der Vermarktung und Preisgestaltung verbessern können und mehr Zugang zu landwirtschaftlichen Dienstleistungen haben. Mit Unterstützung können die Genossenschaften auch ländliche Finanzierungsinstitutionen entwickeln sowie Verarbeitungs- und Vermarktungsunternehmen. Zukünftige Märkte und Versicherungsprogramme für Feldfrüchte können ebenfalls erkundet werden, um die Bauern gegen Wetter- und Marktrisiken abzusichern.

Wenn man die ländlichen Gebiete wieder ins Mittelfeld des Interesses rückt und die Investitionen in diese Gebiete erhöht, werden viele landwirtschaftliche und außerlandwirtschaftliche Aktivitäten geschaffen, die die Kapitalflüsse für die Landwirtschaft vermutlich steigern werden. Weil im ländlichen Afrika die Landwirtschaft und die anderen Wirtschaftsbereiche eng miteinander verbunden sind, bringen Investitionen in die Landwirtschaft auch den anderen Wirtschaftsbereichen Nutzen, was die Familieneinkommen weiter steigen lässt – Geld, das für Gesundheit der Familie ausgegeben werden kann, für Erziehung und andere soziale und wirtschaftliche Bedürfnisse.

Zainabu Msomoka, eine 54-jährige Witwe aus Tansania, ist ein Beispiel dafür, welche Rolle Kredite spielen können.[20] Ihre beiden ältesten Kinder starben 1995 an HIV/Aids. Sie war damals arbeitslos und mit der Aufgabe konfrontiert, für ihre verwaisten Enkelkinder sorgen zu müssen. Da trat sie einer Mikrokreditgruppe für Frauen bei und erhielt ein Darlehen von 62 US-Dollar. So viel Geld hatte sie noch nie in Händen gehabt.[21] Mit diesem Geld baute sie einen großen Verkaufsstand für Essen, den sie ordentlich ausstattete. Das Geschäft lief gut und schließlich erhielt sie einen zusätzlichen Kredit über 1.238 US-Dollar zum Ausbau ihres Geschäfts und zum Kauf von Acker- und Bauland. Heute hat sie ein festes Einkommen für sich und ihre Enkelkinder.

Agrarhandel, Märkte und Infrastruktur

Historisch betrachtet hat sich Afrika auf staatliche Vermarktungssysteme für Agrargüter verlassen. Der Staat setzte die Erzeuger- und Verbraucherpreise fest, betrieb nationale Getreidelager und betreute den Export und Import der wichtigsten Nahrungsmittel. Die Liberalisierungstendenzen der 1990er-Jahre, die teilweise aus den Strukturanpassungs-Auflagen resultierten, lockerten diese Kontrollen und erlaubten mehr Privatfirmen und Einzelpersonen das Anbieten von Krediten, Produktionsmitteln und Vermarktungsdienstleistungen. Aber der Wechsel von kontrollierten zu freieren Märkten war nicht immer ein Erfolg. In Extremfällen haben Behörden sich weiterhin unberechenbar in die Preisgestaltung und Vermarktung eingemischt und dadurch Unsicherheit für Bauern und private Investoren gestiftet.

Schlechte Preisgestaltung und ein begrenzter Zugang zu Märkten hindern die Kleinbauern daran, ihre landwirtschaftlichen Aktivitäten auszudehnen. Dass viele afrikanische Regierungen es versäumt haben, Normen sowie Klassifizierungs- und Zertifizierungsmethoden für landwirtschaftliche Erzeugnisse einzuführen, erschwert den Zugang zum regionalen und internationalen Handel weiter. Es ist nicht verwunderlich, dass in den 1990er-Jahren Afrikas Anteil am Handel schrumpfte und das Pro-Kopf-Einkommen stagnierte, während der Handel und das Einkommen der meisten Entwicklungsländer doppelt so schnell stieg wie in den 1980er-Jahren.

Die Importbeschränkungen und Subventionen der Industrieländer untergraben weiterhin Afrikas landwirtschaftliches Wachstumspotenzial. Laut IFPRI kosten die Agrarsubventionen und anderen Pro-

weiter auf S.59

Ernährungsprogramme auf Dorfebene – 50 Prozent weniger unterentwickelte Kinder

von Ashley Aakesson

Das Leben für die rund 265.000 Menschen in den Distrikten Filu und Liben ist härter geworden. Es sind hauptsächlich Hirten, die in der wilden, semiariden Region des südlichen Äthiopien leben. Die Dürreperioden sind hier häufiger und heftiger, Wasser und Weiden werden immer weniger. Über die Hälfte der Kinder unter fünf Jahren sind unterentwickelt. Das ist die Folge von chronischem Hunger, verstärkt durch Krankheiten wie Durchfall, Malaria HIV/Aids und Lungenentzündung.

Die US-amerikanische gemeinnützige Hilfsorganisation Save the Children arbeitet in Liben und Filtu, um die grundlegenden Ursachen für die Armut und den Hunger dieser Menschen anzugehen. Sie zeigt den Hirten, wie die Herden mehr zum Lebensunterhalt beitragen können und hilft ihnen, neue Einkommensquellen zu finden und natürliche Ressourcen zu bewirtschaften. Die Organisation hilft auch, mehr Mädchen und Jungen zu unterrichten und versetzt die Mütter in die Lage, besser für ihre Kinder zu sorgen, teils durch Verteilung von Nahrungsmitteln und durch Food-for-Work und teils durch Ernährungserziehung.

Fototermin mit drei Kindern aus einem Dorf, das dank »food for work« seit kurzem über eine Wasserpumpe verfügt.

Butterproduktion in einer äthiopischen Kooperative. Die erzielten Erträge sollen u.a. in ein neues Pumpsystem investiert werden.

Die Menschen in Liben und Filtu haben verschiedene Möglichkeiten, den Herausforderungen zu begegnen. Traditionelle Führer helfen, die Dorfbewohner zu mobilisieren, um die Probleme gemeinsam zu lösen. Traditionelle Heiler, sowohl für das Vieh als auch für die Menschen, sind angesehene und bewährte Lehrer in der Gemeinde. Save the Children nimmt die Hilfe dieser Männer und Frauen in Anspruch, um Programme durchzuführen und die Ressourcen in ihren Dörfern zu verbessern.

Ernährungsprogramme

Frauen sehen sich riesigen Hürden gegenüber, wenn sie die Kinderernährung und -pflege ändern wollen, wie zum Beispiel örtlichen Bräuchen und einer unglaublichen Arbeitsbelastung. Eine direkte und gezielte Verteilung von Nahrungsmitteln an Kinder, schwangere Frauen und stillende Mütter hilft die unmittelbaren Ernährungsbedürfnisse zu befriedigen und die körperliche und geistige Unterentwicklung verhindern, die eine Folge chronischen Hungers ist. Food-for-work-Projekte geben den Dorfbewohnern Anreize für den Bau und die Instandhaltung der dorfeigenen Teiche, Handpumpen und des dorfeigenen Weidelandes und schließen gleichzeitig die Nahrungslücke ein weiteres Stück. Traditionelle Geburtshelferinnen werden in sicheren Geburtspraktiken ausgebildet und sind den Müttern dabei behilflich, unmittelbar nach der Geburt mit dem Stillen zu beginnen. Dorfgesundheitshelferinnen lehren die Mütter, dass ausschließliches Stillen Säuglinge bis zum Alter von sechs Monaten das beste ist; sie lehren die Mütter bessere Ernährungspraktiken für Kleinkinder und Kinder. Mütter, die trotz der widrigen Umstände gesunde Kinder haben, werden gebeten, ihre Rezepte weiterzugeben und anderen Müttern ihre Kochmethoden zu vermitteln.

Trotz zwei Jahre schwerer Dürre haben diese Programme geholfen, die Ernährung und die Ernährungssicherheit im südlichen Äthiopien zu verbessern. Zwischen 1998 und 2001 ging der Anteil der unterentwickelten Kinder in Liben und Filtu von 53 auf 28 Prozent zurück. Rund 10.000 Haushalte mit 70.000 Tieren profitieren davon, dass mithilfe von Food-for-work-Aktivitäten die Teiche erweitert wurden. Etwa 225 Menschen in 14 Dörfern haben Sparkonten eröffnet; das ist eine neue Kapitaldiversifizierungsstrategie für die Hirten, die ihnen dabei hilft, Krisen wie Dürren oder Krankheiten zu überstehen.

Save the Children plant, seine Arbeit in den Dörfern in Liben und Filtu in den nächsten fünf Jahren fortzuführen. Während dieser Zeit werden 19.080 Familien mit Kindern unter zwei Jahren während der trockensten Jahreszeit, das sind drei Monate, Rationen mit Weizen, Eiweiß und einer Mais-Soja-Mischung erhalten, die mit Vitaminen angereichert ist. Die Hoffnung liegt im Aufbau lokaler Ressourcen, sodass die Hilfe von Save the Children in Liben und Filtu nicht länger mehr benötigt wird.

Ashley Aakesson ist Stipendiatin von Mickey Leland International Hunger; sie arbeitete von Juli 2001 bis Juni 2002 in dem Projekt, das Save the Children Federation Inc. in Liben durchführt.

Diese Bauern einer von ACDI/VOCA geförderten Genossenschaft in Santiago, Cape Verde, bauen Cassava an. Ein Haupternteerzeugnis vieler afrikanischer Länder.

tektionsmaßnahmen der Industrieländer die afrikanischen Bauern jährlich mindestens zwei Milliarden US-Dollar. Ein Abbau dieser Hindernisse würde den Agrarhandel der Länder in Afrika südlich der Sahara verdoppeln, die Einkommen der armen Bauern verbessern und die Wirtschaft der Länder ankurbeln. Oxfam International behauptet, dass die derzeitigen Welthandelsregeln Afrika und anderen armen Ländern kaum eine Chance geben.[22] Überdies erhöhen schlechte Infrastruktur, teure Kommunikation und Knappheit der Marktinformation die Produktions- und Vermarktungskosten und verringern dadurch die Wettbewerbsfähigkeit der afrikanischen Agrarprodukte auf regionalen und internationalen Märkten.

HIV/Aids: eine gewaltige Herausforderung

Die rasche Ausbreitung von HIV/Aids stellt Afrika vor große Herausforderungen. 2002 lebten ungefähr 70 Prozent der weltweit an Aids erkrankten Menschen in Afrika und 80 Prozent der Neuinfektionen fanden laut UNAIDS (Gemeinsames Programm der Vereinten Nationen zu HIV/Aids) in Afrika statt.[23] Diese Krankheit, die sich von Armut, Unwissenheit und bestimmten kulturellen Gewohnheiten ernährt, ist die Hauptursache für den Tod afrikanischer Erwachsener und Kinder. Solange nicht mehr getan wird, um diese Geißel der Menschheit zu kontrollieren, werden die Infektionsrate und damit zusammenhängend die Todesfälle steigen und noch höhere soziale, politische und ökonomische Kosten nicht nur in Afrika verursachen, sondern auch in der übrigen Welt.

Die durch HIV/AIDS verursachte Unsicherheit, welche die tansanische Witwe Zainabu und ihre Familie erleben müssen, zerstört Afrikas ländliche Gemeinden. Eltern und Großeltern müssen sich nicht nur Sorgen machen um verwaiste und/oder infizierte Kinder, sie müssen sich auch Sorgen machen um sinkende Einkommen und steigende Ernährungsunsicherheit (s. Kasten S. 52). Die steigende Zahl der an Aids erkrankten und gestorbenen Menschen vermindert die Familienarbeitskräfte, eine wichtige Ressource für Kleinbauern, weil Familienmitglieder mehr Zeit und Geld aufwenden für die Pflege der Kranken und Waisen.

Ausgaben im Zusammenhang mit der Krankheit zehren ebenfalls an den Familieneinkommen. Geld, das sonst für landwirtschaftliche Produktionsmittel ausgegeben worden wäre, wird verwendet, um für die Kranken zu sorgen oder Krankenhausrechnungen zu bezahlen oder die Beerdigungskosten. Einige Familien sind gezwungen, ihren Viehbestand und ihre landwirtschaftlichen Gerätschaften zu verkaufen. Andere verzichten auf Verbesserungen ihres Betriebs. In einigen Regionen in Uganda haben Frauen Genossenschaften gebildet, um sich gegenseitig mit landwirtschaftlichen Arbeitskräften auszuhelfen. Sie legen auch Geld zusammen, um landwirtschaftliche Produktionsmittel und Nahrungsmittel für die Familien zu kaufen, die an der Krankheit leiden. In Malawi arbeiten einige Bäuerinnen in einer Gemeinschaft zusammen und teilen die Früchte ihrer Arbeit gleichmäßig mit den Kranken und den Gesunden.[24] Solche Beispiele des Teilens, tief verwurzelt in der gemeinsamen afrikanischen Tradition, haben einige Gemeinschaften vor dem Zerfall bewahrt.

Bürgerkriege und Konflikte: Eine schwere Bürde

Konflikte und Bürgerkriege zerstören Familien, untergraben die landwirtschaftliche Produktion und die wirtschaftliche Entwicklung. Jeder fünfte Afrikaner lebt in einem von Kriegen und Konflikten zerrissenen Land.[25] Dieser zivile und politische Aufruhr kostet die Länder enorme Summen an Geld und menschlichen Ressourcen. Konflikte und Kriege führen zur Zerstörung der physischen Infrastruktur und zu einem Verlust an institutioneller Kapazität, ganz zu schweigen von den gewaltigen Verlusten menschlichen Lebens. Die Ressourcen, die der Entwicklung infolge von Konflikten verloren gehen, so schätzt die Weltbank, betragen in Zentralafrika mehr als eine Milliarde und in Westafrika mehr als 800 Millionen US-Dollar pro Jahr. Dazu kommen noch jährlich 500 Millionen Dollar zusätzlich für Flüchtlingshilfe in Zentralafrika.[26]

Falsche politische Entscheidungen sind ein Hauptgrund für das langsame Wirtschaftswachstum in Afrika. Sie sind auf das Fehlen von Sozialkapital und unzureichende politische Institutionen zurückzuführen.[27] Afrikanische Regierungen sollten auf neue Forderungen nach Rechtsstaatlichkeit und mehr Demokratie reagieren. Verantwortungsvolles Regieren muss gefördert und demokratische Institutionen müssen gestärkt werden, um die Staatsgewalt zu dezentralisieren und die breite Öffentlichkeit zur Beteiligung am politischen Prozess zu ermutigen und Transparenz und Verlässlichkeit zu fördern.

Hindernisse müssen überwunden werden

Um solche Hindernisse zu überwinden, müssen die afrikanischen Länder ihre Volkswirtschaften in die Lage versetzen, die landwirtschaftliche Entwicklung und die Möglichkeiten, die der Handel bietet, zu nutzen. Bauern und ländliche Gemeinden brauchen eine bessere Infrastruktur, angemessene Forschung und Technologien sowie mehr Zugang zu lokalen, nationalen, regionalen und internationalen Märkten. Und um diese Zugewinne zu erhalten, müssen sich afrikanische Regierungen und internationale Gemeinschaft der Bedrohung durch HIV/Aids und durch die laufenden Kriege und Konflikte auf dem Kontinent stellen.

Verbesserung der Infrastruktur

Die schlechte Infrastruktur wird oft als Hauptgrund für Afrikas geringe Wettbewerbsfähigkeit im Agrarhandel genannt. Afrika hat ziemlich viele Häfen, Eisenbahnlinien, Fernverbindungsstraßen und Flugverbindungen, aber die meisten sind alt, unzureichend oder ungeeignet für die heutigen Märkte. Landwirtschaftliche Produkte sind voluminös und ihre Rentabilität hängt oft von der Leistungsfähigkeit und den Kosten des Transports ab, die in Afrika, verglichen mit dem Rest der Welt, relativ hoch sind. Zum Beispiel sind die Frachtkosten für Importe aus Ost- und Westafrika 70 Prozent höher als für Importe aus asiatischen Ländern. Ähnlich ist es bei den Luftfrachtkosten. Hier sind die Kosten innerhalb Afrikas viermal so hoch wie die Kosten für einen Transport über den Atlantik.

Ebenso können Telefon- und Internetgebühren in Afrika zwischen 50 und 100 mal höher sein als in

Nordamerika; das liegt teilweise daran, dass Afrikas Kommunikationsnetze oft von ineffizienten Regierungsmonopolisten betrieben werden. Hohe Kommunikationskosten drücken die landwirtschaftlichen Gewinne und Löhne und benachteiligen den Export. Unzureichender Zugang zu Strom und Wasser kann die landwirtschaftliche Entwicklung und den Handel beeinträchtigen, insbesondere den Handel mit höherwertigen Agrargütern. Nicht einmal jeder fünfte Afrikaner hat Zugang zu Strom. Nahezu zwei Drittel der Menschen, die in den ländlichen Regionen Afrikas leben, haben keinen Zugang zu ausreichend Wasser guter Qualität.

Ohne eine verbesserte Infrastruktur und neue Kommunikationsnetze werden die afrikanischen Länder im internationalen Handel nicht wettbewerbsfähig sein. Die Weltbank schätzt, dass die Reparatur der vorhandenen und der Bau neuer Infrastrukturen zur Deckung des Bedarfs rund 400 Millionen US-Dollar kosten würde, während der Bau eines umfassenderen Kommunikationsnetzes rund 18 Milliarden Dollar im Jahr verschlingen würde.[28] Ausgebaute Straßen und Kommunikation werden die Produktions- und Vermarktungskosten senken und afrikanische Agrarprodukte auf den regionalen und internationalen Märkten wettbewerbsfähiger machen.

Entwicklung der Agrarforschung und Beratung

Der Aufbau von Agrarforschungs- und Beratungskapazitäten in Afrika und ein erneutes Konzentrieren aktueller Bemühungen auf die Steigerung der landwirtschaftlichen Produktivität würde viele ländliche Gemeinden in Richtung einer nachhaltigen Ernährungssicherheit bringen. Afrikas hinterher hinkende landwirtschaftliche Produktivität stellt, zusammen mit steigender Bevölkerung, Armut und Arbeitslosigkeit in ländlichen Gebieten, eine Belastung der Land- und Wasserressourcen des Kontinents dar. Zusätzlich zu ernsthaften sozialen Herausforderungen wie Unterernährung, Hunger und hohe Kindersterblichkeit kämpfen viele ländliche Gebiete mit Bodenerosion, Abholzung und Desertifikation. Damit die afrikanische Landwirtschaft zu einer Verbesserung der Lebensumstände der ländlichen Armen beitragen kann, müssen landwirtschaftliche Technologien und Konzepte nicht nur die Nahrungsmittelproduktion beschleunigen, sondern auch einen effizienteren und nachhaltigeren Einsatz der natürlichen Ressourcen Afrikas verfolgen.

Die Agrarforschung in Afrika wird größtenteils öffentlich finanziert. Die Mittel aus Staatshaushalten – die bereits aufgrund verminderter Steuerausgaben wegen Strukturanpassungsmaßnahmen schwer gelitten haben – sind seit den 1980er-Jahren gesunken. Gleichzeitig haben die ausländischen Geber, von denen die Hälfte der Forschungsgelder stammt, ihre Mittel gekürzt. Die Weltbankkredite für die Landwirtschaft gingen ebenfalls dramatisch zurück, von durchschnittlich 31 Prozent der Gesamtkreditsumme in den Jahren 1979–1981 auf weniger als zehn Prozent in den Jahren 1999–2000. Ebenso hat die Entwicklungsorganisation der USA (USAID) ihre Gelder für die Landwirtschaft in Afrika südlich der Sahara um 57 Prozent auf ungefähr 80 Millionen US-Dollar gekürzt.[29] Im Jahr 2000 war die afrikanische Landwirtschaft der Sektor, der die wenigste amerikanische Entwicklungshilfe erhielt.

Diese Entwicklung muss umgekehrt und die Mittel müssen, zusammen mit öffentlichen und privaten Geldern, gezielt zur Deckung der betrieblichen und Ausbildungsbedürfnisse der Forschungs- und Beratungsinstitutionen eingesetzt werden. Aktuelle Bemühungen, Forschungsinstitutionen in regionale Netzwerke zu integrieren, sollten unterstützt werden, um den Technologietransfer, die Schaffung von Kapazitäten und eine effiziente Zuteilung knapper Ressourcen zu fördern.

Wieder erwachtes Interesse an der afrikanischen Landwirtschaft bei Weltbank, USAID, Europäischer Union und anderen sollte in zusätzliche Finanzmittel umgesetzt werden, die afrikanischen Wissenschaftlern und Politikern erlauben, technologische Innovationen wie zum Beispiel Ökolandbau und Biotechnologie zur Steigerung der Nahrungsmittelproduktion und Qualität zu erforschen.

> **Die Steigerung der afrikanischen Agrarexporte kann der Schlüssel zur Reduzierung von Armut und Hunger sein.**

Handelsregeln und Marktzugang erleichtern

Obwohl internationale Hilfe benötigt wird, um die Hindernisse für eine landwirtschaftliche Entwicklung zu überwinden, kann das Exportwachstum ein effizienter Motor der Armutsminderung sein, weil es hilft, Einkommen direkt in die Hände der Armen zu lenken.[30] Doch diese Zugewinne für die Armen sind nicht absolut; es müssen erst Strategien und Institutionen geschaffen und durchgesetzt werden, die eine faire Verteilung der Handelsvorteile unterstützen. Afrikanische Länder müssen vor allem das

Wachstum des Handels und den Schutz der Ernährungssicherheit, besonders für arme städtische Verbraucher, aufeinander abstimmen.

Die afrikanischen Volkswirtschaften haben die Aufgabe, auch aktiver teilzuhaben an der Gestaltung der Regeln, die den Welthandel bestimmen, insbesondere die internationalen Handelsrunden. Weil die derzeitigen Regeln den Handel der Industrieländer begünstigen und die afrikanischen Länder benachteiligen, müssen die afrikanischen Länder die Beseitigung dieses Zustands und faire internationale Handelsregeln fordern. Daher werden afrikanische Investitionen in die Verbesserung der Verhandlungs- und Lobbyingfähigkeiten seiner Vertreter bei globalen Handels-Foren, einschließlich der Welthandelsorganisation (WTO), wahrscheinlich bedeutende Vorteile und eine angemessene Politik für die afrikanischen Länder bringen.

Drei Generationen ernten Sonnenblumenkerne.

Aussichten für nachhaltige Landwirtschaft und Wirtschaftswachstum in Afrika

○ Unterstützung von Landwirtschaft und Kleinbauern

Die Landwirtschaft ist das Fundament des ländlichen Afrika, die meisten armen Afrikaner beziehen ihr Haupteinkommen aus der Landwirtschaft. Daher müssen Bemühungen zur Stärkung der ländlichen Wirtschaft die landwirtschaftliche Entwicklung in den Vordergrund stellen. Es muss sichergestellt werden, dass Kleinbauern in einer globalen Wirtschaft Zugang haben zu Märkten, Technologien, Kredit und Produktionsmitteln. Leistungsfähige Erzeugergenossenschaften können unter Kleinbauern und in ländlichen Geschäftskreisen eine große Rolle beim Ausbau der landwirtschaftlichen Produktion sowie auch bei der Verarbeitung und Vermarktung spielen.

○ Aufbau von Agrarforschung und Beratungsdiensten

Agrarforschung und Beratungsdienste können viele der technologischen Zwänge mindern, die die afrikanische Landwirtschaft am Wachstum hindert. Aber um das zu erreichen, müssen diese Institutionen mehr auf die Bedürfnisse der Kleinbauern eingehen, sie müssen leistungsfähiger werden und bereit sein, innerhalb regionaler Netzwerke zu arbeiten, um das Sammeln von Informationen, Technologieentwicklung und Verbreitung zu erleichtern. Aus Forschung und Entwicklung wird man größere Vorteile ziehen, wenn Forschungsorganisationen engere Verbindungen zu anderen Beteiligten, einschließlich Bauern und Universitäten, aufbauen und von Regierungen sowie von regionalen und internationalen Netzwerken besser unterstützt werden.

Afrikanische Regierungen und internationale Geber müssen mehr Haushaltsmittel für die Agrarforschung bereitstellen. Sie sollten auch durch Forschungspartnerschaften mit dem privaten Sektor neue Finanzierungsquellen mobilisieren. Schließlich sollten sie innerhalb des Landes und innerhalb der Region die Forschungszusammenarbeit verbessern, um »Doppelforschung« zu minimieren und sie sollten die »Technologie des Borgens« verbessern anstatt jedes Mal das Rad wieder neu zu erfinden.

Die afrikanischen Regierungen sollten auch in Erwägung ziehen, Gesetze zu den Bereichen Biosafety, geistige Eigentumsrechte und Lebensmittelstandards zu erlassen, die Kleinbauern weder national noch regional vor den Kopf stoßen. Solche Maßnahmen sind insbesondere wichtig im Hinblick auf Biotechnologie in der Landwirtschaft.

○ Schutz natürlicher Ressourcen

In Anbetracht der niedrigen Bodenfruchtbarkeit und des Verlustes natürlicher Ressourcen müssen die Länder das Ressourcenmanagement zu einem Schwerpunkt machen. Konservierende Bodenbearbeitung und Barrieren aus Pflanzen, mit denen man Wasser und Boden zurückhalten kann, sind Beispiele für Techniken, die vielen Regionen nutzen können, ohne dass dafür teure, moderne Produktionsmittel eingesetzt werden müssen. Lokal vorhandenes Know-how ist für das Management der vielfältigen Umweltbedürfnisse und Ressourcen Afrikas wichtig, denn es bietet die Grundlage für geeignete Innovationen.

Gegenwärtige und künftige Landreformen müssen strengere Vorschriften für den Schutz der natürlichen Ressourcen beinhalten. Durch angemessene Regelungen des Landbesitzes und der Gebietseinteilung können Wälder vor unrechtmäßiger Zerstörung geschützt werden, ebenso empfindliche Landflächen wie zum Beispiel Feuchtgebiete und einheimische Flora. Es sind jedoch neue Ansätze nötig, um die Beteiligung der Gemeinden, eine lokale Bewirtschaftung gemeinsamer Ressourcen und kollektive Partnerschaften zu ermöglichen.[31] Innovative Strategien müssen auch das indigene Wissen und die indigenen Praktiken berücksichtigen, um ihre Nachhaltigkeit und Übereinstimmung mit lokalen Traditionen und Erwartungen sicherzustellen.

○ Verbesserung der Infrastruktur und der Kommunikation

Viele Bauern sind schlecht an das Straßennetz angebunden. Das wieder erwachte Interesse und Investitionen in die ländliche Infrastruktur werden ländlichen Gemeinden helfen, sich wieder an lokalen, nationalen und internationalen Märkten zu beteiligen. Investitionen in die Gesundheitsfürsorge, Bildung, Kommunikation und sauberes Wasser helfen ebenfalls die landwirtschaftliche Produktivität zu verbessern. Schon jetzt haben Handys und Internet die Verbreitung von Wissen und Information in den ländlichen Gebieten in einer Weise beschleunigt, wie sie sich vor zehn Jahren noch niemand vorstellen konnte. Zum Beispiel nutzen verschiedene ugandische Frauengruppen lokale Internetcafés, um landwirtschaftliche Produktionsinformationen miteinander auszutauschen und Marktnischen für ihre Produkte zu suchen.

○ Entwicklungspartnerschaften mit der Wirtschaft

Die afrikanische Landwirtschaft braucht beträchtliche finanzielle Mittel zur Einlösung ihres Versprechens. Weil Afrikas finanzielle Quellen überfordert sind, müssen Regierungen, privater Sektor und Zivilgesellschaft neue – verlässliche und verantwortliche – Partnerschaften schmieden, die Ressourcen teilen und die Hindernisse für die landwirtschaftliche Entwicklung umfassend und aufeinander abgestimmt angehen.

Im Gegensatz zu vergangenen Bemühungen, die den Handel liberalisierten und die Ausgaben der Regierung zulasten der Armen drosselten, müssen afrikanische Regierungen jetzt nachhaltige Strategien verfolgen, die vor allem die ländliche Bevölkerung stärken. Solche Strategien können das Management der natürlichen Ressourcen stärken und eine größere Teilhabe an lokalen Entscheidungsprozessen anregen. Der private Sektor kann auch zur ländlichen Entwicklung beitragen, indem er Kapital in ländlichen Gebieten investiert und Partnerschaften mit Bauern und landwirtschaftlichen Genossenschaften eingeht. So können Qualitätsproduktion, Absatzmärkte und nachhaltige wirtschaftliche Entwicklung sichergestellt werden. Aber hier werden entsprechende Regulierungen nötig sein, um die Ausbeutung der einen Gruppe durch die andere zu vermeiden.

○ Teilnahme an internationalen Verhandlungen

> Die afrikanischen Länder sollten wirksamer an den laufenden WTO-Verhandlungen beteiligt sein und auf Themen drängen, die für die afrikanischen Länder und ihren internationalen Handel von Interesse sind.

Die afrikanischen Verhandlungsteilnehmer müssen die Verhandlungen nutzen und eine Liberalisierung des Agrarsektors der Industrieländer sowie andere Zugeständnisse verlangen, um ihre eigene Landwirtschaft zu stärken. Kernfragen sollten sein:

▪ Gewährleistung der Fähigkeit afrikanischer Länder, ihre Landwirtschaft, in der hauptsächlich Agrarrohstoffe erzeugt werden, zu diversifizieren;

▪ Verhandlungen über bessere Märkte für unverarbeitete und verarbeitete Agrarprodukte sowie Ausgleichsprogramme für Nahrungsmittel importierende afrikanische Länder mit niedrigem Einkommen, die möglicherweise durch die Liberalisierung des Agrarhandels seitens der Industrieländer Schaden nehmen könnten.[32]

Die durch regionale und internationale Handelsblöcke verursachten politischen und wirtschaftlichen Neuordnungen bieten neue Chancen für ein Wachstum des Agrarhandels. So auch das **Gesetz für Wachstum und Chancen in Afrika** (Africa Growth and Opportunity Act, AGOA), ein gesetzliches Versprechen, das die Vereinigten Staaten im Jahr 2000 gaben, um den Marktzugang für bestimmte afrikanische Produkte zu erweitern.

Obwohl beim Marktzugang für die Bekleidungsindustrie und bei der Beseitigung vieler Zölle Fortschritte erzielt wurden, blieben die landwirtschaftlichen Produkte außen vor, die für den Aufbau eines Agrarhandels in Afrika am wichtigsten sind. AGOA hat auch geholfen, den Blick amerikanischer und afrikanischer Beamter und Geschäftsleute auf amerikanisch-afrikanische Handelsmöglichkeiten zu lenken; die Liberalisierung des Agrarhandels unter der WTO wäre für die afrikanischen Länder jedoch besser als eine erweiterte AGOA.

Eine andere Chance ist die **Neue Partnerschaft für Afrikas Entwicklung (NEPAD)**, ein detaillierter Plan, um den wirtschaftlichen, politischen und sozialen Herausforderungen zu begegnen, denen die Menschen in Afrika gegenüberstehen. Die Afrikanische Union und die G8-Gruppe der Industrieländer unterstützen NEPAD.

○ Regionalen Handel fördern

Durch die Stärkung ihrer regionalen Handelsblöcke könnten die afrikanischen Länder beachtliche Macht und beachtlichen Einfluss gewinnen. Eine solche Zusammenarbeit würde auch eine kritische Gesamtmenge menschlicher und Sachressourcen bereitstellen, um regionale Forschung, Entwicklung und Frieden zu fördern. Verschiedene Länderblöcke haben bereits gemeinsame Märkte gebildet, während andere über verschiedene Formen der Markt- und politischen Integration verhandeln. Solche Gruppierungen verleihen den afrikanischen Ländern mehr Gewicht, besonders in multilateralen Verhandlungen. Als Handelsblöcke können sie auch ihren Handel besser koordinieren, Handelsbarrieren untereinander minimieren und den regionalen Handel mit positiven Einflüssen auf den internationalen Handel fördern, beispielsweise mit der Europäischen Union.

○ Ländliche Entwicklung fördern

Landwirtschaftliche und andere ländliche Tätigkeiten erzeugen Synergien. Daher muss die breit angelegte Entwicklung von Institutionen, Infrastruktur und Einrichtungen in ländlichen Gebieten immer unter dem Aspekt betrachtet werden, wie sie sich auf die landwirtschaftliche Produktion und Wettbewerbsfähigkeit auswirkt. Die Länder müssen auch in ihre Bevölkerung investieren. Sie müssen die Berufsbildung, die Bildung und die Gesundheitsfürsorge unterstützen und sie müssen Institutionen und Strategien schaffen, die die Beendigung des Hungers und der Armut zu einem klaren und erkennbaren Ziel machen. In dieser Hinsicht müssen Strategien zur Verbesserung der Landwirtschaft in Kenntnis der umfassenderen Ziele der ländlichen Entwicklung und nach sorgfältiger Abschätzung gemacht werden, um sicherzustellen, dass die verschiedenen Maßnahmen sich nicht gegenseitig schaden. Das ist besonders im Zusammenhang mit der Umweltverträglichkeit wichtig.

Insbesondere wird jedes afrikanische Land oder jede Region spezielle Bedürfnisse und Zwänge aufweisen. Eine Entwicklungspolitik »von der Stange« wird also nicht funktionieren.

Bei der Formulierung regionalspezifischer Innovationen und Unterstützungsmaßnahmen sollten wohl überlegte, innovative Wege gefunden werden, um lokale Informationen und lokale Erfahrungen über örtliche Bodenbeschaffenheiten, Dürrezyklen, Schädlinge und Krankheiten zu nutzen.

○ HIV/Aids direkt angehen

Das Ausmaß der HIV/Aids-Pandemie in Afrika bedroht zweifellos die gegenwärtige und zukünftige soziale und wirtschaftliche Entwicklung. Es ist bereits beträchtliche Anzahl von Familien und Einzelpersonen betroffen, entweder durch Krankheiten oder den Tod ihrer Lieben. Die Krankheit tötet ausgerechnet die jüngsten und aktivsten Menschen, was einen sofortigen Produktivitätsverlust zur Folge hat. Anti-Aids-Kampagnen über die Krankheit, über die Verhütung neuer Infektionen und über die Betreuung der Kranken sollten sofort in Angriff genommen werden.

Bislang waren nationale politische Strategien zur Bekämpfung dieser Plage alles andere als zufrieden stellend. Die Regierungen müssen den Ernst der Bedrohung durch HIV/Aids anerkennen und den nationalen Notstand ausrufen und jede Ressource mobilisieren, die gebraucht wird, um die Verbreitung einzudämmen. Gemeinsame Anstrengungen dieser Regierungen und der internationalen Gemeinschaft durch den **Globalen Aids-Fonds** brauchen mehr Unterstützung und mehr Geld, um den Fonds auf über 2,1 Milliarden US-Dollar aufzustocken. Das ist nur ein Viertel dessen, was gebraucht wird, um einen glaubwürdigen Kampf gegen HIV/Aids, Tuberkulose und Malaria zu führen.

○ Förderung von Good Governance und Frieden

Frieden und Wohlstand gehen Hand in Hand. Nationale Regierungen müssen eine förderliche Rechts-, Regierungs- und institutionelle Struktur schaffen – nationale und internationale Politik Anreize für Frieden, Wohlstand und Entwicklung. Regierungen, Nichtregierungsorganisationen und der private Sektor können dann zusammenarbeiten, um die Entwicklungsaktivitäten der Gemeinden und Bauern zu unterstützen und benachteiligten Gruppen zu helfen, direkten Zugang zu Ressourcen und Märkten zu erhalten. Durch Verbesserung der Transparenz und Verantwortlichkeit werden Regierung zusätzlich Entwicklungspartner und ausländische Investitionen anziehen. Die Förderung von Frieden und Demokratie durch Dialog und Rechtsstaatlichkeit wird ein solides Fundament für soziale, politische und wirtschaftliche Entwicklung legen.

Schlussfolgerung

Der Landwirtschaft und der ländlichen Entwicklung Afrikas stehen viele Beschränkungen entgegen, die es zu verringern oder ganz zu beseitigen gilt – möglichst mit Methoden, die den Armen und Hungernden zugute kommen. Diese Veränderungen hängen zwar nicht ausschließlich, aber doch zu einem großen Teil von Aufgaben ab, die die Afrikaner selbst lösen müssen: vertrauensbildende Maßnahmen, eine gerechte Politik, die den Armen nutzt, aber auch Frieden und Entwicklung den Vorrang zu geben, gehören zu den Aufgaben von afrikanischen Regierungen und Gesellschaften. Alleine schaffen sie das jedoch nicht. Regierungen und Entwicklungspartner aus anderen Ländern müssen sie unterstützen, indem sie die Entwicklungshilfe erhöhen, den Schuldenerlass ausweiten, Subventionen für ihre Agrarerzeugnisse verringern und ihre Märkte für den Handel, speziell den Agrarhandel mit Afrika öffnen.

Geber sollten sich mit einzelnen afrikanischen Regierungen, Zivilgesellschaften und Regionen befassen, um spezifische Prioritäten und Entwicklungshürden zu identifizieren und langfristige, durchführbare Pläne auszuarbeiten, die den Ländern den Übergang in die Eigenständigkeit zu ermöglichen. Strategische Partnerschaften und Prozesse wie die Armutsbekämpfungsstrategien (PRSP) können so gestaltet werden, dass sie lokale Kontrolle erlauben sowie die umfassende afrikanische Teilhabe bei der Planung und Durchführung.

Ein langfristiges politisches und wirtschaftliches Engagement von Regierungen, Geberorganisationen, Ländern sowie regionalen und internationalen Organisationen wird nötig sein, um Wachstum und Entwicklung zu erneuern. AGOA ist ein Beispiel für eine Initiative, die für die arme Menschen von großem Nutzen sein kann, wenn sie erweitert wird, um die Handelsbarrieren für die Agrarprodukte der in Armut lebenden Menschen abzubauen.

Die versprochene Erhöhung der Entwicklungshilfe durch das 2002 von Präsident Bush vorgeschlagene »Millennium Challenge Account« sowie ähnliche Vorschläge europäischer Regierungen sind wichtige Schritte. Vor allem im Verbund mit der Verpflichtung afrikanischer Regierungen und der G8-Länder zur Erfüllung der von NEPAD und der Millenniums-Deklaration gesteckten und international anerkannten humanitären Ziele wie beispielsweise der Ausrottung extremer Armut und extremen Hungers. Aber um Afrikas künftiges wirtschaftliches Wachstum und Eigenständigkeit für seine in bitterer Armut lebenden Menschen sicherzustellen, müssen sich sowohl die afrikanischen Länder als auch die internationale Gemeinschaft erneut für die Entwicklung des Agrarhandels und der Landwirtschaft engagieren.

Dr. phil. Daniel D. Karanja ist bei Bread for the World Referent für internationale Agrarpolitik.

Melody R. McNeil ist Stipendiatin von Mickey Leland International Hunger und als solche bei Bread for the World tätig.

Subventionierte Agrarerzeugnisse für Mais und andere Produkte, die für den globalen Markt produziert werden, unterlaufen die Anstrengungen von Kleinbauern im Süden, ihre Erzeugnisse auf lokalen Märkten zu verkaufen.

KAPITEL 3

Hungerkrisenherde 2003

von Margaret M. Zeigler

© Volkhard Brandes

Rund 840 Millionen Menschen weltweit sind unterernährt. Das bedeutet, sie haben keinen Zugang zu Kalorien und Nährstoffen, die sie für ein gesundes Leben brauchen. Armut und mangelnde wirtschaftliche Unabhängigkeit sind die Hauptursachen des Hungers, aber extreme Wetterverhältnisse, HIV/Aids und politische Konflikte bringen benachteiligte Bevölkerungsgruppen ebenfalls an den Rand des Überlebens. Ohne Mittel und Wege zur Bewältigung solcher Katastrophen entstehen Hungerkrisenherde, und die Betroffenen müssen sich auf Nothilfe von außen verlassen, um zu überleben.

Obwohl es einige Jahre dauert, offizielle internationale Daten zusammenzutragen: die Zahl der unterernährten Menschen in der Welt ist 2002 vermutlich gestiegen. Die Bekämpfung des Hungers machte in jüngster Zeit nur langsam Fortschritte. Durch den Abschwung in der Weltwirtschaft, verbunden mit einer Zunahme von Kriegshandlungen und Naturkatastrophen – besonders in Teilen Afrikas –, ist die Anzahl der an Hunger leidenden Menschen wahrscheinlich gestiegen. Doch amerikanische und europäische Politiker konzentrierten sich auf den weltweiten Kampf gegen den Terrorismus und den Krieg im Irak und reagierten nur langsam auf die sich abzeichnenden Nahrungskrisen rund um den Globus. Nun drohen diese Krisen das humanitäre Hilfssystem zu überfordern.

> Hungerkrisenherde bildeten sich in Zentralamerika, in Zentral- und Ostasien und im südlichen Afrika, und nur ein herkulischer Kraftakt kann Millionen von Männern, Frauen und Kindern davor bewahren, 2003 zu verhungern.

Die Krise im südlichen Afrika

Das südliche Afrika mit den Ländern **Lesotho, Malawi, Mosambik, Swasiland, Sambia** und **Simbabwe** ist der Hungerkrisenherd mit den meisten gefährdeten Menschen. Insgesamt 14,5 Millionen Menschen werden bis zum 1. April 2003 Nahrungsmittelnothilfe brauchen, und wenn es im Frühjahr wieder eine Missernte gibt, wird die Krise fortdauern (S. Tab. 3.1, S. 67).

Die Ursachen dieser ungewöhnlich schweren Hungersnot stellen die internationale humanitäre Gemeinschaft vor neue Herausforderungen. Normalerweise eine ernährungssichere Region, hatte das südliche Afrika zwei Jahre der Dürre erlebt in Ländern mit einer Bevölkerung, die durch Aids – die Infektions-Raten in diesen Ländern gehören zu den höchsten der Welt – bereits geschwächt ist. Korruption auf Regierungsebene hat diese Tragödie nur noch verschärft. In Malawi verkauften korrupte Regierungsbeamte eine der Hauptgetreidereserven. In Simbabwe schwächte ein Landreformprogramm, das die gewaltsame Übernahme kommerzieller Farmen, die im Besitz Weißer waren, zum Ziel hatte, das Vertrauen der Investoren, brachte die Nahrungsmittelerzeugung zum Erliegen und schwächte die Volkswirtschaften der gesamten Region.

Die Rolle von HIV/Aids bei der Gefährdung der Bevölkerung darf nicht unterschätzt werden. Millionen von Bauern können weder pflanzen noch ernten, weil sie zu krank zum Arbeiten sind. Eltern sterben an der Epidemie und lassen Waisen zurück, für die die Großeltern sorgen müssen. Und Nahrungsmittel-Hilfspakete zur Befriedigung des Nährstoff- und Kalorienbedarfs der hungrigen Menschen sind für Aids-Kranke nicht ausreichend. Diese brauchen fast 50 Prozent mehr Eiweiß und Lebensmittel, die reich an Mikronährstoffen sind. Die Nahrungsmittelknappheit im südlichen Afrika ist die allererste,

Tabelle 3.1: Die Nahrungsmittelkrise im südlichen Afrika

Anzahl der Menschen, die in der Zeit vom 1. September 2002 bis 31. März 2003 von Hunger bedroht waren.

	Anzahl/Land	**Prozent/Land**
Simbabwe	6.700.000	49%
Malawi	3.300.000	29%
Sambia	2.900.000	26%
Lesotho	650.000	30%
Mosambik	590.000	3%
Swasiland	270.000	24%
Gesamt	14.400.000	

Quelle: U.S. Agency for International Development, Office of U.S. Foreign Disaster Assistance Fact Sheet, 4. Nov. 2002

weiter auf S.69

Nahrungsmittelhilfe rettet Leben

Während der zweiten Hälfte des 20. Jahrhunderts waren Hungersnöte mit mehr als einigen Millionen Opfern selten. Die überwältigende Mehrheit der Hungertoten des 20. Jahrhunderts starb während der Zeit zweier totalitärer Regime: An die 15 Millionen Menschen starben in der Ukraine und ehemaligen Sowjetunion während der Zwangskollektivierung unter Stalin, und fast 30 Millionen Chinesen verhungerten während der kommunistischen Revolution und Maos »Großem Sprung nach Vorn« in den 1950er-Jahren. In Ländern, in denen Bürgerkrieg herrschte oder ein Genozid stattfand oder in denen die Regierung humanitäre Hilfe verhinderte, war die Anzahl der Hungertoten ebenfalls hoch. Beispiele dafür sind Kambodscha während der Pol Pot-Ära von 1974–1979, der Bürgerkrieg 1990 in Somalia und die gegenwärtige Krise in Nordkorea.

Verbesserte Information über drohende Nahrungsmittelknappheit, verbunden mit einem gut entwickelten internationalen Nahrungsmittelnothilfe-Reaktionssystem verhinderte in den 1980er- und 1990er-Jahren Hungerkatastrophen. Landwirte in Nordamerika und Europa waren in der Lage, mehr Nahrung zu produzieren; wirtschaftliche Lagerungs- und Transportmöglichkeiten versetzten Geberländer und humanitäre Hilfsorganisationen in die Lage, Nahrungsmittelhilfe schnell in Hungergebiete zu bringen und so Millionen von Menschen zu retten.

In den 1990er-Jahren waren Nahrungsmittel-Geberländer wie die Vereinigten Staaten, Kanada, Japan und Mitglieder der Europäischen Union in der Lage, beachtliche Beiträge entweder in Form großer Mengen Getreide oder Geld an das Welternährungsprogramm der Vereinten Nationen oder an Nichtregierungsorganisationen zur Verfügung zu stellen.

Große Hungerkatastrophen des 19. und 20. Jahrhunderts und ihre Toten

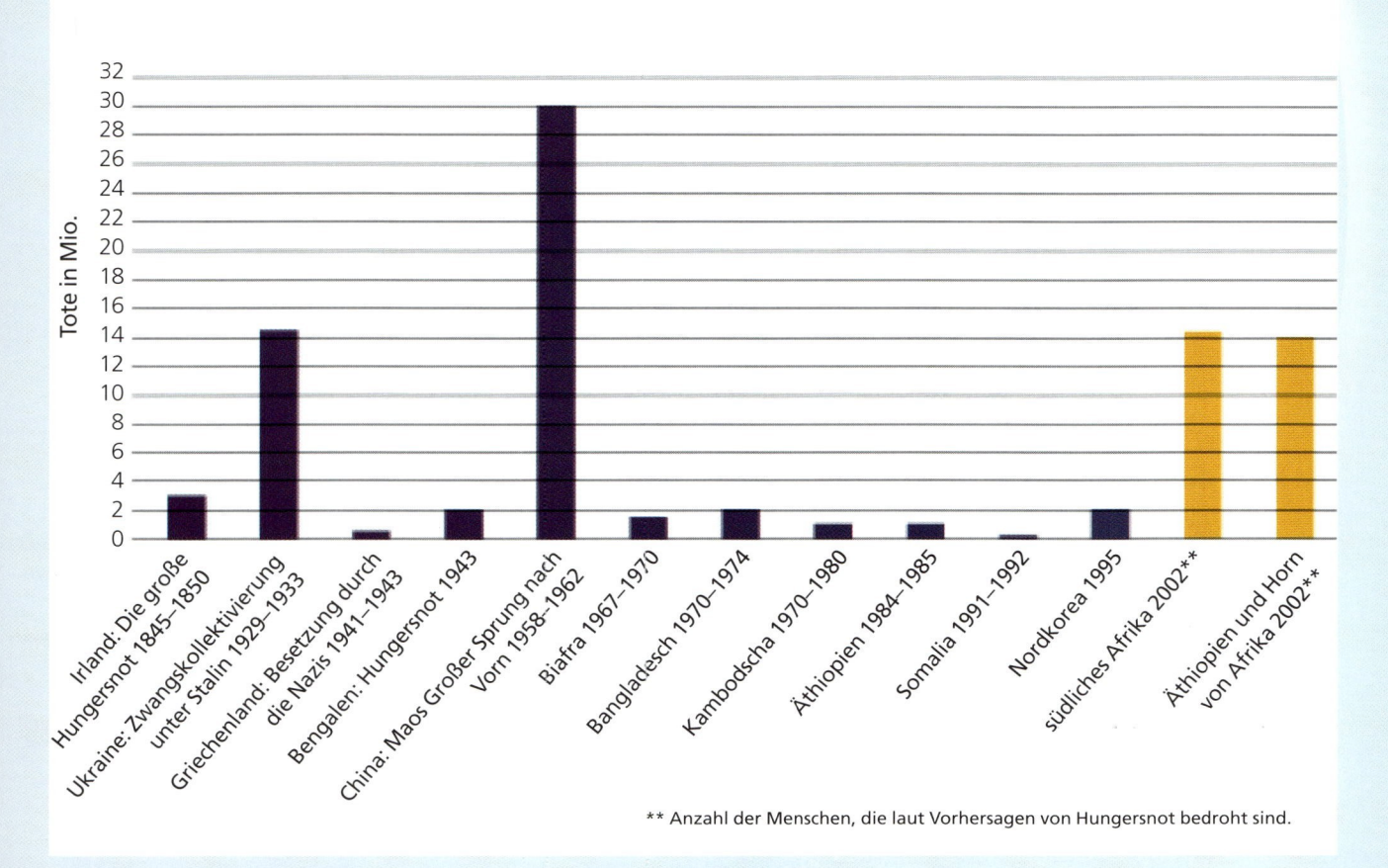

** Anzahl der Menschen, die laut Vorhersagen von Hungersnot bedroht sind.

die eine Region trifft, in der ein großer Teil der Bevölkerung bereits an HIV/Aids leidet.

Verkompliziert wird die humanitäre Hilfe aufgrund der Hungersnot durch den Widerstand der Regierungen von Ländern des südlichen Afrika, Nahrungsmittelhilfe anzunehmen, die genetisch veränderten Mais enthält – das hauptsächliche Hilfsgut der USA und anderer Nicht-EU-Geberländer. Lesotho, Malawi, Mosambik, Swasiland und Simbabwe sind beunruhigt wegen möglicher Auswirkungen des Genmaises auf die Umwelt. Sie sind auch wegen ihrer zukünftigen Agrarexporte nach Europa beunruhigt, weil einige europäische Verbraucher Nahrungsmittel bevorzugen, die aus Ländern kommen, in denen der Anbau gentechnisch veränderter Nahrungspflanzen nicht erlaubt ist. Einige Länder nehmen den Genmais an, wenn er vor der Verteilung gemahlen wird, sodass die Bauern ihn nicht mehr aussäen können. Sambia hat sich jedoch geweigert, überhaupt Genfood anzunehmen, egal ob gemahlen oder nicht, und gab dafür gesundheitliche Bedenken für die Bevölkerung und Bedenken wegen einer möglichen Verseuchung künftiger Feldfrüchte an. Inzwischen wirbt das US-amerikanische Landwirtschaftsministerium weltweit für die Akzeptanz gentechnisch veränderter Feldfrüchte und zeigt keine Geduld mehr für solche Bedenken.

Die Kapazität von Mühlen zum Mahlen von Mais in dieser Region bleibt ein wesentliches Hindernis für die rasche Nahrungsmittelhilfe. Der meiste Mais wurde in großen Frachtern verschifft, Monate vor der im November 2002 gefällten Entscheidung der Empfängerregierungen, nur gemahlenen Mais anzunehmen. Die **Republik Südafrika** ist das einzige Land in der Region, das die Kapazität hat, die großen Mengen zu mahlen, die in dieser Krise benötigt werden. Der Transport von den Getreidelagern im südlichen Afrika zu den Mühlen und wieder zurück in die Länder zur Verteilung ist ein logistischer Albtraum für die humanitären Organisationen, die versuchen, auf die drohende Krise zu reagieren.

Überdies droht Gewalt auszubrechen, weil einige Regierungen die Verteilung des gemahlenen Maises zur Diskriminierung bestimmter Bevölkerungsgruppen nutzen. In Simbabwe wurde die Regierung von Robert Mugabe beschuldigt, die Verteilung in Distrikten zu verhindern, die bei den Präsidentschaftswahlen 2002 für die Oppositionspartei gestimmt hatten. In **Sambia** verhinderte die Regierung die Verteilung von Nahrungsmittelhilfe an angolanische Flüchtlinge, deren Überleben von solcher Hilfe abhängt. Diese Flüchtlinge leben in Camps des Flüchtlingshilfswerks der Vereinten Nationen.

Die Reaktion der Gebernationen auf die Verzerrung der Verhältnisse im südlichen Afrika ist entmutigend. Ende 2002 hatten die Vereinigten Staaten als größter Einzelgeber 45 Prozent (275 Millionen US-Dollar an Nahrungsmittelhilfe und Geld) des Bedarfs der Region an Nahrungsmittelhilfe und anderer humanitärer Hilfe (611 Millionen US-Dollar) zur Verfügung gestellt. Soll 2003 ein massives Sterben vermieden werden, müssen andere Geber schnell ihren Teil zu den multilateralen Bemühungen beitragen. Verschiedene EU-Länder wie beispielsweise England und Dänemark haben Geld für den Kauf von Nahrungsmitteln in der Region bereit gestellt, Kanada hat ebenfalls bedeutende Beiträge an Getreide und Geld zur Verfügung gestellt. Aber die Lücke ist noch immer groß.

Republik Südafrika, Angola und Namibia

Obwohl die **Republik Südafrika** den schweren Hunger verhütet hat, der ihre Nachbarn bedroht, bleibt sie doch gefangen in Armut, Mangelernährung und der weit verbreiteten HIV/Aids-Epidemie.

Angola, ein Land, das gerade einen 27 Jahre dauernden Bürgerkrieg hinter sich hat, der nahezu eine Million Tote und vier Millionen Vertriebene hinterließ, beginnt erst jetzt, seine extreme Armut anzugehen. Mit dem Tod von Jonas Savimbi im Februar 2002 verloren die Truppen der UNITA (National Un-

Ein gerechteres Agrarhandelssystem würde Industrie- und Entwicklungsländern zu gute kommen. Es würde das Wirtschaftswachstum fördern und zu mehr politischer und sozialer Stabilität beitragen.

ion for the Total Independence of Angola) ihren charismatischen Führer und die angolanische Regierung rief den Sieg aus. Angolas Diamanten- und Ölreichtum könnte für die Entwicklung genutzt werden, aber die Reintegration ehemaliger Kämpfer und die Räumung der Millionen von Landminen kommt nur langsam voran.

Im benachbarten **Namibia** hat die gleiche Dürre, die die anderen Länder des südlichen Afrika bedroht, die Mais und Hirseernte in der nördlichen Okavango-Region vernichtet. Im November 2002 tauchten die ersten Berichte auf über Hungertote in Okavango. Von den zwei Millionen Einwohnern des Landes droht die Hungersnot mindestens 350.000 Leben zu fordern. Obwohl Namibia den größten Teil seines Bedarfs für diese Notlage selbst decken kann, hat es um vier Millionen US-Dollar gebeten für den Kauf von Nahrungsmitteln als Nothilfe für gefährdete ländliche Bevölkerungsgruppen wie beispielsweise ältere Menschen, Mitglieder von Haushalten, die von weiblichen Haushaltsvorständen geleitet werden und Kinder.

Westafrika

In Westafrika machten im Jahr 2002 die Entwicklungsbemühungen und die Bemühungen zur Verringerung militärischer Konflikte unterschiedliche Fortschritte. **Mali** und **Sierra Leone** verbessern weiter ihre Ernährungssicherheit, während andere Länder unter anhaltenden Konflikten litten.

Cote d'Ivoire ist normalerweise ein ernährungssicheres Land, aber ein versuchter Staatsstreich im September 2002 war der Beginn einer Periode der Instabilität. Rebellengruppen, bestehend aus im Exil lebenden Soldaten, ehemaligen Studenten und Angehörigen ethnischer Gruppen aus dem Norden des Landes versuchten, die Regierung von Präsident Laurent Gbagbo in der Hauptstadt Yamoussoukro zu stürzen. Die Rebellen plünderten drei der größten Städte im Norden. Das hat zu einer wachsenden humanitären Krise geführt, die die gesamte westafrikanische Region im Jahr 2003 destabilisieren könnte. Vor der Gewalt flohen mehr als 200.000 Einwohner der Cote d'Ivoire zu Fuß in weiter südlich liegende Gebiete.

Im benachbarten **Liberia** werden viele Menschen weiterhin zu intern Vertriebenen, wenn sie aus den Konfliktregionen ihres Landes flüchten. Aufgrund der Instabilität des Landes nach jahrzehntelangem Bürgerkrieg erhalten etwa 200.000 Menschen Nahrungsmittelnothilfe.

Der Bürgerkrieg in **Sierra Leone** endete im Jahr 2001, und 2002 fanden erfolgreiche Nationalwahlen statt. Das kleine Land macht weiterhin Fortschritte beim Wiederaufbau und der Frieden beginnt zu greifen. Während des Bürgerkriegs wurde mehr als die Hälfte der Bevölkerung vertrieben; diese Menschen leiden noch immer unter den Folgen der grausamen Menschenrechtsverletzungen und so hat Sierra Leone noch einen weiten Weg der wirtschaftlichen und psychischen Erholung vor sich. Die Nahrungsmittelhilfe konzentriert sich auf Ernährungsprogramme für Mütter und das Bereitstellen von Mahlzeiten für Schulkinder im ganzen Land.

Mauretanien hat unter einer zweijährigen Dürre schwer gelitten. Das war 2002 der Anlass für eine Nothilfe-Operation des Welternährungsprogramms der Vereinten Nationen (WFP), Nahrungsmittel für Frauen und Kinder in Gemeinde-Ernährungszentren bereitzustellen. Das WFP schätzt, dass 700.000 der 2,5 Millionen Einwohner des Landes ernährungsunsicher sind. Ende 2002 war dieser Einsatz nach wie vor schwer unterfinanziert.

Zentralafrika und die Große Seen-Region

Der gegenwärtige Konflikt, in den die zentralafrikanischen Anrainerländer der Großen Seen verwickelt sind, wurde 1994 durch den Völkermord an den Tutsi in **Ruanda** ausgelöst. Innerhalb von wenigen Monaten ermordeten Hutu-Extremisten mehr als 800.000 Tutsi – Männer, Frauen und Kinder – und tausende gemäßigter Hutu. Das Versagen der internationalen Gemeinschaft, diese Gewalttätigkeiten zu beenden, führte zu einer Massenflucht der gemäßigten Hutu in die Nachbarländer Burundi, Tansania und Zaire, heute **Demokratische Republik Kongo**. Der Aufenthalt dieser ruandischen Flüchtlinge innerhalb der Demokratischen Republik Kongo wiederum verschärfte die dort bereits schwelenden Konflikte und führte schließlich zum Bürgerkrieg. Mehr als zwei Millionen Kongolesen sind inzwischen an Hunger, Armut und Krankheit gestorben oder wurden ermordet.

Während der vergangenen drei Jahre wurden Armeen aus sechs Ländern in den Konflikt – er wird auch »der afrikanische Weltkrieg« genannt – hineingezogen. Mittlerweile sind Ruanda und Burundi mit einem fortwährenden Konflikt zwischen politischen und ethnischen Hutu- und Tutsigruppen belastet. Und Uganda, auch ein Anrainerland der Großen Seen, leidet unter einem seit 16 Jahren andauernden Konflikt zwischen der Regierung und einer Rebellengruppe, die unter dem Namen Lord's Resistance Army (LRA) bekannt ist. Die LRA, die von

Tabelle 3.2: Hungerstatistik Zentralasien 2002

Land	Gesamt-bevölkerung	Anzahl der Unterernährten	Anzahl der Unterernährten (%)	Anz. der von Nahrungsmittelhilfe Abhängigen
Afghanistan	27.755.775	19.429.043	70%	7.000.000
Kasachstan	16.731.519	1.338.522	8%	keine Angabe
Kirgisistan	4.822.166	385.773	8%	keine Angabe
Tadschikistan	6.719.567	4.300.523	64%	734.000
Turkmenistan	4.688.963	375.117	8%	keine Angabe
Usbekistan	25.563.441	4.857.054	19%	keine Angabe

Quelle: CIA World Fact Book 2002; ReliefWeb; State of Food Insecurity 2002

dem religiösen Fundamentalisten Joseph Kony geführt wird, suchte wiederholt den Norden des Landes heim und vertrieb mehr als 800.000 Ugander. Diese intern vertriebenen Menschen suchten Zuflucht in Camps, in denen sie auf der Basis humanitärer Nahrungsmittelhilfe überleben.

Sudan, Somalia
Für verschiedene seit langem andauernde Konflikte in Afrika gab es 2002 Anzeichen der Lösung. Trotz des Ausbruchs von Kämpfen zwischen verschiedenen Rebellenbewegungen und Regierungstruppen begann sowohl im **Sudan** als auch in **Somalia** die Saat des Friedens zu keimen. Die Ernährungssicherheit hat sich in beiden Ländern verbessert und Verhandlungen über einen dauerhaften Frieden könnten sich im Jahr 2003 als fruchtbar erweisen.

Im Sudan forderte ein 19 Jahre andauernder Bürgerkrieg zwischen Regierungstruppen aus dem Norden und Rebellen aus dem Süden fast zwei Millionen Leben und machte mehr als vier Millionen Menschen zu Flüchtlingen im eigenen Land. 2002 nahmen die Führer der Rebellenbewegung Sudan People's Liberation Movement an Friedensverhandlungen mit Vertretern der sudanesischen Regierung teil. Die Verhandlungen wurden durch eine Reihe internationaler Vermittler ermöglicht, einschließlich des von der US-Regierung unterstützten ehemaligen Senators John Danforth.

In Somalia zeigten sich ebenfalls Anzeichen für eine Kriegsmüdigkeit. Warlords haben seit 1990 verheerenden Schaden verursacht. Die Kämpfe hatten eine Hungersnot zur Folge, der 200.000 Somali zum Opfer fielen. 2001 und 2002 führten Verhandlungen zwischen den Warlords Somalias zu einem labilen Frieden in dem zersplitterten Land. Üppiger Regen in den vergangenen beiden Jahren brachte Somalia zum ersten Mal seit zehn Jahren einen kleinen Nahrungsmittelüberschuss.

Äthiopien, Eritrea
Der neueste und vielleicht schlimmste Hungerkrisenherd zeichnete sich Ende 2002 in den ostafrikanischen Ländern **Äthiopien** und **Eritrea** ab. Schon immer eine ernährungsunsichere Region, kämpfen Äthiopien und Eritrea – sie bildeten früher einmal ein Land, das von den äthiopischen Königen regiert wurde – ständig mit Trockenheit, Armut und der sich rasch ausbreitenden HIV/Aids-Epidemie, die die Bevölkerung schwächt und ihre Anfälligkeit für Unterernährung und Krankheiten erhöht. Schätzungen zufolge sind zwischen 12 und 14 Millionen Menschen durch eine Hungersnot gefährdet. Einem Krieg zwischen Eritrea und Äthiopien in den Jahren von 1998 bis 2000 fielen mehrere hunderttausend Männer zum Opfer. Es waren traditionelle Hirten und Bauern, deren Witwen nun hart arbeiten müssen, um ihre Familien durchzubringen. Eine anhaltende Trockenheit, die im Jahr 2000 begann, vernichtete zwei Ernten hintereinander. Überdies haben Spannungen wegen knapper Wasserressourcen zu gewaltsamen Auseinandersetzungen zwischen der Volksgruppe der Afar und Stämmen der Isaa in der Afar-Region Äthiopiens geführt.

Um die Dinge noch komplizierter zu machen, fiel die amerikanische Weizenernte aufgrund einer

Trockenheit im Mittleren Westen niedriger aus als gewöhnlich. Mais, Sorghum und Weizen werden in Äthiopien und Eritrea benötigt, aber die Kosten für die Nahrungsmittelhilfe werden aufgrund des geringeren Angebots höher sein.

Die gleichzeitige Nahrungsmittelkrise im südlichen Afrika und am Horn von Afrika wird eine Herausforderung für die logistische Kapazität der Hilfsorganisationen sein, die Nahrungsmittel dahin zu bringen, wo sie benötigt werden und sie dort dann zu verteilen. Dieser Hungerkrisenherd könnte sich 2003 zu einem Katastrophengebiet entwickeln. Riesige Mengen an Nahrungsmittelhilfe müssen sofort mobilisiert werden, um Millionen von Toten zu vermeiden.

Afghanistan und Zentralasien

Seit den Terroranschlägen vom 11. September 2001 hat der amerikanische Militäreinsatz in Afghanistan fast täglich Beachtung in den Medien gefunden. Der Wiederaufbau des Landes hatte für die Geberländer und viele humanitäre Hilfsorganisationen eine höhere Priorität. Die Vereinigten Staaten tragen das meiste für den Wiederaufbau in Afghanistan bei; unterstützt werden sie dabei von EU-Mitgliedsländern und Japan.

Die humanitäre Gemeinschaft arbeitete hart, um das Elend der afghanischen Bevölkerung zu lindern. Deren Leiden ist das Ergebnis jahrzehntelanger Zwietracht und Unterdrückung, zu der die sowjetische Invasion in den 1970er-Jahren, die Unterdrückung durch die Taliban, laufende regionale Konflikte zwischen Warlords und die vier Jahre dauernde Trockenheit in jüngster Zeit gehören.

Im Jahr 2002 stellten Geber Nahrungsmittel, Decken, medizinische Hilfsgüter, Personal und Gelder für den Wiederaufbau und die Entwicklung bereit, aber ein großer Teil dieser Hilfe kommt nicht über die Hauptstadt Kabul hinaus. Die nur sporadische Verteilung von Hilfsgütern sowie weiter bestehende Sicherheitsbedenken bremsen den Wiederaufbau in abgelegenen Regionen. Ernährungsunsicherheit und fehlende Arbeitsplätze sind dafür verantwortlich, dass 70 Prozent der insgesamt 25 Millionen Afghanen unterernährt sind (s. Tabelle 3.2, S. 71). Trotz Afghanistans hohem politischen Stellenwert reicht die Entwicklungshilfe bei weitem nicht aus, um den Bedarf zu decken.

Einige frühere Sowjetrepubliken erlebten ein ähnliches Schicksal wie Afghanistan. Der Zusammenbruch der Sowjetunion 1991 war die Geburtsstunde neuer souveräner Republiken in Zentralasien. Diese neuen Länder jedoch – **Kirgisistan, Tadschikistan, Turkmenistan** und **Usbekistan** – erhielten wenig Entwicklungshilfe, weder von ihrem ehemaligen »Mutterland« Russland noch von anderen Industrieländern wie der Europäischen Union oder den Vereinigten Staaten. Durch diese Vernachlässigung ist es dazu gekommen, dass Warlords, fundamentalistische Gruppen und Diktatoren die Länder dominieren. Folglich leiden diese noch jungen Staaten nun unter bitterer Armut und Hungersnot. Es fehlt an Straßen und sonstiger Infrastruktur. Zudem gibt es keine landwirtschaftlichen Programme, und es existiert kein Gesundheitswesen.

In **Tadschikistan**, der ärmsten der ehemaligen Sowjetrepubliken, leben zwei Drittel der Bevölkerung unterhalb der Armutsgrenze. Diese Situation wurde durch Erdrutsche verschlimmert, die viele Dorfbewohner unter sich begruben, viele andere obdachlos machten und fruchtbare Erde vernichteten. Wegen ihrer Gebirgslage und dem Mangel an staatlichen Geldern für eine grundlegende Erschließung sind die Dörfer schwer zu erreichen. Oft leiden die Kinder in dieser Region am meisten; 46 Prozent der Kinder unter fünf Jahren leiden an chronischer Unterernährung.

Nordafrika, Mittlerer Osten und Irak

Während der zweiten Hälfte des Jahres 2002 galt die Aufmerksamkeit dem möglichen Irakkrieg und so interessierten sich die Medien weniger für den sich verschlechternden Ernährungszustand des palästinensischen Volkes. Im August 2002 schickte der

VN-Generalsekretär Kofi Annan, die Amerikanerin und frühere Chefin des Welternährungsprogramms Catherine Bertini als Sondergesandte nach **Palästina**, um dort die wachsende humanitäre Krise zu untersuchen. Bertini dokumentierte den starken Einfluss, den der israelisch-palästinensische Konflikt auf die Ernährung der Bevölkerung hat und lenkte die Aufmerksamkeit auf den schwierigen Zugang palästinensischer Bevölkerungsgruppen zu humanitärer Hilfe. Die von der US-Entwicklungsorganisation (USAID) finanzierte Ernährungsstudie stellte im Gazastreifen und in der Westbank bei Kindern unter fünf Jahren schwere und mittlere Unternährung fest. Der jeweilige Anteil betrug 13,3 beziehungsweise 4,3 Prozent. Die Kinder in Palästina leiden auch an Blutarmut, einem geschwächten Immunsystem und psychosozialem Trauma. Die Studie verwies auf »eine eindeutige humanitäre Notlage in Bezug auf ernste, mittlere und schwere Unterernährung«.

Das Welternährungsprogramm und das Internationale Komitee des Roten Kreuzes stellen Nahrungsmittel und Vitamine zur Nahrungsergänzung für fast 1,5 Millionen palästinensische Frauen und Kinder zur Verfügung, aber eine wirtschaftliche Entwicklung, die den Palästinensern erlauben würde, die Nahrungsmittel, die sie brauchen, zu kaufen, kann ohne Frieden und Sicherheit nicht beginnen. Israels Beschränkung des Zugangs zu und aus den palästinensischen Gebieten behindert massiv sowohl die humanitäre als auch die wirtschaftliche Entwicklungshilfe.

Seit 1991 schon leiden die Menschen im **Irak** unter den umfassenden Sanktionen, die vom VN-Sicherheitsrat auf Antrag der Vereinigten Staaten verhängt wurden. Die Sanktionen haben zum Zusammenbruch der öffentlichen Versorgung beigetragen. Besonders betroffen sind Wasserreinigung, Präventiv-Medizin, Abwasserentsorgung, Elektrizität, Transport und Versorgung von Kindern mit Nahrungsmitteln. Seit Beginn der Sanktionen sind schätzungsweise 500.000 irakische Kinder unter fünf Jahren gestorben, hauptsächlich durch Krankheiten, die auf schlechte Wasserqualität zurückzuführen sind. Das irakische Wasserreinigungssystem brach zusammen, weil Chlor und andere sanktionierte Dinge knapp waren, die für den Unterhalt des Rohrsystems benötigt werden. Die Sanktionen brachten nicht nur große Not für die ärmsten Iraker, sondern auch Saddam Hussein und seinem inneren Kreis Reichtum, indem sie es ihnen ermöglichten, jährlich mehr als zwei Milliarden US-Dollar durch illegale Ölverkäufe über Syrien zu verdienen.[1]

Europa, Russland, der Balkan, und der Kaukasus

Zu Europa gehören die Länder der Europäischen Union sowie die Unabhängigen kaukasischen Republiken, Russland, die Türkei und die Ukraine. Trotz Nahrungsmittelfülle und relativ hoher durchschnittlicher Einkommen gibt es hier einige Hungerkrisenherde.

Eine der größten Inseln von Armut und Hunger ist **Georgien**, das früher Teil der Sowjetunion war. Zu seinen fünf Millionen Einwohnern gehören rund 300.000 intern Vertriebene und Flüchtlinge, die meisten aus den Nachbarländern Armenien, Aserbeidschan und Tschetschenien.

Innerhalb Russlands ist die Kaukasusregion mit **Tschetschenien** und **Iguschetien** ein bedeutsamer Hungerkrisenherd. Ein Jahrhundert des Konflikts zwischen Moskau und der Unabhängigkeitsbewegung in Tschetschenien endete in einem Bürgerkrieg. Im Oktober 2002 besetzten tschetschenische Rebellen ein Theater in Moskau und hielten drei Tage lang 700 Menschen als Geiseln gefangen.[2] Russland ging gegen diese abtrünnige Republik brutal vor, die Hauptstadt Grosny wurde nahezu dem Erdboden gleichgemacht. Ein Drittel der 785.000 in Tschetschenien lebenden Menschen braucht dringend Nahrungsmittel, ein Dach über dem Kopf und Sicherheit. Bereits seit sieben Jahren hält die russische Armee Tschetschenien besetzt und die politischen Führer beider Seiten kommen nicht weiter bei ihren Verhandlungen über die tschetschenische Unabhängigkeit.

Asien

Die meisten chronisch unterernährten Menschen leben in Asien. Das darf aber nicht vergessen machen, dass die asiatischen Länder im letzten Jahrzehnt bei der Verminderung des Hungers Erfolge erzielt haben. **China** machte seit 1990 große Fortschritte bei der Bekämpfung des Hungers. Die Zahl der unterernährten Menschen ging um 74 Millionen zurück. Während der letzten zehn Jahre konnten die Menschen in **Indonesien, Südkorea, Taiwan, Thailand** und **Vietnam** ihr Einkommen deutlich erhöhen, sodass viele von ihnen nicht mehr Hunger leiden.

Zwischen **Indien** und **Pakistan** kam es zu Spannungen wegen Kaschmir, einem umstrittenen Gebiet, das jetzt zu Indien gehört. Die Länder, die beide Atomwaffen besitzen und damit gedroht haben, diese auch einzusetzen, befanden sich im Jahr 2002 am Rande eines Krieges. Sowohl in Indien als auch in Pakistan gibt es Millionen armer und hungernder

um Nahrungsmittelnothilfe bat. Seit dieser Zeit fungieren das Welternährungsprogramm und eine kleine Anzahl von Nichtregierungsorganisationen als »Kanal« für Lebensmittelhilfe der Vereinigten Staaten, der Europäischen Union und Japans. Sie helfen fast einem Drittel der 23 Millionen zählenden Bevölkerung. Im Jahr 2002 verringerten Japan und die Europäische Union ihre Unterstützung, jetzt erhalten weniger Nordkoreaner Nahrungsmittelhilfe. Zugangsbeschränkungen und mangelnde Bewegungsfreiheit innerhalb des Landes behindern die humanitären Hilfsorganisationen bei der Bereitstellung der Nahrungsmittelhilfe und bei der Überwachung ihrer Verteilung. Größere politische Probleme wie beispielsweise die Spannung wegen des nordkoreanischen Besitzes von Atomwaffen schaffen eine instabile Situation, in der Millionen von Menschen in unsicheren Verhältnissen leben.

Zentralamerika und die Karibik

> Haiti ist und bleibt der Hungerkrisenherd Nummer 1 in der westlichen Hemisphäre.

In der westlichen Hemisphäre loderten 2002 Hungerkrisenherde in Zentralamerika und in der Karibik auf. Die meisten Menschen in Zentralamerika litten an einer Nahrungsmittelkrise, hervorgerufen durch eine tödliche Kombination von Dürre und weltweitem Rückgang der Kaffeepreise. Das wirkte sich schädlich auf die Kaffee exportierenden Bauern der Region aus. Laut Weltbank gingen in den letzten zwei Jahren in Zentralamerika etwa 600.000 Arbeitsplätze im Kaffeebereich verloren. Die gesunkenen Einkommen tragen genauso viel zu der Ernährungsunsicherheit bei wie die Dürre. Weil die Medien sich auf den Kampf gegen den Terrorismus und den bevorstehenden Krieg im Irak konzentriert haben, wissen die meisten Menschen in den USA nichts über die Nahrungsmittelknappheit in ihren Nachbarländern.

Menschen. Es ist schwierig, in Pakistan humanitäre Programme durchzuführen, denn die Wut auf den Westen ist groß. Gründe dafür sind die Unterstützung Israels und der Krieg in Afghanistan. In Indien haben Hunger und Armut im Süden abgenommen, nicht aber in den Städten, in die die mittellosen Bauern auf der Suche nach Nahrung und Arbeit ziehen. Stammesgebiete im Nordosten sind ebenfalls noch Hungerzonen. Trotz dieser regionalen Herausforderungen räumt die indische Regierung der Hungerbekämpfung inzwischen eine höhere Priorität ein.

Ein 19 Jahre dauernder Bürgerkrieg in **Sri Lanka** ging im September 2002 zu Ende. 64.000 Tote und mehr als 800.000 intern Vertriebene sind die Bilanz dieses Krieges. Sri Lanka benötigt beachtliche Nahrungsmittelhilfe und Investitionen für seinen Wiederaufbau.

Asiens schrecklichster Hungerkrisenherd bleibt die **Demokratische Volksrepublik Korea**, die erstmals im Jahr 1995 die internationale Gemeinschaft offen

Zwei Hurrikane im September und Oktober 2002 setzten dem kubanischen Westen schwer zu und zwangen mehr als 600.000 Menschen, ihre Häuser zu verlassen. Zwar lassen die Vereinigten Staaten **Kuba** bei Naturkatastrophen humanitäre Hilfe zukommen, halten aber das seit den 1960er-Jahren bestehende Handelsembargo aufrecht, weil sie die Politik Fidel Castros ablehnen.

Haiti ist und bleibt der Hungerkrisenherd Nummer 1 in der westlichen Hemisphäre. 95 Prozent der neun Millionen Haitianer sind äußerst arm und ihre Notlage hat sich in den zehn Jahren nicht verbessert, seit sie von der Diktatur befreit sind. Die meisten Haitianer, nämlich 70 Prozent, arbeiten in der Landwirtschaft, und sowohl die Preise als auch der Exportumsatz von Haitis Hauptkulturen wie beispielsweise Kaffee, Sisal und Kakao sind in den Keller gerutscht. Bodendegradation schränkt ebenfalls die landwirtschaftliche Produktion ein.

Südamerika

Wenn die US-amerikanische Wirtschaft stark ist, florieren die südamerikanischen Volkswirtschaften aufgrund der steigenden Nachfrage für ihre Exporte. Aber in den letzten beiden Jahre wuchs die amerikanische Wirtschaft langsamer, und so gingen die südamerikanischen Exporte zurück. Niedrige Preise für Rohstoffe wie Zucker, Kaffee Kakao und Kupfer trugen zu niedrigen Einkommen und zu Arbeitsplatzverlusten in der Region bei. Ungefähr ein Drittel der Menschen in Südamerika verdient weniger als zwei US-Dollar am Tag.

Die südamerikanischen Hungerkrisenherde sind **Nordostbrasilien**, die Gebirgsregionen von **Bolivien** und **Peru** und das vom Krieg zerrissene **Kolumbien**. Die über den ganzen Kontinent verstreuten indigenen Bevölkerungsgruppen sind ebenfalls von krisenhaftem Hunger bedroht. Im Jahr 2002 kam es auch in dem relativ entwickelten **Argentinien** zu Hunger. Finanzpolitische Fehler, Korruption und der nahezu völlige Zusammenbruch der Wirtschaft im Dezember 2001 lösten verstärkte Ernährungsunsicherheit aus.

Der seit 40 Jahren andauernde Krieg in Kolumbien machte mehr als zwei Millionen Menschen zu Vertriebenen im eigenen Land und verursachte eine Massenmigration in die Städte.

Kolumbien ist der Hauptexporteur von Koka, das als Kokain in den Vereinigten Staaten und Europa konsumiert wird. Der Streit darüber, ob die USA den Anbau kontrollieren helfen sollten, ist weiter eskaliert. Mit der Wahl von Alvaro Uribe Perez zum Präsidenten 2002 wurde eine Ausweitung des Konflikts eher wahrscheinlich, da die Vereinigten Staaten die Regierungsstreitkräfte inzwischen stärker bei der Zerstörung der Kokakulturen und im Kampf gegen die Revolutionären Bewaffneten Kräfte Kolumbiens unterstützen. 2002 wurden die Pflanzen verstärkt aus der Luft besprüht, das vernichtete nicht nur eine große Anzahl von Kokapflanzen, sondern vergiftete auch den Boden und das Oberflächenwasser, und stellte damit eine große Gesundheitsgefahr für Kinder dar. Arme Bauern pflanzen Koka, weil es ihnen den höchsten Gewinn bringt und sie sich bemühen, ihre Familien zu ernähren. Ersatzprogramme für die Kokapflanzer gibt es nicht, die meisten der betroffenen Landwirte sind ohne Einkommen und werden im Jahr 2003 hungern.

Indigene Völker leben – über ganz Südamerika verstreut – in ländlichen Siedlungen und in Gebirgsregionen. Ihnen Landrechte zu geben und landwirtschaftliche Unterstützung zu bieten und eine medizinische Grundversorgung sowie eine Grunderziehung für sie bereitzustellen, könnte dazu beitragen, die hohen Hunger- und Krankheitsziffern in diesen Bevölkerungsgruppen zu reduzieren.

In Brasilien wurde Luiz Inacio da Silva im Oktober 2002 zum Präsidenten gewählt. Jetzt gilt es, sein Versprechen, den Hunger im Land zu reduzieren, einzulösen. Brasilien ist durch eine große Kluft zwischen den Einkommensgruppen charakterisiert. Im armen Nordosten des Landes sind rund zwölf Millionen Menschen vom Hunger bedroht.

Margaret Zeigler ist stellvertretende Direktorin des Congressional Hunger Center in Washington, D.C.

KAPITEL 4

Die Landwirtschaft
in der globalen Ökonomie

von James L. McDonald

© Volkhard Brandes

Das gegenwärtige Agrarsystem ist nicht nachhaltig. Es schadet den Kleinbauern und ländlichen Gemeinden in den Entwicklungsländern und bietet auch keine Perspektive, den Hunger und die zunehmende Armut im ländlichen Amerika in den Griff zu bekommen. Anstatt den amerikanischen Farmern zu helfen, beschleunigen die derzeitigen Agrarprotektionsmaßnahmen den Konzentrationsprozess in der Landwirtschaft zulasten der Steuerzahler und der Menschen mit geringem Einkommen überall auf der Welt.

Die Veränderung des weltweiten Agrarsystems wird nicht leicht sein, aber sie ist machbar. Es bedarf der Anstrengungen von Regierungen und Zivilgesellschaften in entwickelten und Entwicklungsländern, von internationalen Finanzinstitutionen und von betroffenen Männern und Frauen, egal, ob sie in Städten oder auf dem Land leben.

Es ist offensichtlich, dass eine Agrarreform stattfinden muss, wenn eine langfristige Entwicklung in den Ländern der Dritten Welt erfolgreich sein soll und wenn Menschen den Kampf gegen den Hunger gewinnen sollen.

> *HungerReport 2003/2004* zeigt, dass die Schaffung eines gerechteren Agrarhandelssystems im Interesse aller ist, egal ob reich oder arm.

Verbesserung der Landwirtschaft ist schwierig und komplex

Drei Viertel der Armen weltweit leben in ländlichen Gebieten, für die meisten von ihnen ist die Landwirtschaft der hauptsächliche Lebensunterhalt. Doch trotz dieser Tatsache sind die Armen auf dem Land diejenigen, die am ehesten an Hunger leiden. In China haben die ländlichen Verbraucher nur die Hälfte dessen zu essen, was den städtischen Verbrauchern zur Verfügung steht.[1]

Zu diesen Verhältnissen kommt es, weil die Landwirtschaft in vielen armen Ländern nicht unterstützt und entwickelt wird. Umgekehrt gesagt: Landwirtschaftliches Wachstum kommt immer den armen Menschen zugute. Wenn Fortschritte bei der Bekämpfung des Hungers und der Armut erzielt werden sollen, müssen sich die Länder darauf festlegen, ihre landwirtschaftliche Produktivität zu erhöhen und einen nationalen – und möglicherweise internationalen – Agrarhandel aufzubauen.

Die Landwirtschaft zu verbessern ist jedoch schwierig und komplex. Selbst wenn beispielsweise eine Bäuerin über fruchtbaren Boden, genügend Wasser und andere Produktionsmittel wie Saatgut und Dünger verfügt, um eine qualitativ hochwertige Frucht anzubauen, braucht sie immer noch Zugang zu Transport und einem Markt. Dort müssen ihre Waren einen Preis erzielen, der es ihr erlaubt, ihre Kosten zu decken oder sogar einen Gewinn zu erzielen. Dieses einfache Szenario berücksichtigt nicht die unzähligen anderen Hindernisse, denen sich die Bauern gegenübersehen, wenn sie versuchen, sich Märkte zu erschließen.

Das Projekt für integrierte ländliche Entwicklung in der Nordregion Nicaraguas, das vom Internationalen Fonds für Ländliche Entwicklung (IFAD) zwischen 1982 und 1992 unterstützt wurde, benannte nicht weniger als neun Faktoren, die benötigt werden, um das Leben von 6.000 Kleinbauernfamilien in der Region zu verbessern: landwirtschaftliche Beratung, Ausbildung, Agrarkredite, Forschung, Vermarktungsdienste und Bau von Straßen, Abwasserkanäle, Schulen und Gesundheitszentren.[2]

Was brauchen die Bauern der Entwicklungsländer?

Wenn man darüber nachdenkt, was die Bauern in den Entwicklungsländern benötigen, ist die Frage immer: Wo beginnen? Zum einen brauchen die Bauern Handwerkszeug, damit sie ihre Produktivität erhöhen können, beispielsweise Zugang zu Information und Technologie. Zum anderen sind die Bauern auf Märkte angewiesen, auf denen sie ihre Erzeugnisse und ihre Arbeitskraft verkaufen können, sodass sie das für ihre Haushalte und für die Reinvestition in die Landwirtschaft benötigte Geld beschaffen können. Sie müssen beides produzieren, Nahrungsmittel für den Eigenverbrauch und Nahrungsmittel für den Verkauf.[3]

Zwar haben die meisten Kleinbauern keinen Zugang zum globalen Markt, dafür normalerweise aber andere Menschen und Unternehmen in ihren Ländern. Daher kommen die negativen Auswirkungen des Agrargüter-Dumpings und der Marktprotektion der Industrieländer auch bei den Kleinbauern an und bringen sie um ihre Ernährungssicherheit. Nehmen wir die malische Bäuerin Baro, ihren Ehemann Nyemey und den Bauern Modibo, die wir im Einführungskapitel dieses *HungerReports* kennen gelernt haben. Die am Boden liegenden Baumwollpreise lassen Modibo zu wenig Geld übrig, um Nyemeys Erdnüsse zu kaufen. Nyemey hat deshalb kein Geld, um die von seiner Familie bis zur nächsten Regenzeit und zur nächsten Ernte benötigten Nahrungsmittel zu kaufen. Damit die Kleinbauern Erfolg haben, müssen die Industrieländer die Protektion ihrer Landwirtschaft drosseln. Die Industrieländer haben bereits zugestimmt, ihre Protektionsmaßnahmen schrittweise abzubauen; nun müssen sie ihren Worten Taten folgen lassen.

Um die Vorteile eines gerechten Handelssystems nutzen zu können, müssen die Kleinbauern Zugang zu lokalen und nationalen Märkten haben. Dazu benötigen sie verschiedene Ressourcen, deren wichtigste Kommunikationsnetze, Getreide- und Saatgutlagerungsmöglichkeiten, Kredit und Eigentumsrechte sind. Es bedarf auch der Förderung und Unterstützung zweckdienlicher Forschung und Technologie, um die landwirtschaftliche Produktivität zu verbessern, speziell in Afrika südlich der Sahara. Die Verfügbarkeit dieser für die Landwirtschaft notwendigen Dinge wird eine große Rolle spielen bei der Entscheidung, ob Kleinbauern eigenständig werden können (s. Grafik 4.1).

Was muss gemacht werden? Vorschlagskatalog für ein gerechtes Weltagrarsystem

Kleinbauern, ländliche Gemeinden und Regierungen in den Entwicklungsländern müssen ihren Teil dazu beitragen und sich der nachhaltigen landwirtschaftlichen Entwicklung verpflichten, aber um Erfolg zu haben, sind sie vor allem auf die Unterstützung der Industrieländer angewiesen. Wenn die Regierungen der Entwicklungsländer ihre Landwirtschaft und die Menschen in den ländlichen Gebieten unterstützen sollen, muss sich Entwicklungshilfe verstärkt an Armutsbekämpfung orientieren. Die internationalen Kreditinstitutionen müssen Investitionen für Landwirtschaft wieder eine höhere Priorität einräumen. Die Entwicklungsländer müssen auf ei-

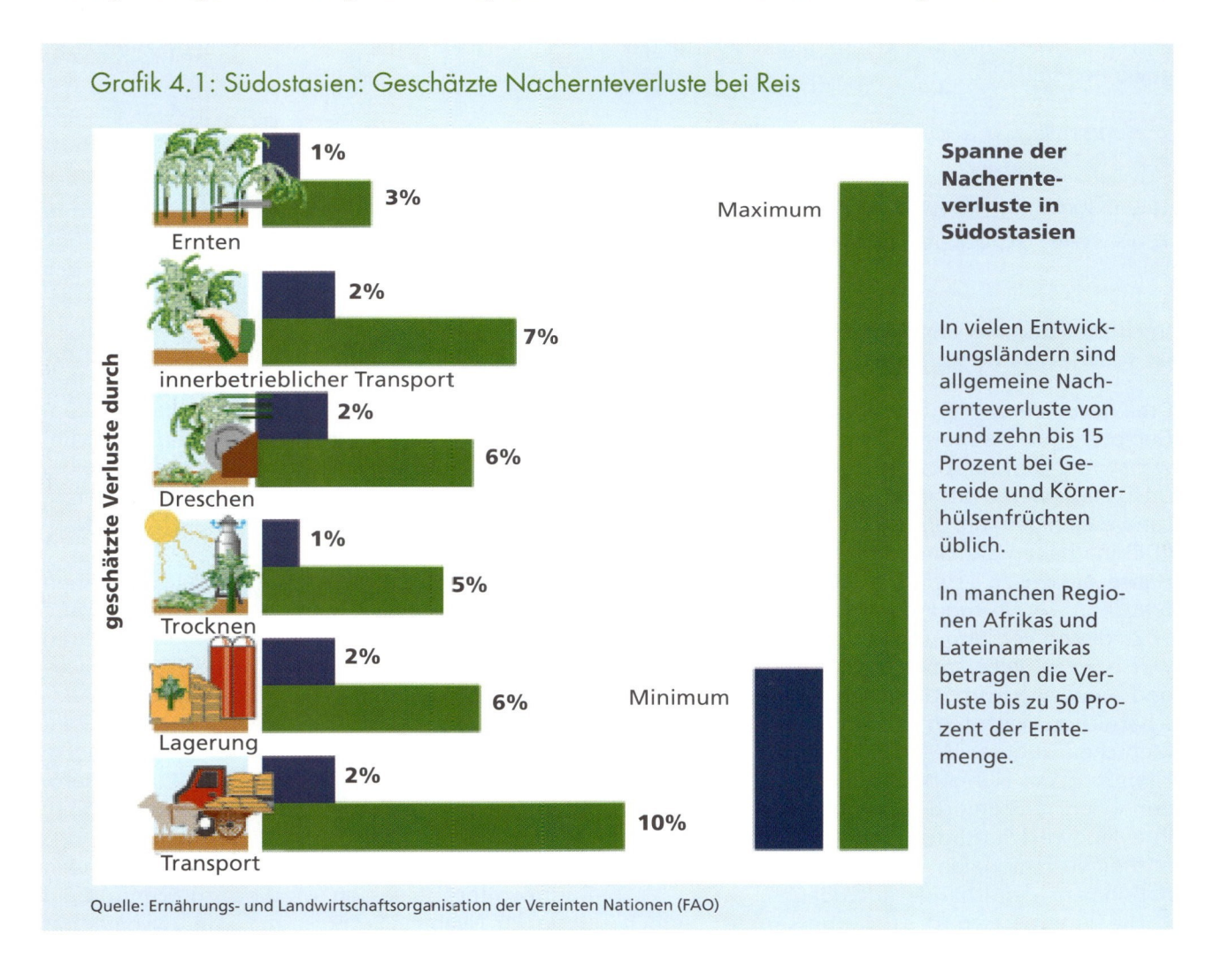

Grafik 4.1: Südostasien: Geschätzte Nachernteverluste bei Reis

geschätzte Verluste durch:
- Ernten: 1% / 3%
- innerbetrieblicher Transport: 2% / 7%
- Dreschen: 2% / 6%
- Trocknen: 1% / 5%
- Lagerung: 2% / 6%
- Transport: 2% / 10%

Spanne der Nachernteverluste in Südostasien

In vielen Entwicklungsländern sind allgemeine Nachernteverluste von rund zehn bis 15 Prozent bei Getreide und Körnerhülsenfrüchten üblich.

In manchen Regionen Afrikas und Lateinamerikas betragen die Verluste bis zu 50 Prozent der Erntemenge.

Quelle: Ernährungs- und Landwirtschaftsorganisation der Vereinten Nationen (FAO)

Tabelle 4.1: Von der Regierung genehmigte Ausgaben für die US-amerikanische Entwicklungshilfe

Die US-amerikanische Entwicklungshilfe ist weiterhin rückläufig, und zwar sowohl hinsichtlich ihres Anteils am Haushalt als auch hinsichtlich ihres Anteils an der Volkswirtschaft. Sie hat inzwischen eines der niedrigsten Niveaus seit dem Zweiten Weltkrieg erreicht.

	1980er-Jahre (Durchschnitt)	Haushalt 2003	Anmerkungen zu den Zahlen des Haushaltes 2003
Anteil am Haushalt	0,92%	0,55%	einer der niedrigsten Anteile seit Ende des Zweiten Weltkriegs
Anteil an der Volkswirtschaft	0,20%	0,11%	zweitniedrigster Anteil seit Ende des Zweiten Weltkriegs
inflationsbereinigt	$13,6 Milliarden	$11,6 Milliarden	deutl. unterhalb des langj. Durchschnitts

Quelle: Center on Budget and Policy Priorities

ne eine bessere und gerechtere Teilnahme am internationalen Handelssystem drängen und die Industrieländer müssen ungerechte Handelsbarrieren für Agrarprodukte abschaffen.

Mehr Entwicklungshilfe

Die meisten Reformen erfordern finanzielle Investitionen und die Budgets der meisten Entwicklungsländer sind bereits recht eng. Deshalb kann bilaterale und multilaterale finanzielle Hilfe eine wichtige Rolle bei den Entwicklungshilfestrategien spielen (s. Tabelle 4.1).

Die Entwicklungshilfe der Vereinigten Staaten trug einen wesentlichen Teil zu der Grünen Revolution in Ost- und Südostasien und zu anderen Fortschritten bei. Erfolge zeigen sich auch beim Straßenbau in ländlichen Gebieten, sodass die Kleinbauern ihre Erzeugnisse auf den Markt bringen können. Entwicklungshilfe unterstützt die Ausbildung der armen Bauern, das verbessert deren Produktivität und lässt sie das Marktgeschehen besser verstehen. Beispielsweise verwendet die Cooperative League of the U.S.A. (CLUSA) Geld von der US-amerikanischen Entwicklungsorganisation (USAID) für die Alphabetisierung von Kleinbauern im Norden Mosambiks. Sie hilft den Bauern, sich in Genossenschaften zu organisieren. So können die Bauern ihre Ressourcen zusammenlegen und die Risiken miteinander teilen. Ehe CLUSA ihnen half, scheuten sich die Bauern vor neuen Methoden und arbeiteten nur widerstrebend miteinander, weil kein System sicherstellte, dass alle Bauern in gleichem Maße profitieren würden.

IWF und Weltbank reformieren

Ein weiterer entscheidender Schritt zur Ankurbelung der landwirtschaftlichen Entwicklung in armen Ländern ist, die internationalen Institutionen, insbesondere den Internationalen Währungsfonds (IWF) und die Weltbank zu reformieren. IWF und Weltbank sind schon oft in den Focus von Kritik geraten, aber in jüngster Zeit haben sie sich stärker der Ar-

Es muss viel unternommen werden, um den Stimmen der armen Menschen mehr Gehör zu verschaffen.

mutsbekämpfung und der Unterstützung demokratischer Beteiligung an Entwicklungsprogrammen zugewandt.

Im Jahr 1999 reagierte die Weltbank auf den internationalen Druck von Nichtregierungsorganisationen (NRO) und anderen in der Schulden-Erlass-Kampagne engagierten Gruppen und Institutionen, mit einer neuen **Armutsbekämpfungsstrategie**. Diese verlangt von den Regierungen, die Gelder von der Weltbank erhalten, eine umfassende Strategie zur Bekämpfung der Armut auszuarbeiten. Der Prozess ist noch weit davon entfernt, vollkommen zu sein, er fördert jedoch eine rege Beteiligung der Bürger und sorgt für mehr Regierungsverantwortlichkeit. Es muss aber noch mehr getan werden, um eine breite Beteiligung der Bürger bei der Entwicklung von Armutsbekämpfungsstrategien zu erreichen.

Die Weltbank sollte auch mehr Gewicht auf die Landwirtschaft legen. Die Kredite für Landwirtschaft gingen bei der Weltbank im Verlauf der 1990er-Jahre von 3,6 auf 1,3 Milliarden US-Dollar zurück und betrugen damit noch lediglich neun Prozent der Gesamtkreditsumme.[4] Dieser Rückgang erfolgte teils aufgrund von Durchführungsschwierigkeiten bei vielen landwirtschaftlichen Projekten und Projekten der ländlichen Entwicklung und teils, weil niedrige Preise für Agrargüter die landwirtschaftliche Entwicklung wirtschaftlich weniger attraktiv gemacht haben. Weil aber die Landwirtschaft für die Armutsminderung von zentraler Bedeutung ist, wäre die Erneuerung der Weltbank-Kredite in diesem Sektor sinnvoll.

IWF und Weltbank sollten auch vorsichtig sein und nicht mit aller Macht auf einer tief greifenden und schnellen Liberalisierung bestehen als Bedingung für finanzielle Hilfe. In manchen Fällen wurde auf ein Liberalisierungstempo gedrängt, das sich als schädlich erwies. In anderen Fällen rang sie Zugeständnisse ab, die Entwicklungsländer in Han-

---

Grafik 4.2: Die Industrieländer bewegen sich langsam in Richtung Öffnung der Agrarmärkte

Die Industrieländer machen einen – wenn auch langsamen – Fortschritt beim Abbau der Hürden für den Agrarhandel. Aber es muss noch mehr getan werden, damit die Entwicklungsländer auf gleicher Basis am Wettbewerb teilnehmen können.

Subventionierung der Erzeuger, Länderschätzung in Prozent des landwirtschaftlichen Bruttoeinkommens

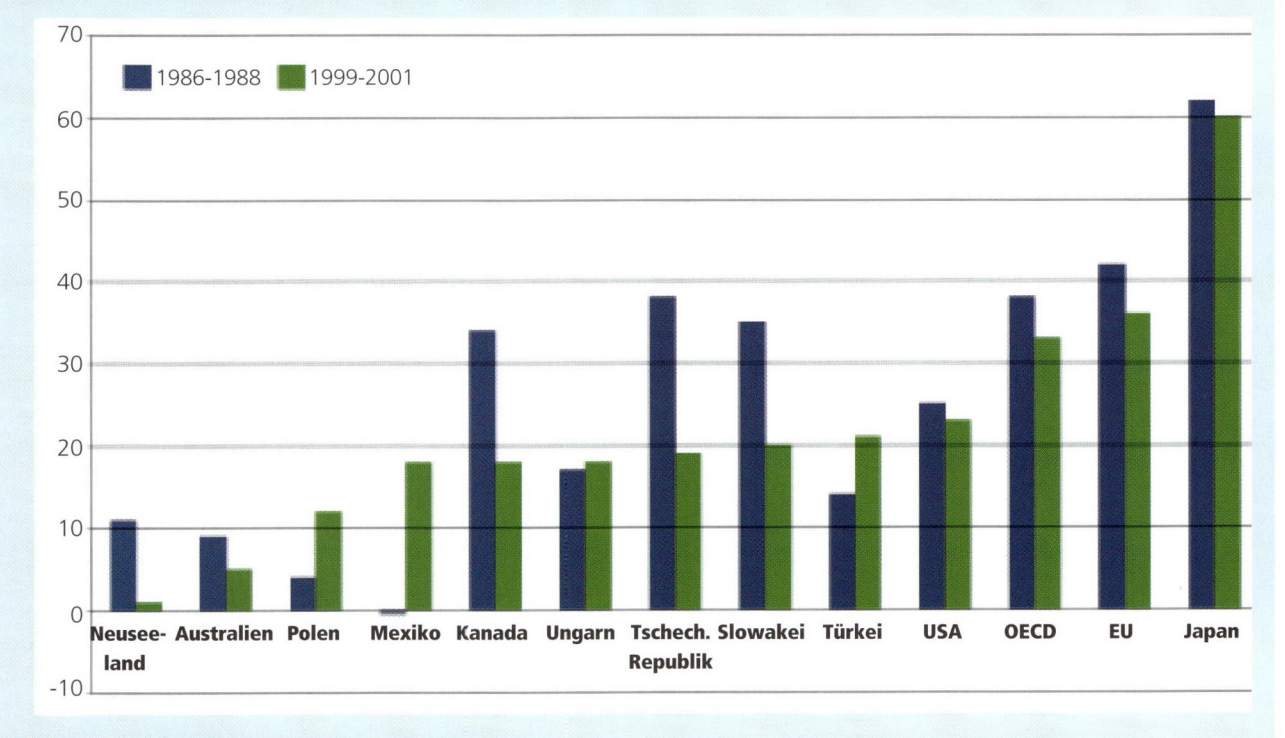

Land	1986-1988	1999-2001
Neuseeland	11	1
Australien	9	5
Polen	4	12
Mexiko	0	18
Kanada	34	18
Ungarn	17	18
Tschech. Republik	38	19
Slowakei	35	20
Türkei	14	21
USA	25	23
OECD	38	33
EU	42	36
Japan	62	60

Quelle: Agricultural Policies in OECD Countries, 2002

delsverhandlungen mit Industrieländern hätten nutzen können. Diese Methoden sollten geändert werden.

Gerechtere Handelsregeln

Obwohl wichtig, ist Hilfe nur ein Teil der Lösung. Verstärkte Hilfe muss von Reformen begleitet werden, die den Entwicklungsländern faire Wettbewerbschancen eröffnen. Ohne Zugang zum Markt gibt es für die Entwicklungsländer kein Wirtschaftswachstum (s. Grafik 4.2, S. 80).

> Die Handelsregeln müssen sich ändern, wenn der Handel den armen Ländern nutzen soll.

Industrieländern darf nicht erlaubt werden, ihre heimischen Produzenten zu schützen und gleichzeitig außerhalb die Liberalisierung voranzutreiben. Die wichtigsten Änderungen beinhalten die Reduktion der Zölle auf Agrarprodukte; das bedeutet ein Ende der Zolleskalation und der Spitzenzölle sowie die Abschaffung sowohl von Produktionssubventionen als auch von Exportsubventionen.

So wie arme Menschen nur begrenzte Wahlmöglichkeiten haben und keine Kontrolle über die Kräfte, die einen umfassenden Einfluss auf ihr Leben haben, genauso sind arme Länder in ihrer Wahlfreiheit eingeschränkt und können nur bedingt als Gleichberechtigte im Welthandelssystem verhandeln. Der Mangel an Ressourcen macht sie nahezu machtlos. Das muss geändert werden, wenn der Handel ein Instrument werden soll, das die Entwicklung wirklich fördert.

Reform der WTO-Regeln

Bei der Beseitigung der Ungleichheiten des Handelssystems sollte man mit der Welthandelsorganisation (WTO) anfangen. Ihre Regeln beherrschen 97 Prozent des Welthandels und beeinflussen in großem Maße die Welternährungswirtschaft.

Die internationalen Handelsregeln sollten getreu der Charta der WTO sein und der Entwicklung dienen. Weil die WTO jedoch ein mitgliederbestimmtes Forum ist mit einem nur kleinen Sekretariat, kann sie alleine wenig ausrichten. Jede Handlungsempfehlung sollte von den Mitgliedsregierungen umgesetzt werden.

Im Wesentlichen sollten die Entwicklungsländer das auf den WTO-Regeln basierende System anwenden, um Ihre Interessen angesichts wirtschaftlicher und politischer Ungleichheiten zu schützen. Initiativen wie das unabhängige Rechtsberatungszentrum

Versammlung beim ersten Saatgut-Markt in Nimule im südlichen Sudan.

bei der WTO, das 2001 gegründet wurde, müssen unterstützt und erweitert werden. Das Zentrum bietet preisgünstige Rechtsberatung für »benachteiligte Mitglieder des multilateralen Handelssystems«, die ihre Klagen vor das Schiedsgericht bringen wollen. Auch müssen kreative Mittel gefunden werden, um die Durchsetzbarkeit der Entscheidungen des Schiedsgerichts zu verbessern.

Anerkennung von Unterschieden

Zusätzlich braucht die WTO eine bessere Möglichkeit zur Klassifizierung der Länder entsprechend ihrer messbaren Entwicklung, ihres Handel, ihrer Ernährungssicherheit und ihrer Armut. Obwohl Kenia eines der ernährungsunsichersten Länder der Welt ist, gehört es nicht zu der Gruppe der am wenigsten entwickelten Länder (LCD) und ist deshalb nicht berechtigt, die damit verbundenen Handelszugeständnisse in Anspruch zu nehmen. Die Qualifizierung für diese Vorzugsbehandlung nimmt ein Entwicklungsland von bestimmten Verpflichtungen aus, wie zum Beispiel der Reduzierung von Zöllen.

Bolivien, eines der ärmsten Länder der Welt, gehört weder zur Gruppe der am wenigsten entwickelten Länder, noch ist es als Netto-Nahrungsmittelimporteur eingestuft. Daher ist es weder von bestimmten Vereinbarungen ausgenommen noch ist es berechtigt, spezielle Hilfe gemäß dem **Marrakesch-Abkommen** zu erhalten, dessen Unterzeich-

> »Es gibt Bedarf für eine bessere Definition von ernährungsunsicheren Ländern. Diese Definition sollte auf objektiven quantitativen Indikatoren basieren.«[5]
>
> Analyse des International Food Policy Research Institute (IFPRI) zum Ernährungszustand von 167 Ländern

ner sich verpflichten, die negativen Auswirkungen, die die Liberalisierung der Landwirtschaft auf gefährdete Länder hat, aufzufangen.

Solange es keine angemessenen Definitionen von ernährungssicheren Ländern gibt, verpuffen, wie das Beispiel Bolivien zeigt, die Vorzugsbehandlungen, die den armen Ländern zum Schutz ihrer Ernährungssicherheit gewährt wurden, ins Leere.
In seiner derzeitigen Struktur gibt der WTO-Ausnahmeprozess den ärmeren Ländern mehr Zeit zur Umsetzung von Reformen bzw. er gibt weniger belastende Reformziele vor. Völlig unberücksichtigt bleibt die Tatsache, dass ohne eine umfassende Entwicklungsreform viele Entwicklungsländer nicht in der Lage sein werden, auch in zehn Jahren den Anforderungen dieser Reformen zu genügen. Vielmehr sollten Vereinbarungen umgesetzt werden, die auf so genannten Qualifizierungskriterien basieren, das heißt messbaren Normwerten, mit denen die Fähigkeit eines Landes genau ermittelt wird, bestimmte Veränderungen umzusetzen.

Durch die Schaffung einer Möglichkeit, soziale und wirtschaftliche Unterschiede zwischen den Nationen besser zu erkennen und auch besser damit fertig zu werden, können Länder die Ungleichheiten im Handel angehen, die aus dem Ungleichgewicht der Kräfte resultieren.

Die Verhandlungsmacht der Entwicklungsländer stärken

Die Entwicklungsländer brauchen Verhandlungsgeschick, wenn sie im weltweiten Handelssystem er-

---

Grafik 4.3: Jedes vierte Land gehört zur Kategorie der Länder mit niedrigem Einkommen und Nahrungsdefiziten

Mehr als jedes vierte Land weltweit gehört zur Kategorie der Länder mit niedrigem Einkommen und Nahrungsdefiziten, mehr als die Hälfte davon sind in Afrika. In diesen Ländern lebt die große Mehrheit der 800 Millionen chronisch unterernährten Menschen der Entwicklungsländer.

Viele Länder mit niedrigem Einkommen und Nahrungsdefiziten, vor allem in Afrika, erzeugen nicht genügend Nahrungsmittel, um ihre Bedürfnisse zu decken, haben aber keine Devisen, um damit Nahrungsmittel auf dem Weltmarkt zu kaufen, mit denen sie die Lücke schließen könnten.

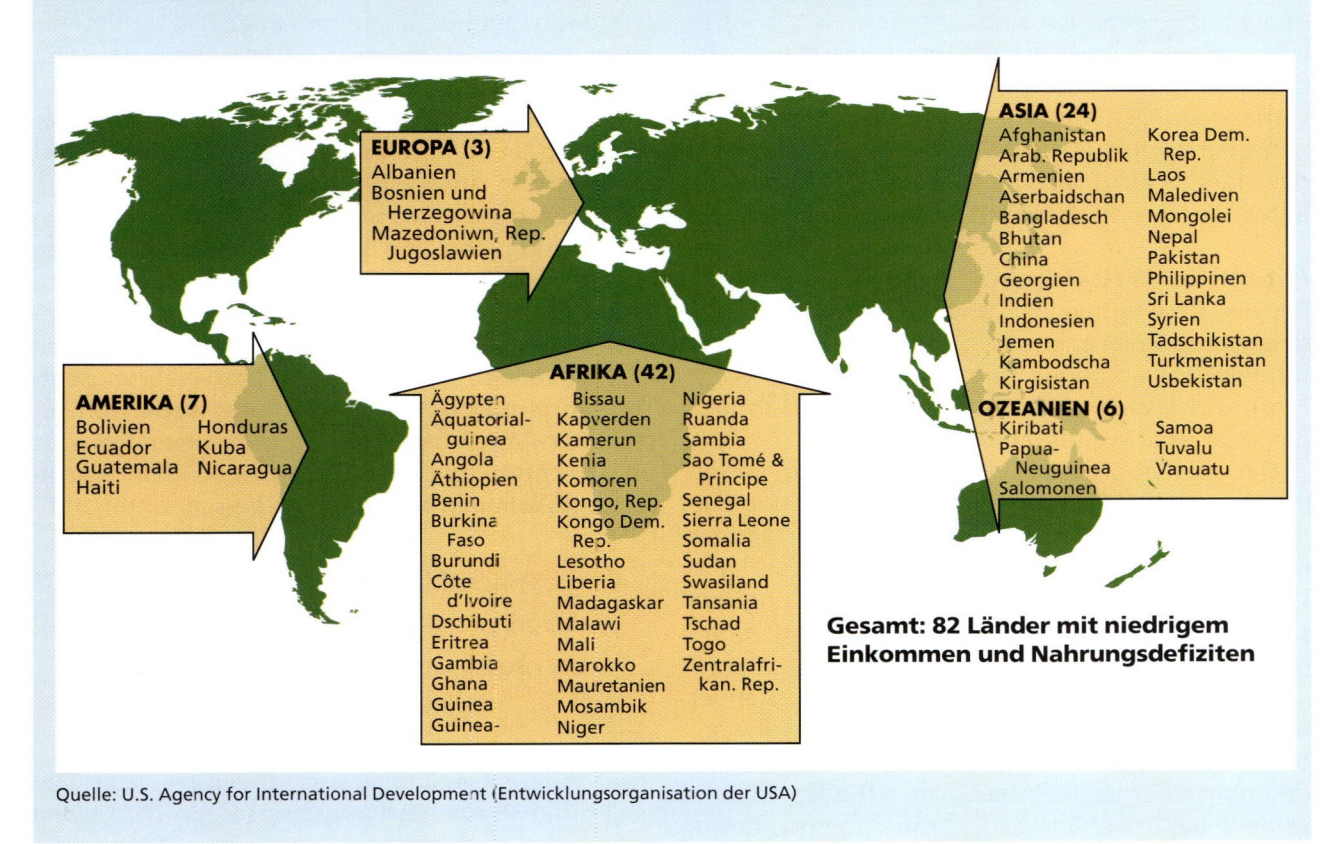

EUROPA (3)
Albanien
Bosnien und Herzegowina
Mazedoniwn, Rep.
Jugoslawien

AMERIKA (7)
Bolivien
Ecuador
Guatemala
Haiti
Honduras
Kuba
Nicaragua

AFRIKA (42)
Ägypten
Äquatorialguinea
Angola
Äthiopien
Benin
Burkina Faso
Burundi
Côte d'Ivoire
Dschibuti
Eritrea
Gambia
Ghana
Guinea
Guinea-Bissau
Kapverden
Kamerun
Kenia
Komoren
Kongo, Rep.
Kongo Dem. Rep.
Lesotho
Liberia
Madagaskar
Malawi
Mali
Marokko
Mauretanien
Mosambik
Niger
Nigeria
Ruanda
Sambia
Sao Tomé & Principe
Senegal
Sierra Leone
Somalia
Sudan
Swasiland
Tansania
Tschad
Togo
Zentralafrikan. Rep.

ASIA (24)
Afghanistan
Arab. Republik
Armenien
Aserbaidschan
Bangladesch
Bhutan
China
Georgien
Indien
Indonesien
Jemen
Kambodscha
Kirgisistan
Korea Dem. Rep.
Laos
Malediven
Mongolei
Nepal
Pakistan
Philippinen
Sri Lanka
Syrien
Tadschikistan
Turkmenistan
Usbekistan

OZEANIEN (6)
Kiribati
Papua-Neuguinea
Salomonen
Samoa
Tuvalu
Vanuatu

Gesamt: 82 Länder mit niedrigem Einkommen und Nahrungsdefiziten

Quelle: U.S. Agency for International Development (Entwicklungsorganisation der USA)

folgreich sein sollen und aktiv an der Gestaltung seiner Regeln teilnehmen wollen.

Zunächst sollten die Regierungen der Entwicklungsländer die eigenen Institutionen stärken und Mittel für die Schulung und Unterstützung ihrer nationalen Handelsreferenten bereitstellen. Vereinbarungen mit anderen ähnlich interessierten Ländern, als Block zu verhandeln, könnten helfen, einen Teil der dadurch entstehenden Kosten zu tragen.

Zu diesem Zweck sollten die WTO und andere Organisationen Schulungsveranstaltungen für Teilnehmer aus Entwicklungsländern bei den WTO-Handelsrunden finanziell unterstützen. Diese Schulungen müssten Verhandlungsstrategien ebenso behandeln wie bestimmte Themen. Die WTO und andere sollten sich ein Beispiel nehmen an der Ernährungs- und Landwirtschaftsorganisation der Vereinten Nationen (FAO), die ein Programm für Technische Hilfe und Ausbildung unterstützt, um sicherzustellen, dass »die Entwicklungsländer umfassend informierte und gleiche Partner sind in der laufenden WTO-Handelsrunde«.[6] 1999 hob die FAO auch das so genannte »Umbrella Training Program on Uruguay Round Follow-up«, das Ausbildungs-Rahmenprogramm über die Umsetzung der Uruguay-Runde aus der Taufe, eine langfristige Ressource für Entwicklungsländer.

> »Wenn die Entwicklungsländer verstärkt an dem multilateralen Handelssystem teilnehmen sollen, sind verbesserte Technische Hilfe und die Schaffung von Kapazitäten unerlässlich.«[7]
>
> Supachai Panitchpakdi,
> thailändischer WTO-Generaldirektor

Die **Erklärung von Doha**, ein Dokument, das aus dem Treffen resultiert, auf dem die Themen für die laufende Handelsrunde festgelegt wurden, erwähnt »Technische Hilfe und die Schaffung von Kapazitäten« (Capacity-building) achtmal; sie enthält sogar einen Abschnitt, der nur diesem Thema gewidmet ist. Diese Vorschläge müssen durch konkrete Verpflichtungen gestützt werden und die Schaffung von Kapazitäten muss in dem neuen Agrarhandelsabkommen ausdrücklich enthalten sein.

Einige Zugeständnisse werden bereits gemacht. Im Dezember 2001 sichern die WTO-Mitglieder 20,2 Millionen US-Dollar zu für die Einrichtung des neuen **Global Trust Fund**. Damit soll Technische Hilfe für die Entwicklungsländer finanziert werden. Ebenso gaben Weltbank und WTO 2002 die Einrichtung einer **Standards and Trade Development Facility** bekannt, ein Fonds, der die Entwicklungsländer bei der Umsetzung von Standards zur Nahrungssicherheit unterstützt. Doch es wird noch mehr Geld gebraucht. Die Industrieländer unter den WTO-Mitgliedern sollten helfen, solche Technische Hilfe zu finanzieren.

Handelsbarrieren beseitigen

Einer der größten Schritte zu einem gerechteren Welthandel für die Entwicklungsländer besteht in der Reduzierung der Hürden für den Agrarhandel. Allein die Umsetzung der Versprechungen, die die Industrieländer in Doha und bei der Internationalen Konferenz über Entwicklungsfinanzierung im März 2002 in Monterrey, Mexiko, zur Agrarhandelsreform und zur Unterstützung der landwirtschaftlichen Entwicklung in den Ländern der Dritten Welt gemacht haben, würde die gegenwärtige globale Landwirtschaft sowie die Lebensqualität und die Ernährungssicherheit der armen Menschen weltweit enorm verbessern.

Aber damit dies geschieht, müssen die Vereinigten Staaten, die Europäische Union und Japan ihre Agrarsysteme reformieren und handelsverzerrende Maßnahmen abschaffen, indem sie die massiven Subventionen, die einige ihrer Landwirte erhalten und Zollhindernisse für Produkte aus Entwicklungsländern reduzieren.

Der Internationale Währungsfonds (IWF) schätzt, dass, wenn alle Länder – entwickelte und Entwicklungsländer – eine Agrarreform durchführen würden, die Welt 128 Milliarden US-Dollar gewönne. Rund drei Viertel davon käme den entwickelten Länder zugute, ein Viertel den Entwicklungsländern.[8] Diese Summe beinhaltet keine so genannten dynamischen Gewinne, die wahrscheinlich durch die Übernahme neuer Technologien entstünden, steigende Investitionen und/oder steigende Produktivität – dadurch könnten sich die 128 Millionen US-Dollar verdoppeln oder verdreifachen.

Obwohl die meisten Länder und Menschen durch eine verstärkte Liberalisierung der Landwirtschaft gewinnen werden, sind die Gewinne für die einen größer, für die anderen kleiner. Und einige werden auch verlieren.

Die Gewinner:

Unter den Industrieländern

Die großen Agrarproduzenten wie Australien, Kanada und Neuseeland, weil sie höhere Preise erhalten würden und Zugang zu überseeischen Märkten.

- Länder mit höherem Schutz des Agrarsektors, der die Nahrungsmittelpreise in hohem Grade verändert; das ist der Fall bei den Mitgliedern der Europäischen Union, in Japan, Korea, Norwegen und der Schweiz. Hier würden die inländischen Nahrungsmittelpreise wahrscheinlich sinken und die Verbraucher müssten niedrigere Preise bezahlen.

- Die Vereinigten Staaten, obwohl ihre Gewinne bescheidener wären, weil die Agrarexporte im Vergleich zur gesamten Volkswirtschaft nicht besonders hoch sind und weil die Verbraucherpreise nicht so verzerrt sind durch Subventionen, wie das in Europa und Japan der Fall ist.

Unter den Entwicklungsländern

- Die großen Exportregionen wie Lateinamerika und Afrika südlich der Sahara wegen Beseitigung von Zöllen und höheren Weltmarktpreisen.

- Die meisten anderen Entwicklungsländer, obwohl in einem geringeren Ausmaß.

Potenzielle Verlierer

- Die großen Netto-Nahrungsmittelimporteure wie Nordafrika, der Mittlere Osten und kleine Inselstaaten, und zwar wegen des potenziellen Anstiegs der weltweiten Nahrungsmittelpreise.

Die Verluste wären klein im Vergleich zu den Gewinnen, die die Liberalisierung der Landwirtschaft brächte, sodass die Gewinner die Verlierer entschädigen könnten. Die Liberalisierung der Landwirtschaft sollte von gezielter Hilfe für Länder mit Nahrungsmitteldefizit begleitet sein, besonders für diejenigen mit niedrigem Einkommen, so, wie es im Marrakesch-Abkommen vorgesehen ist (s. Grafik 4.3, S. 82). Die Regierungen der Industrieländer würden vermutlich die Subventionen der Agrargüter schrittweise abbauen und, in einem gewissen Umfang, durch andere Formen der Hilfe für die ländlichen Gebiete ersetzen.

So werden aus Worten Taten

Das Wissen um die Instrumente und Maßnahmen, die zur Verbesserung des Lebens der armen und hungernden Menschen in den ländlichen Gebieten nötig sind, ist ein erster Schritt; aber es stellt nicht sicher, dass diese Veränderungen auch tatsächlich stattfinden. Regierung, öffentliche und private Einrichtungen und – das ist äußerst wichtig – ganz normale Menschen müssen den notwendigen Wandel vorantreiben.

Einer der Vorteile einer zunehmend integrierten internationalen Gesellschaft ist, dass die Akteure dieser Welt sich auf einer globalen Bühne bewegen. Regierungen, transnationale Konzerne und zivilgesellschaftliche Organisationen, sie alle spielen ihre Rolle in internationalen politischen Debatten.

Die weltweit vernetzte Gesellschaft hilft auch Korruption und Ungerechtigkeit von Regierungen aufzudecken, wohingegen sie Good Governance und Bemühungen zur Förderung der Demokratie unterstützt. Die internationale Presse berichtet über Missbrauch, zivilgesellschaftliche Gruppen können ihre Erfahrungen mit gleich gesinnten Gruppen in anderen Ländern via Internet austauschen. Die Gegenwart ausländischer Wahlbeobachter ist fast schon Routine in Ländern mit jungen oder schwachen Demokratien.

Good Governance beinhaltet Rechtsstaatlichkeit, Transparenz, keine Korruption, Konfliktprävention und Konfliktlösung, verlässliche öffentliche Verwaltung sowie Achtung und Schutz der Menschenrechte; sie ist entscheidend für die wirtschaftliche und natürlich auch die landwirtschaftliche Entwicklung. Und wahrscheinlich dient die Entwicklung noch eher den Bedürfnissen der armen und marginalisierten Menschen, wenn sie eine Chance haben, an den Entscheidungsfindungprozessen teilzuhaben. Sogar in Ländern, die sich für die Verbesserung der Landwirtschaft einsetzen, ist der Forschritt oft langsam, verzögert oder beeinflusst von der Macht der Interessengruppen.[9] Deshalb ist die politische Stärkung der ländlichen Bevölkerung ein wichtiger Aspekt der landwirtschaftlichen und ländlichen Entwicklung.

Zivile und öffentliche Organisationen

Nichtregierungsorganisationen (NRO) spielen eine äußerst wichtige Rolle in der Gesellschaft der Entwicklungsländer, denn sie fördern die Demokratie und die Teilhabe der gewöhnlichen Leute an Entwicklungsprozessen. Wenn sie eine größere Teilhabe an Entscheidungsprozessen fördern oder mehr Verlässlichkeit von Regierungen und dem privatem Sektor fordern, dann leisten die NRO für ihre Klientel gute Dienste. Zum Beispiel arbeitet World Vision in Bangladesch in den letzten Jahren eng zusammen mit örtlichen Behörden, medizinischem Fachpersonal, Lehrern, Schülern, LKW-Fahrern, Hafenarbeitern, Schiffsmannschaften, Rikschafahrern und Hausfrauen, um ein Bewusstsein für die Gefahr von HIV/Aids zu schaffen. Obwohl in Bangladesch bislang nur 188 Aids-Fälle bekannt wurden, schätzen UNAIDS und die Weltgesundheitsorganisation (WHO), dass rund 13.000 Menschen HIV-infiziert sind.

Überdies glauben viele Fachleute, dass Bangladesch in Sachen Aids eine »Zeitbombe« ist, die jederzeit losgehen kann, denn das Land grenzt an stark infizierte Nachbarländer: 40 Millionen Infizierte in Indien, 75.000 in Pakistan, 34.000 in Nepal und 8.500 in Sri Lanka. Zusätzlich zur Schärfung des Bewusstseins der Einwohnern Bangladeschs arbeitet World Vision mit örtlichen Gruppen, um Beratung anzubieten, medizinische Hilfe und Unterricht zu den Themen safer Sex und Benutzung von Kondomen bei den am stärksten gefährdeten Gemeinschaften und bei Bevölkerungsgruppen mit hohem Risiko. Diese Bemühungen erwiesen sich als erfolgreich, in einem besonders anfälligen Bezirk konnte ein HIV/Aids-Ausbruch verhindert werden.

Die Zivilgesellschaft spielt auch eine wichtige Rolle in der Bildung; dazu gehört auch die erweiterte Forschung zur Rolle des Agrobusiness und die Verbreitung von Information über die Aktivitäten multinationaler Konzerne. Zum Beispiel unterhält die in den Vereinigten Staaten ansässige Environmental Working Group eine Datenbank, in der Farmer und Landeigentümer gespeichert sind, die 2001 Agrarsubventionen von der amerikanischen Regierung erhalten haben. Anhand dieser Datenbank stellte die Gruppe fest, dass die größten Subventionsempfänger nicht die kleineren Farmer sind, sondern die größeren Unternehmen wie beispielsweise die kalifornische Chevron Corp.,[10] die zwischen 1996 und 2000 mehr als 200.000 US-Dollar pro Jahr an Subventionen erhielt. Solche Informationen halfen bei der öffentlichen Diskussion des Agrargesetzes von 2002.

Eine der viel versprechendsten Veränderung der letzten Jahre war, dass die NROs hinsichtlich ihrer Politik strategischer wurden. In den vergangenen zehn Jahren haben viele Organisationen neue Wege gefunden im Umgang mit Regierungen und anderen Institutionen. In den Vereinigten Staaten setzt sich der Dachverband InterAction, dem Gruppen für humanitäre Hilfe, internationale Entwicklung und für Flüchtlinge und Wiederansiedlung angehören, Kampagnen für die Erhöhung der US-amerikanischen Ausgaben für internationale Nothilfe und Entwicklung ein.

Konzerne und landwirtschaftliche Entwicklung

Die zunehmende Integration der nationalen Volkswirtschaften schuf Chancen, rief problematische Situationen hervor und provozierte Kontroversen über die Rolle der multinationalen Konzerne in der Entwicklung im Allgemeinen und in der Landwirtschaft im Besonderen. Die Macht der Konzerne, ihr Reichtum, ihre Reichweite und ihre Fähigkeit, Veränderungen in die Wege zu leiten, ist beeindruckend. Die ausländischen Direktinvestitionen nahmen zwischen 1986 und 1990 durchschnittlich um 0,6 Milliarden US-Dollar pro Jahr zu. In den Jahren von 1996 bis 2000 betrug der Anstieg 3,7 Milliarden pro Jahr. Trotz des weltweiten Rückgangs der Wirtschaft stiegen im Jahr 2001 die ausländischen Direktinvestitionen noch einmal leicht auf 3,8 Milliarden Dollar an, lagen damit aber deutlich unter dem Höchststand von 5,4 Milliarden im Jahr 1999.[11]

Die multinationalen Konzerne trugen durch den Bau von Fabriken, Straßen und anderer Infrastruktur zur Entwicklung bei; sie schufen Arbeitsplätze und investierten in die lokale Arbeiterschaft; sie senkten die Inputkosten für wichtige Materialien; sie transferierten Technologie und erprobte Lösungen, sie arbeiteten mit lokalen Wissenschaftlern und Ingenieuren in der Forschung und Entwicklung zusammen und, nicht zuletzt, sie reinvestierten ihre Gewinne in örtliche Gemeinden. Allein die Tatsache, dass multinationale Konzerne sich nach geeigneten Orten umsehen, an denen sie ihr Kapital investieren können, spornt Regierungen von Entwicklungsländern an, Strategien zu verfolgen, von denen sie hoffen, sie würden die nötigen Bedingungen schaffen, um ausländische Investitionen anzuziehen.

Andererseits wirft die Überlegung, wohin die Gewinne der Konzerne gehen, beunruhigende Fragen auf. Im Bemühen, den Gewinnanteil der multinationalen Konzerne zu erhöhen, der im Land bleibt, haben Entwicklungsländer Strategien wie Investitionsförderung, Verfügungen über nationale Anteile, Exportleistungsvorschriften, Joint-Venture-Auflagen und Verfügungen über Technologie-Lizenzen angewandt. Aber diese Vorschriften können kontraproduktiv sein und den Nutzen für die wirtschaftliche Entwicklung eher vermindern als erhöhen. Überdies kann das Wetteifern unter den Entwicklungsländern um ausländische Direktinvestitionen nicht nur bedeuten, dass Ressourcen umgeleitet werden, weg von anderen, produktiveren Bemühungen, sondern es kann auch ein »Rennen zum niedrigsten Niveau« sein hinsichtlich der Einhaltung von Umwelt- und Arbeitsnormen.[12]

Einige argumentieren, dass das Ziel der weltweiten Ernährungssicherheit nicht erreicht werden kann, ohne gleichzeitig den Einfluss der Konzerne – Eigentum, Kontrolle und Konzentration – auf die globale Landwirtschaft zu beschränken. Weltweit betrachtet kontrollieren die zehn größten Saatgutfirmen 30 Prozent des kommerziellen Saatgutmark-

weiter auf S. 87

Wenn die Bauern ihr Saatgut zu Markte tragen

von Alisha Myers

Der erste Saatgut-Markt in Nimule im Südsudan lockte Bauern aus nah und fern an. Einige kamen zwanzig Meilen zu Fuß oder fuhren mit dem Fahrrad in der sengenden Sonne zum Markt. Alle brachten Samen und Wurzeln mit. Und sie kamen aus Neugierde; Geld für ihr Saatgut zu erhalten war eine Chance, die sie nicht verpassen wollten. Es war auch das erste Mal, dass sie den Begriff Saatgut-Gutschein hörten – und dann auch noch in Verbindung mit Markt.

Die Organisation Catholic Relief Services (CRS) brachten die Idee der Saatgut-Gutscheine und -märkte im südlichen Sudan in den Jahren 2001–2002 auf. Als Alternative zu der üblichen Praxis, dass nach Notsituationen Saatgut und Geräte an die Bauern verteilt werden. Im Sudan, einem Land, das durch mehr als 20 Jahre Bürgerkrieg verwüstet ist, besteht für die Bauern auch das Risiko, dass sie ihre Ackerfrüchte durch Vertreibung und Dürre verlieren können. Studien und Evaluierungen haben jedoch gezeigt, dass traditionelle Saatsysteme im Südsudan sehr widerstandsfähig sind. Saatgut ist ein Kapital, es ist die Lebensgrundlage für die Bauern und daher schützen und bewahren sie Saatgut sehr sorgfältig für die nächste Pflanzzeit auf. Die Gutschein-und Markt-Methode baut auf dem Saatgut-System der Bauern auf und der Tatsache, dass meistens auch nach einer Notlage Saatgut in den Dörfern vorhanden ist.

Der Saatgutmarkt ist nichts anderes als ein bäuerlicher Markt, der an einem bestimmen Tag und an einem bestimmten Ort stattfindet, und an dem Haushalte Gutscheine mit einem bestimmten Bargeldwert erhalten, um Saatgut von den registrierten Bauern im Dorf zu kaufen. Ein solches Gutscheinsystem in Verbindung mit einem Markt ist in folgenden Situationen sinnvoll, wenn:

- Bauern ihre Feldfrüchte infolge von Konflikten oder Katastrophen verloren haben;
- Bauern während eines Konflikt vertrieben werden und nicht in der Lage sind, ihre Felder abzuernten;
- das Säen und Pflanzen durch eine Notlage gestört wird;
- Saatgutvorräte oder Lebensmittel während eines Rebellenangriffs gestohlen wurden oder
- intern Vertriebene oder Flüchtlinge wieder angesiedelt werden.

So gelingt ein Saatgut-Markt

1. Bedarfsschätzung
   - Identifizierung des Katastrophengebietes oder -ortes
   - Festlegung der Berechtigten
   - Abschätzen, wie viel Saatgut vorhanden ist

2. Planung
   - kulturelle Gewohnheiten beachten
   - Dorfbewohner zum Mitmachen ermuntern
   - Durchführung vorbereiten

3. Durchführung
   - Registrieren der Saatgutverkäufer
   - Verteilung der Gutscheine
   - Abhaltung des Marktes und Vorbereitung der Evaluierung
   - Bezahlung der Saatgutverkäufer

4. Evaluierung
   - während des Marktes
   - nach dem Markt
   - Einsatz qualitativer und quantitativer Methoden
   - Wirkungsbeobachtung

Zu den vielen Nutzen des Saatgut-Gutschein-und Marktansatzes gehört unter anderem, dass er die Zusammenarbeit zwischen den Nutznießern und dem Dorf ebenso fördert wie die Planung und Durchführung. Er verschafft existenzgefährdeten Bauern Zugang zu lokal verfügbarem Saatgut und befriedigt ihre unmittelbaren Bedürfnisse.

Die übliche Verteilung von Saatgut (im Falle des südlichen Sudan wird Saatgut normalerweise aus einem benachbarten Land beschafft) und Werkzeugen an die Bauern lässt verschiedene Faktoren außer Acht: welches Saatgut könnte lokal vorhanden sein; das Wissen der Empfänger über Saatgut und die in der Gegend verwendeten Geräte die Saatgutmengen und -sorten, die ein Bauer braucht. Die Saatgut-Gutschein-und Markt-Methode ist eine wichtige Innovation zur Beschleunigung der landwirtschaftlichen Erholung für bäuerliche Gemeinden, und zwar aus folgenden Gründen:

- Saatgut-Gutscheine und Märkte versetzen von Katastrophen betroffene Dörfer in die Lage, die von ihnen gewünschten Sorten und Mengen zu pflanzen beziehungsweise zu säen;

- Bauern bestimmen die Qualität des Saatguts, das sie aussuchen;
- Saatgut-Gutscheine und Märkte sind transparent und bieten eine gerechtere Verteilung der Ressourcen;
- Die Dörfer und ihre Bewohner sind aktiv eingebunden in die Planung und Durchführung;
- Bauern wissen über alternative Sorten und Bezugsquellen Bescheid;
- Saatgut-Gutscheine und Märkte fördern die Verbindung zwischen den Bauern und das Teilen von Wissen der Bauern untereinander.

Catholic Relief Services hat Saatgut-Gutscheine und Märkte inzwischen in Burundi, Sierra Leone, Sudan, Tansania und Uganda eingeführt.

Alisha Myers ist Stipendiatin von Mickey Leland International Hunger; sie war Mitarbeiterin des Saatgut-Gutschein-und-Messe-Projektes von Catholic Relief Services.

tes, der einen Wert von 24,4 Milliarden US-Dollar darstellt. Und die zehn größten Agro-Chemiekonzerne kontrollieren 84 Prozent des agro-chemischen Marktes, mit einen Wert von 30 Milliarden US-Dollar.[13]

> Die Kernelemente des globalen Nahrungsmittelsystems sind in den Händen einer kleinen Gruppe von mächtigen Konzernen, die niemandem Rechenschaft schuldig sind und deren vordringliches Anliegen die Gewinnmaximierung ist.

Der private Sektor innerhalb der Entwicklungsländer kann auch eine positive Rolle spielen in der Entwicklung der Landwirtschaft. Die Privatwirtschaft in den Entwicklungsländern muss so gefördert werden, dass sich ihr Chancen eröffnen, dass sie Zugang zu Kapital und Jobs erhält und dass sie eine wachsende Mittelklasse entwickelt. Angepasste örtliche Entwicklungsaktivitäten können die Investition heimischen Kapitals durch lokale Unternehmer beinhalten; Schaffung von Kredit- und Kapitalmärkten, die Niedrigzinskredite ermöglichen und die Ersparnisse der Bürger für Investitionen in Aktiengesellschaften mobilisieren; verbesserte Möglichkeiten zur Stärkung der Kreditgewährungsfähigkeit von Banken schaffen, damit Kredite in viel versprechende Projekte fließen sowie die Schaffung transparenter Buchhaltungs- und Betriebsführungsmethoden, damit leistungsfähige, ehrliche Unternehmen gedeihen können.

Egal, ob global oder inländisch, der private Sektor muss dazu ermuntert werden, seine Macht richtig zu nutzen. Die Regierungen der Entwicklungsländer müssen nicht nur Anreize bereitstellen für langfristige Investitionen in die Landwirtschaft durch Konzerne, sondern sie müssen Regelungen schaffen, die die Rechte und Interessen der Kleinbauern, das Wissen der einheimischen Bevölkerung und die Gesundheit und Sicherheit der Verbraucherinnen und Verbraucher schützen.

James L. McDonald ist Vizepräsident der Bread for the World-Abteilung »Programme – Politik«.

Anmerkungen

Einführung

[1] Bharat Textiles, »Mali: U.S. Subsidies Create Cotton Glut That Hurts Foreign Cotton Farms.« July 27, 2002. http://ww.bharattextile.com/newsitems/1977990.

[2] Die Aussagen beziehen sich auf Interviews, die im Vorfeld für den aktuellen HungerReport durchgeführt wurden.

[3] Food and Agriculture Organization of the United Nations, State of Food Insecurity in the World 2001. http://www.fao.org/docrep/x8200e/x8200e00.htm; U.N. Children's Fund, State of the World's Children 2001. http://www.unicef.org/pubsgen/sowc01.

[4] Vandana Shiva, »The Real Reasons for Hunger.« The Observer, June 23, 2002.

[5] American's Second Harvest, »Who's Hungry: Hunger in Rural America.« http://www.secondharvest.org/whoshungry/whoshungry.html.

[6] International Fund for Agricultural Development, 2001 Rural Poverty Report. (New York: Oxford University Press Inc.) 2001.

[7] Oxfam International, Rigged Rules and Double Standards. (Oxfam International) 2002, 101.

[8] »Peanuts: The Moneymaker Crop for Georgia,« Return on Investment 2001. A series of reports from the College of Agriculture and Environmental Sciences, University of Georgia. http://www.ect.uga.edu/roi2001/files/peanuts.htm.

[9] Leslie A. Whitener, Bruce A. Weber and Greg J. Duncan, Rural Dimensions of Welfare Reform. W.E. Upjohn Institute for Employment Research, May 2000.

[10] International Monetary Fund, »World Economic Outlook, Trade and Finance.« September 2002, 85. http://www.imf.org/external/pubs/ft/weo/2002/02/index.htm.

Kapitel 1

[1] »Special Report: Voices of Idaho's Rural Residents.« The Idaho Statesman, Summer 2001. http://www.idahostatesman.com/news/ruralidaho/audio02.shtml.

[2] Lyn Danninger, »Farmers Need to Reconnect, Prof Urges.« Honolulu Star Bulletin, Oct. 25, 2002. http://starbulletin.com/2002/10/25/business/story2.html.

[3] R. D. Knutson, J. B. Penn and B. L. Flinchbaugh, Agricultural and Food Policy, Fourth Ed. (Prentice Hall) 1998.

[4] U.S. Department of Agriculture (USDA), Economic Research Service (ERS), Resource Economics Division, Agricultural Resources and Environmental Indicators. Eds. William Anderson, Richard Magleby and Ralph Heimlich, September 2000, Chapter 5.1, 1.

[5] USDA, ERS, »Food Marketing and Price Spreads: Current Trends.« 2000. http://www.ers.usda.gov/briefing/foodpricespreads/trends/.

[6] USDA, ERS, »Food Marketing and Price Spreads: Farm-to-retail Price Spreads for Individual Food Items.« 2000. http://www.ers.usda.gov/briefing/foodpricespreads/spreads/.

[7] Robert A. Hoppe, »Farming Operations and Households in Farming Areas: A Closer Look.« USDA, ERS, AER-685, May 1994.

[8] »Using Farm-sector Income as a Policy Benchmark.« Agricultural Outlook, June/July 2001, 15.

[9] »Die kleinen Farmen« beinhalten die folgenden vom US-Landwirtschaftsministerium festgelegten Kategorien: Betriebe mit begrenzten Ressourcen; Betriebe, die von Rentnern bewirtschaftet werden; Wohn-/Lebensstilfragen und Landbesitz im Vergleich zu Einkünften.

[10] Ashok K. Mishra, Hisham S. El-Osta, Mitchell J. Morehart, et al, »Income, Wealth and the Economic Well-being of Farm Households.« USDA, ERS, AER-812, July 2002, 26-32. http://www.ers.usda.gov/publications/aer812/aer812.pdf.

[11] »Assessing the Economic Well-being of Farm Households,« Agricultural Outlook, August 2002, 31.

[12] Cherly Anderson, »Her Story.« Prairie Public Broadcasting. http://www.prairiepublic.org/features/Farmwife/herstory.htm.

[13] Mishra, 52.

[14] U.S. Census of Agriculture, USDA, National Agricultural Statistical Service. http://www.nass.usda.gov/census/.

[15] Craig Gundersen, Mitchell Morehart, Leslie Whitener, u.a., »A Safety Net for Farm Households.« USDA, ERS, AER-788, Dec. 6, 2000, 17. http://www.ers.usda.gov/publications/aer788/aer788.pdf.

[16] »Higher Cropland Value from Farm Program Payments: Who Gains?« Agricultural Outlook, November 2001, 26.

[17] Ibid.

[18] Paul Sundell, »Agricultural Income & Finance Outlook.« USDA, ERS, AIS-78, Feb. 26, 2002, 38. http://www.ers.usda.gov/publications/ais78/ais7801.pdf.

[19] Federal Reserve Board, »Survey of Consumer Finances.« Available from http://www.federalreserve.gov/pubs/oss/oss2/scfindex.html. (Die Daten beziehen sich auf 1998. Aktuelle Daten von 2001 sind erst Mitte 2003 zu erwarten.)

[20] U.S. Census of Agriculture.

[21] USDA, Food and Agricultural Policy. 2001, Chapter 3, 48.

[22] USDA, ERS, »Farm Income and Costs: Farm Balance Sheet – Debt.« http://www.ers.usda.gov/Briefing/FarmIncome/fbsdebt_txt.htm.

[23] Jerome Stam, Daniel Milkove, Steven Koenig, et al, »Agricultural Income and Finance Annual Lender Issue.« USDA, ERS, AIS-78, Feb. 26, 2002, 1. http://jan.mannlib.cornell.edu/reports/erssor/economics/ais-bb/2002/ais78.pdf.

[24] Ibid.

[25] In 1996 and 1999, delinquency rates increased somewhat.

[26] »Using Farm-sector Income as a Policy Benchmark,« 18.

[27] Daryll E. Ray, »Impacts of the 1996 Farm Bill Including Ad Hoc Additions.« Journal of Agricultural and Applied Economics, (Vol. 33 No. 2) 2001, 245-60.

[28] Siehe Angaben in der Tabelle 1.1 auf Seite 26 im HungerReport 2003/2004.

[29] »Understanding Rural America.« USDA, ERS, AIB-710, 1995. http://www.ers.usda.gov/publications/aib710/.

[30] Leslie A. Whitener, Greg J. Duncan and Bruce A. Weber, »Reforming Welfare: What Does It Mean for Rural Areas?« USDA, Food Assistance and Nutrition Research Report Number 26-4, June 2002. http://www.ers.usda.gov/publications/fanrr26-4/fanrr26-4.pdf.

[31] American's Second Harvest, »Who's Hungry: Hunger in Rural America.« http://www.secondharvest.org/whoshungry/rural_hunger_stats.html.

[32] A. Hamelin, J. Habicht, M. Beaudry, »Food Insecurity: Consequences of the Household and Broader Social Implications.« Journal of Nutrition. (Vol. 129) 1999, 525-528. http://www.nutrition.org/cgi/content/full/129/2/525S#SEC2.

[33] Catholic Campaign for Human Development, »Poverty Pulse.« January 2002. http://www.usccb.org/cchd/povertyusa/povpulse.htm.

Anmerkungen

34 Jill L. Findeis, Mark Henry, Thomas A. Hirschl, et al, »Welfare Reform in Rural America: A Review of Current Research.« Rural Policy Research Institute Policy Paper P2001-5, February 2001. http://www.rupri.org/.

35 Center for Rural Affairs, »Trampled Dreams: The Neglected Economy of the Rural Great Plains.« 2000; the six states include Iowa, Kansas, Nebraska, North Dakota and South Dakota. »Rural farm« wird definiert als Gebiet mit einer Bevölkerung von weniger als 2.500 Einwohnern.

36 Associated Press, »Central Nebraska Farmers Call on Politicians to Help with Drought.« *Dodge City Daily Globe*, 2001. http://www.dodgeglobe.com/stories/082602/nat_farmers.shtml.

37 U.S. Department of Labor, »Findings from the National Agricultural Workers Survey (NAWS) 1997-1998.« Research Report No. 8, March 2000, 30.

38 Ibid., 31.

39 Der Landkreis Tulare ist der zweitführendste US-Landwirtschaftskreis, wo 1999 für 3,1 Milliarden US-Dollar Agrarerzeugnisse verkauft wurden.

40 »Napa's Homeless,« CaliforniaConnected.Org. Produced by Angela Shelley. Researched by Autumn Doerr. 2002. http://www.californiaconnected.org/segments/2002/08/22/segment2.html.

41 U.S. Department of Labor, 40-45.

42 USDA, *Family Economics and Nutrition Review*. (Vol. 12 Nos. 3 & 4) 1999, 93.

43 Dan Smalley, »Structural Change and Technology: The Policy Implications.« Conference Paper, 2nd Annual National Symposium on the Future of American Agriculture, Aug. 10-11, 2000. http://www.agecon.uga.edu/archive/agsym2000/smalley/Smalley.html.

44 Die weltweit 50 größten Schweinemastbetriebe kontrollieren den Großteil der US-Schweinemastbetriebe. Der größte Produzent ist Smithfield Foods, der 24 Prozent kontrolliert, gefolgt von Premium Standard Farms 7%, Seaboard Farms 6 %, Prestage Farms 4%, The Pork Group/Tyson 4%, Cargill 4%, Iowa Select Farms 3%, Christensen Farms 3% und Purina Mills 2%.

45 Richard J. Dove, »Testimony before Senate Committee on Government Affairs.« March 13, 2002. http://www.senate.gov/%7Egov_affairs/031302dove.htm#_ftnl.

46 Former Sen. Jean Carnahan, Press Release. Dec. 17, 2001. http://carnahan.senate.gov/press/dec17c.htm.

47 C. Phillip Baumel, »How U.S. Grain Export Projections from Large Scale Agricultural Sector Models Compare with Reality.« Institute for Agriculture and Trade Policy, May 2001. http://www.iatorg/enviroObs/library/uploadedfiles/How_US_Grain_Export_Projections_from_Large_Sca.pdf.

48 Ray, 245-60.

49 Food and Agriculture Organization of the United Nations, »FAOStat Statistical Database.« 2002. http://apps.fao.org.

50 C. Phillip Baumel, Marty J. McVey and Robert Wisner, »An Assessment of Brazilian Soybean Production.« *Doane's Agricultural Report*. (Vol. 63 No. 25) 2001, 5-6.

51 Paul C. Westcott, C. Edwin Young and J. Michael Price, »The 2002 Farm Act: Provisions and Implications for Commodity Markets.« USDA, ERS, AIB-778, November 2002, 8. http://www.ers.usda.gov/publications/aib778/aib778.pdf.

52 Sophia Murphy, »Farm Bill Outrage Goes Global« CommonDreams.org, May 29, 2002. http://www.commondreams.org/views02/0529-07.htm.

53 USDA, Foreign Agriculture Service, »The U.S. WTO Agriculture Proposal.« http://www.fas.usda.gov/itp/wto/proposalhtm.

54 Ann M. Veneman, Speech to International Policy Council on Agriculture, Food and Trade, May 3. 2002. http://www.usda.gov/news/releases/2002/05/0184.htm.

55 Jerry Skees, »The Potential Influence of Risk Management Programs on Cropping Decisions.« Conference Paper, American Agricultural Economics Association, August 2000.

56 Ann M. Veneman, »Statement On the Introduction of the 2002 Farm Bill Legislation by Sen. Richard Lugar.« USDA, Oct. 17, 2001. http://www.usda.gov/news/releases/2001/10/0203.htm.

Kapitel 2

1 »Afrika« wird in diesem Kapitel als Synonym für »Afrika südlich der Sahara« verwendet.

2 International Food Policy Research Institute (IFPRI), »Ending Hunger in Africa: Only the Small Farmer Can Do It.« 2002, 2. http://www.ifpri.org/pubs/ib/ib10.pdf.

3 United Nations Conference on Trade and Development, »From Adjustment to Poverty Reduction: What is New?« Economic Development in Africa, 2002, 6. http://www.unctad.org/en/docs/pogdsafricad2.en.pdf.

4 World Bank, *Can Africa Claim the 21st Century?* (Washington, D.C.: The World Bank) 2000.

5 Nancy Birdsall, Stijn Claessens and Ishac Diwan, »Will HIPC Matter? The Debt Game and Donor Behavior in Africa.« Conference Paper, WIDER Debt Relief Conference, Helsinki, Finland, Aug. 17-18, 2001, 5. http://www.ceiorg/files/pdf/Hipc.pdf.

6 World Bank, »World Bank Says Trade Policies Hindering Debt Relief.« Jan. 14, 2003. http://web.worldbank.org/WBSITE/EXTERNAL/NEWS/0,,date:01-14-2003~menuPK:34461~pagePK:34392~piPK:34427~theSitePK:4607,00.html#Story2.

7 Structural Adjustment Participatory Review International Network, *The Policy Roots of Economic Crisis and Poverty: A Multi-Country Participatory Assessment of Structural Adjustment* (Structural Adjustment Participatory Review International Network) April 2002, 159. http://www.saprin.org/SAPRI_Findings.pdf.

8 D. Booth, »PRSP Process in 8 Countries: Initial Impact and Potential for Institutionalization.« Conference Paper, WIDER Development Conference on Debt Relief, Helsinki, Finland, Aug. 17-18, 2001. http://www.wider.unu.edu/conference/conference-2001-2/parallel%20papers/1_2_booth.pdf.

9 International Fund for Agricultural Development, »Drylands: A Call to Action.« 1998, 7. http://www.ifad.org/pub/dryland/e/drylands.pdf.

10 The World Bank, »Fighting the Population/Agriculture/Population Nexus in Sub-Saharan Africa.« Findings, (No. 28) December 1994. http://www.worldbank.org/afr/findings/english/find28.htm.

11 Mark W. Rosegrant, Michael S. Paisner, Siet Meujer and Julie Witcover, *Global Food Projections to 2020: Emerging Trends and Alternative Futures*. (IFPRI) 2001, 5, 8. http://www.ifpri.org.

12 D. Byerlee, and Carl K. Eicher, eds., *An Emerging Maize Revolution in Africa*. (Boulder: Lynne Rienner Publishers) 1997.

13 Rosegrant, 17-18.

Anmerkungen

14 D. Karanja, »An Economic and Institutional Analysis of Maize Research in Kenya.« Michigan State University International Development Working Paper No. 57, Michigan State University, Department of Agricultural Economics 1996. http://www.aec.msu.edu/agecon/fs2/papers/idwp57.pdf.

15 R. Mungai, »Female-Headed Households, Poverty and Welfare in Kenya.« International Center for Research on Women, 2001, Draft.

16 M. Buvinic and R. Mehra, »Women and Agricultural Development.« *Agricultural Development in the Third World*, 2nd Ed. (Baltimore: Johns Hopkins University Press) 1990; R. M. Hassan, D. Karanja and H. Mulamula, »Availability and Effectiveness of Agricultural Extension Services for Maize Farmers in Kenya.« *Maize Technology Development and Transfer: A GIS Application from Research Planning in Kenya.* (CABI Publishers) 1998.

17 J. Govereh and T. S. Jayne, »Effect of Cash Crop Production on Food Crop Productivity on Zimbabwe: Synergies of Trade Offs.« U.S. Agency for International Aid, Office of Sustainable Development Food Security II Cooperative Agreement Policy Synthesis No. 40, 1999.

18 I. Husain and R. Faruqee, eds., *Adjustment in Africa: Lessons From Country Case Studies.* (Washington, D.C.: The World Bank) 1994; J. Govereh, A. Naseem and V. Kelly, »Macro Trends and Determinants of Fertilizer Use in Sub-Saharan Africa.« Michigan State University International Development Working Paper No. 73, Michigan State University, Department of Agricultural Economics, 1999. http://www.aec.msu.edu/agecon/fs2/papers/idwp73.pdf.

19 NASFAM ist ein ACDI/VOCA-Projekt, ins Leben gerufen von der U.S. Agency for International Development, aber auch von NASFAM Mitgliedern, Aktionären und selbstverwalteten großlandwirtschaftlichen Verbänden.

20 T. Reardon, E. W. Crawford, V. Kelly and B. Diagana, »Promoting Farm Investments for Sustainable Intensification of African Agriculture.« U.S. Agency for International Aid, Office of Sustainable Development Food Security II Cooperative Agreement Policy Synthesis No. 3, 1996.

21 The Microcredit Summit Campaign, »Microcredit in Tanzania, Tanzania Pride: Zainabu Saleh Msomoka.« Press Information, 2001. http://microcreditsummit.org/press/Pride.htm.

22 Oxfam International, *Rigged Rules and Double Standards.* (Oxfam International) 2002.

23 Joint United Nations Program on HIV/AIDS and World Health Organization, »AIDS Epidemic Update.« December 2002. http://www.unaids.org/worldaidsday/2002/press/Epiupdate.html.

24 Mike Mathambo Mtika, »Social and Cultural Relations in Economic Action: The Embeddedness of Food Security in Rural Malawi Amidst the AIDS Epidemic.« *Environment and Planning A* (Vol. 32 No. 2) February 2000, 345-60.

25 World Bank, *Can Africa Claim the 21st Century?.*

26 Ibid.

27 J. Azam, A. Fosu and N.S. Ndung'u, »Explaining Slow Growth in Africa.« *Africa Development Review* (Vol. 14, Issue 1) 2002, 177-220 (44). http://www.blackwellpublishing.com/journalasp?ref=1017-6772.

28 World Bank, *Can Africa Claim the 21st Century?.*

29 IFPRI, »Ending Hunger in Africa: Only the Small Farmer Can Do It.« 2002, 2. http://www.ifpri.org/pubs/ib/ib10.pdf.

30 Oxfam International.

31 International Fund for Agricultural Development, *Rural Poverty Report: The Challenge of Ending Rural Poverty* (New York: Oxford University Press) 2001.

32 World Bank, *Can Africa Claim the 21st Century?.*

Kapitel 3

1 Douglas Farah and Colum Lynch, »Hussein Said to Exploit Oil-for-Food.« *The Washington Post*, Sept. 18, 2002.

2 CNN.com, »Russian Troops Storm Moscow Theater.« Oct. 26, 2002. http://www.cnn.com/2002/WORLD/europe/10/25/moscow.siege/.

Kapitel 4

1 Oxfam Hong Kong, »Farthest Corner – Country Profiles.« http://www.oxfam.org.hk/english/cyberschool/world/031.htm.

2 International Fund for Agricultural Development (IFAD), *Assessment of Rural Poverty: Latin America and the Caribbean* (Santiago: IFAD) 2001, 86.

3 World Bank, *World Development Report 2003* (Washington DC: World Bank and Oxford University Press) 2003, 85.

4 Food and Agriculture Organization of the United Nations (FAO), »Mobilizing the Political Will and Resources to Banish World Hunger.« Vorbereitungspapier für den Welternährungsgipfel +5, 2002, 82.

5 Eugenio Diaz-Bonilla, Marcelle Thomas and Sherman Robinson, »On Boxes, Contents, and Users: Food Security and the WTO Negotiations.« International Food Policy Research Institute, Conference Paper, OECD/World Bank Global Forum on Agriculture Trade Reform, Adjustment and Poverty, May 2002, 12.

6 FAO, »Trade in Agriculture, Fisheries and Forestry.« www.fao.org/ur.

7 World Trade Organization, »World Bank Grant Kicks Off Bank-WTO Assistance on Standards.« Sept. 27, 2002. http://www.wto.org/english/news_e/pres02_e/pr314_e.htm.

8 International Monetary Fund, *World Economic Outlook, Trade and Finance.* (Washington DC: International Monetary Fund) 2002, 85. Available from http://www.imf.org/external/pubs/ft/weo/2002/02/index.htm.

9 IFAD, The Popular Coalition and United Nations Research Institute for Social Development, *Whose Land? Civil Society Perspectives on Land Reform and Rural Poverty Reduction* (Rome: IFAD) 2001, 3.

10 Chevron Corp. fusionierte mit Texaco Corp. 2001, jetzt ChevronTexaco Corp.

11 U.N. Conference on Trade and Development, »Overview: Foreign Direct Investment in Least Developed Countries.« 2001, 1. http://r0.unctad.org/en/subsites/dite/LDCs/pdfs/overview2002.pdf.

12 Theodore H. Moran, *FDI and Development: The New Policy Agenda for Developing Countries and Economies in Transition.* (Institute for International Economics) 1998, 31-35.

13 Action Group on Erosion, Technology and Concentration, »Globalization Inc. – Concentration in Corporate Power: The Unmentioned Agenda.« Communique No. 71, July/August, 2001. http://www.rafi.org/article.asp?newsid=154.

Tabelle 1: Globaler Hunger – Lebens- und Sterbeindikatoren

	Bevölkerung						Lebenserwartung ab Geburt		Kindersterblichkeitsrate pro 1000 Lebendgeburten 2000	Kinder mit geringem Geburtsgewicht (%) 1995-2000y	1 jährige Kinder geimpft (%) (Masern) 1999y	Sterblichkeitsrate unter 5 Jahren pro 1.000 Lebendgeburten		Müttersterblichkeit pro 100.000 Lebendgeburten 1985-99y	Flüchtlinge bis 31. Dez. 2001	
	Gesamt (Mio) Mitte-2002	Vorauss. (Mio) 2025	Vorauss. Bevölkerg.-zuwachs-rate (%) 2002-2050	Gesamt-geburten-rate 2000	Bevölkerg. unter 15 Jahren (%) 2001	Städt. Bevölkerg. (%) 2000	Männl.	Weibl.				1960	2000		Herkunftsland	Asylland
Entwicklungsländer	..	..	..	3.1	..	40	..	..	63	14	69	216	91	440	..	..
Afrika (Sub-Sahara)	693.0	1,081.0	132	5.7	..	34	52	54	108	12e	51	261e	175e	1,100		
Äquatorialguinea	0.5	0.9	185	5.9	44	48	49	53	103	..	24	316	156	..	..	..
Äthiopien	67.7	117.6	155	6.8	45	18	51	53	117	12	27	280	174	..	13,000	114,000
Angola	12.7	28.2	319	7.2	48	34	44	47	172	..	46	345	295	..	445,000	12,000
Benin	6.6	12.0	173	5.9	46	42	53	56	98	15	82	300	154	500		5,000
Botswana	1.6	1.2	-27	4.2	42	50	39	40	74	11	86	170	101	330	..	4,000
Burkina Faso	12.6	21.6	172	6.9	49	19	46	47	105	18	53	315	198	480		
Burundi	6.7	12.4	202	6.8	47	9	46	41	114	16x	75	255	190	..	375,000	28,000
Côte d'Ivoire	16.8	25.6	112	4.9	42	46	44	47	102	17	62	300	173	600		103,000
Dschibuti	0.7	0.8	64	6.0	43	83	42	44	102	..	21	289	146	..	1,000	22,000
Eritrea	4.5	8.3	198	5.5	44	19	53	58	73	14	88	250	114	1,000	305,000	2,000
Gabun	1.2	1.4	47	5.4	40	81	49	51	60	..	55	287	90	520		20,000
Gambia	1.5	2.7	186	5.0	40	33	51	53	92	14	88	364	128	..		15,000
Ghana	20.2	26.5	58	4.4	39	38	56	59	58	9	73	215	102	210x	10,000	12,000
Guinea	8.4	14.1	147	6.1	44	33	47	48	112	10	52	380	175	530	5,000	190,000
Guinea-Bissau	1.3	2.2	161	6.0	44	24	43	46	132	20	70	336	215	910	1,500	7,000
Kamerun	16.2	24.7	114	4.9	43	49	54	56	95	10	62	255	154	430		32,000
Kapverden	0.5	0.7	81	3.4	39	62	66	72	30	13	..	164	40	35	..	..
Kenia	31.1	33.3	20	4.4	43	33	47	49	77	9	79	205	120	590		243,000
Komoren	0.6	1.1	199	5.2	43	33	54	59	61	18	..	265	82	..		
Kongo, Dem. Rep.	55.2	106.0	229	6.7	49	30	47	51	128	15	15	302	207	..	355,000	305,000
Kongo, Republik	3.2	6.3	235	6.3	46	63	49	53	81	..	23	220	108	..	30,000	102,000
Lesotho	2.2	2.4	29	4.7	39	28	50	52	92	..	77	203	133	..		
Liberia	3.3	6.0	204	6.8	42	45	49	52	157	..	..	288	235	..	215,000	60,000
Madagaskar	16.9	30.8	178	5.9	45	30	53	57	86	15	55	364	139	490		
Malawi	10.9	12.8	38	6.6	46	25	37	38	117	13x	83	361	188	1,100		6,000
Mali	11.3	21.6	221	7.0	46	30	46	47	142	16	57	517	233	580		9,000
Mauretanien	2.6	5.1	175	6.0	44	58	53	55	120	..	62	310	183	550x	50,000	25,000
Mauritius	1.2	1.4	22	2.0	25	41	68	75	17	13	79	92	20	21	..	..
Mosambik	19.6	20.6	17	6.1	44	40	38	37	126	13	57	313	200	1,100		5,000
Namibia	1.8	2.0	35	5.1	44	31	44	41	56	15x	66	206	69	230		31,000
Niger	11.6	25.7	346	8.0	50	21	45	46	159	12	36	354	270	590		1,000
Nigeria	129.9	204.5	134	5.7	45	44	52	52	110	9	41	207	184	..	10,000	7,000
Ruanda	7.4	8.0	20	6.0	44	6	39	40	100	12x	87	210	187	..	60,000	35,000
Sambia	10.0	14.3	104	5.9	47	40	37	37	112	11	90	213	202	650		270,000
Senegal	9.9	16.5	129	5.4	44	47	52	55	80	12	60	300	139	560	10,000	43,000
Sierra Leone	5.6	10.6	166	6.5	44	37	38	40	180	22	62	390	316	..	185,000	15,000
Simbabwe	12.3	10.3	-18	4.8	45	35	39	36	73	10	79	159	117	700		9,000
Somalia	7.8	14.9	229	7.3	48	28	45	48	133	..	26	294	225	..	300,000	..
Sudan	32.6	49.6	95	4.7	40	36	55	57	66	..	53	210	108	550	440,000	307,000
Südafrika	43.6	35.1	-25	3.0	34	50	50	55	..	..	82	130	70	..		22,000
Swasiland	1.1	1.4	80	4.5	41	26	40	41	101	..	82	233	142	230		1,000
Tansania	37.2	59.8	137	5.3	..	33	51	53	104	11	72	240	165	530		498,000
Togo	5.3	7.6	84	5.5	44	33	53	57	80	13	43	267	142	480	2,000	11,000
Tschad	9.0	18.2	270	6.7	47	24	49	53	118	24	30	325	198	830	35,000	15,000
Uganda	24.7	48.0	241	7.1	49	14	42	44	81	13	53	224	127	510	20,000	174,000
Zentralafrikan. Republik	3.6	4.9	75	5.1	43	41	42	46	115	13x	39	327	180	1,100	22,000	49,000
Südasien	..	..	..	3.5	..	28	..	..	72	26	54	239	100	430	..	..
Afghanistan	27.8	45.9	142	6.9	43	22	46	44	165	..	40	360	257	..	4,500,000	..
Bangladesch	133.6	177.8	54	3.7	38	25	59	59	54	30	71	247	82	350		122,200
Bhutan	0.9	1.4	122	5.3	42	7	66	66	77	15	76	300	100	380	126,000	..
Indien	1,049.5	1,363.0	55	3.2	33	28	62	64	69	26	50	236	96	540	17,000	345,800
Malediven	0.3	0.5	137	5.6	43	26	67	66	59	12	86	300	80	350	..	..
Nepal	23.9	36.1	82	4.7	41	12	58	57	72	21	73	297	100	540		131,000
Pakistan	143.5	242.1	131	5.3	42	37	63	63	85	21x	54	226	110	..	10,000	2,018,000
Sri Lanka	18.9	22.1	20	2.1	26	24	70	74	17	17	95	133	19	60	144,000	..

92 Landwirtschaft in der globalen Ökonomie

Tabelle 1: Globaler Hunger – Lebens- und Sterbeindikatoren

	Bevölkerung						Lebenserwartung ab Geburt		Kindersterblichkeitsrate pro 1000 Lebendgeburten 2000	Kinder mit geringem Geburtsgewicht (%) 1995-2000y	1 jährige Kinder geimpft (%) (Masern) 1999y	Sterblichkeitsrate unter 5 Jahren pro 1.000 Lebendgeburten		Müttersterblichkeit pro 100.000 Lebendgeburten 1985-99y	Flüchtlinge bis 31. Dez. 2001	
	Gesamt (Mio) Mitte-2002	Vorrauss. (Mio) 2025	Vorraus. Bevölkerg.-zuwachsrate (%) 2002-2050	Gesamtgeburtenrate 2000	Bevölkerg. unter 15 Jahren (%) 2001	Städt. Bevölkerg. (%) 2000	Männl.	Weibl.				1960	2000		Herkunftsland	Asylland
Ostasien und Pazifik	..	..	..	2.1	..	35	..	..	34	8	85	201f	44	140	..	..
Brunei	0.4	0.5	69	2.7	31	72	71	76	6	..	94	87	7	0	..	..
China	1,280.7	1,454.7	9	1.8	24	32	69	73	32	6	90	209	40	55	151,000	345,000
Hong Kongc	6.8	8.4	10	..	16	..	77	82	..	..	..	..	..	..	..	..
Fidschi	0.9	1.0	10	3.1	33	49	65	69	18	12x	75	97	22	38	..	..
Indonesien	217.0	281.9	46	2.5	30	41	66	70	35	9	71	216	48	380	5,000	81,300
Kambodscha	12.3	18.4	78	5.1	43	16	54	58	95	9	55	217	135	440	16,400	1,000
Korea, Dem. Rep. (Nord)	23.2	25.7	14	2.1	26	60	62	67	23	..	34	120	30	110	50,000	..
Korea, Rep. (Süd)	48.4	50.5	3	1.5	21	82	72	80	5	..	85	127	5	20	..	600
Laos, PDR	5.5	8.6	107	5.1	42	24	52	55	90	..	71	235	105	650	400	..
Malaysia	24.4	35.6	90	3.1	34	57	70	75	8	9	88	105	9	41	..	57,500
Mongolei	2.4	3.3	60	2.5	34	64	61	65	62	6	93	185	78	150	..	..
Myanmar (Burma)	49.0	60.2	40	3.1	33	28	54	59	78	16	85	252	110	230	450,000	..
Papua-Neuguinea	5.0	8.0	118	4.5	40	17	56	58	79	..	58	204	112	370	..	5,400
Philippinen	80.0	115.5	82	3.4	37	59	65	71	30	18	79	110	40	170	57,000	200
Salomon-Inseln	0.5	0.9	204	5.5	45	20	67	68	21	..	..	185	25	550x	..	..
Singapur	4.2	8.0	145	1.6	22	100	76	80	4	8	93	40	4	6	..	..
Thailand	62.6	72.1	15	2.1	26	22	70	75	25	7	96	148	29	44	..	277,000
Vietnam	79.7	104.1	47	2.4	33	20	67	70	30	9	93	219	39	95	295,000	16,000
Lateinamerika und Karibik	531.0d	697d	53d	2.7	..	75	68d	74d	30	9g	92	154g	37g	190	..	..
Argentinien	36.5	47.2	49	2.5	28	90	70	77	18	7	99	72	21	41	..	3,100
Belize	0.3	0.4	137	3.2	38	54	70	74	34	4	82	104	41	140	..	..
Bolivien	8.8	13.2	95	4.2	39	63	61	64	64	8	79	255	80	390	..	400
Brasilien	173.8	219.0	42	2.3	29	81	65	73	32	9	99	177	38	160	..	4,050
Chile	15.6	19.5	43	2.4	28	86	73	79	10	5	96	138	12	23	..	550
Costa Rica	3.9	5.2	49	2.8	32	48	75	79	10	6	88	112	12	29	..	10,600
Dominikanische Republik	8.8	12.1	70	2.8	33	65	67	71	42	13	96	149	48	230x	..	500
Ecuador	13.0	18.5	76	3.0	33	65	68	73	25	16	99	180	32	160	..	4,300
El Salvador	6.6	9.3	89	3.1	35	47	67	73	34	13	99	210	40	120	217,000	..
Guatemala	12.1	19.8	125	4.7	43	40	63	69	44	12	83	202	59	190	129,000	700
Guyana	0.8	0.7	-34	2.4	30	38	59	67	55	14	87	126	74	110	..	..
Haiti	7.1	9.6	68	4.2	40	36	48	51	81	28x	54	253	125	520	25,000	..
Honduras	6.7	9.6	81	4.0	41	53	64	68	32	6	98	204	40	110	..	..
Jamaika	2.6	3.3	46	2.5	31	56	73	77	17	11	96	76	20	95	..	..
Kolumbien	43.8	59.7	63	2.7	32	74	68	74	25	7	75	130	30	80	23,000	200
Kuba	11.3	11.8	-1	1.6	21	75	74	78	7	6	96	54	9	33	1,100	1,000
Mexiko	101.7	131.7	48	2.7	33	74	73	78	25	9	95	134	30	55	..	6,200
Nicaragua	5.4	8.6	117	4.1	42	56	66	71	37	13	99	193	45	150	3,100	..
Panama	2.9	3.8	46	2.5	31	56	72	77	20	10	90	104	26	70	..	1,500
Paraguay	6.0	10.1	149	4.0	39	56	69	73	27	9	92	90	31	190	..	50
Peru	26.7	35.7	60	2.8	33	73	66	71	40	10	93	234	50	270	750	750
Surinam	0.4	0.5	-11	2.2	30	74	68	74	27	11	85	98	33	110	..	..
Trinidad und Tobago	1.3	1.4	6	1.6	24	74	68	73	17	..	91	73	20	70	..	..
Uruguay	3.4	3.8	25	2.4	25	91	71	79	15	..	93	56	17	26	..	100
Venezuela	25.1	34.8	63	2.9	34	87	71	77	20	6	82	75	23	60	..	400
Mittlerer Osten und Nordafrika	..	..	..	3.8	..	58	..	..	49	11h	85	241h	64	360	..	..
Ägypten	71.2	96.1	62	3.2	35	45	65	68	37	10	95	282	43	170	..	75,000
Algerien	31.4	43.0	63	3.1	34	60	68	71	50	7	83	255	65	220x	10,000	85,000
Bahrain	0.7	1.7	328	2.5	28	92	73	75	13	10	94	203	16	46	..	..
Iran	65.6	84.7	47	3.0	36	62	68	70	36	7	99	233	44	37	34,000	2,558,000
Irak	23.6	41.2	154	5.1	41	77	56	59	105	23	63	171	130	..	300,000	128,100
Jemen	18.6	39.6	282	7.6	50	25	57	61	85	26	74	340	117	350	..	69,500
Jordanien	5.3	8.7	122	4.5	40	74	69	71	28	10	94	139	34	41	..	1,643,900
Katar	0.6	0.8	39	3.5	27	93	70	75	12	10	87	239	16	10	..	..
Kuwait	2.3	3.9	140	2.8	29	98	74	78	9	7	96	128	10	5	..	50,000
Libanon	4.3	5.4	34	2.3	31	90	72	75	28	6	88	85	32	100	3,900	389,500

Tabelle 1: Globaler Hunger – Lebens- und Sterbeindikatoren

| | Bevölkerung | | | | | | Lebenserwartung ab Geburt | | Kindersterblichkeitsrate pro 1000 Lebendgeburten 2000 | Kinder mit geringem Geburtsgewicht (%) 1995-2000y | 1 jährige Kinder geimpft (%) (Masern) 1999y | Sterblichkeitsrate unter 5 Jahren pro 1.000 Lebendgeburten | | Müttersterblichkeit pro 100.000 Lebendgeburten 1985-99y | Flüchtlinge bis 31. Dez. 2001 | |
	Gesamt (Mio) Mitte-2002	Vorrauss. (Mio) 2025	Vorraus. Bevölkerg.-zuwachsrate (%) 2002-2050	Gesamtgeburtenrate 2000	Bevölkerg.-unter 15 Jahren (%) 2001	Städt. Bevölkerg. (%) 2000	Männl.	Weibl.				1960	2000		Herkunftsland	Asylland
Libyen	5.4	8.3	101	3.6	33	88	73	77	17	7x	92	270	20	75	..	33,000
Marokko	29.7	40.5	63	3.2	34	56	67	71	41	9x	90	220	46	230	..	..
Oman	2.6	5.1	189	5.7	44	84	72	75	12	8	99	280	14	14	..	..
Saudi-Arabien	24.0	40.9	152	5.9	43	86	71	73	24	3	94	292	29	..	..	128,500
Syrien	17.2	26.5	101	3.9	40	55	70	70	24	6	97	201	29	110x	100	397,600
Türkei	67.3	85.0	44	2.5	30	75	67	72	38	15	80	219	45	130x	43,000	12,600
Tunesien	9.8	11.6	24	2.2	29	66	70	74	22	5	84	254	28	70	..	..
Vereinigte Arab. Emirate	3.5	4.5	47	3.1	25	86	72	77	8	..	95	223	9	3	..	..
West Bank und Gaza a	3.5	7.4	223	5.8	..	95	71	74	0	9	..	..	25	..	4,123,000	1,460,400
Zypern	0.9	1.0	9	2.0	23	57	75	80	6	..	..	36	7	0	..	1,300
Transformationsländer b	..	..	..	1.6	..	67	..	..	30	9i	92i	101i	37i	55		
Albanien	3.1	4.1	51	2.5	29	42	72	76	27	5	85	151	31	..		400
Armenien	3.8	3.7	-17	1.3	23	70	70	74	25	9	91	48	30	35	9,000	11,000
Aserbaidschan	8.2	10.2	59	1.7	28	57	69	75	74	10	99	74	105	80	..	7,000
Bosnien-Herzegowina	3.4	3.6	-1	1.4	18	43	65	72	15	4	83	160	18	10	210,000	33,200
Bulgarien	7.8	6.6	-32	1.1	15	70	68	75	15	9	96	70	16	15	..	2,900
Estland	1.4	1.2	-36	1.2	17	69	65	76	17	5	92	52	21	50	..	..
Georgien	4.4	3.6	-44	1.5	20	61	69	77	24	6	80	70	29	50	21,000	7,900
Jugoslawien, FR	10.7	10.7	-4	1.7	20	52	70	75	17	5	84	120	13	9	60,000	400,000
Kasachstan	14.8	14.7	-5	2.1	26	56	60	71	60	6	99	74	75	65	100	19,500
Kirgisistan	5.0	6.5	51	2.6	33	33	65	72	53	6	97	180	63	65	..	9,700
Kroatien	4.3	4.1	-17	1.7	18	58	70	77	8	6	92	98	9	6	272,000	21,900
Lettland	2.3	2.2	-25	1.1	17	69	65	76	17	5	97	44	21	45	..	..
Litauen	3.5	3.5	-10	1.3	19	68	68	78	17	4	97	70	21	18	..	300
Mazedonien	2.0	2.2	3	1.7	22	33	70	75	22	6	98	177	26	7	23,000	3,600
Moldawien	4.3	4.5	0	1.5	20	46	64	71	27	7	99	88	33	28	..	300
Polen	38.6	38.6	-12	1.4	18	66	70	78	9	6	97	70	10	8	..	1,800
Rumänien	22.4	20.6	-24	1.3	18	56	67	74	19	9	98	82	22	42	..	200
Russland	143.5	129.1	-29	1.2	17	78	59	72	18	7	97	64	22	44	18,000	28,200
Slowakei	5.4	5.2	-12	1.4	19	57	69	77	8	7	99	40	9	9	..	3,100
Slowenien	2.0	2.0	-15	1.2	15	50	72	79	5	6	98	45	5	11	4,400	2,700
Tadschikistan	6.3	7.8	35	3.3	38	28	66	71	54	13	79	140	73	65	55,000	4,600
Tschech. Republik	10.3	10.3	-9	1.2	16	75	72	78	5	6	95	25	5	9	..	10,60
Turkmenistan	5.6	7.2	42	3.4	37	45	63	70	52	5	97	150	70	65	..	14,000
Ukraine	48.2	45.1	-20	1.2	17	68	62	74	17	6	99	53	21	25	10,000	6,000
Ungarn	10.1	9.2	-21	1.3	17	64	67	76	8	9	99	57	9	15	..	2,900
Usbekistan	25.4	37.2	52	2.6	35	37	68	73	51	6	96	120	67	21	1,500	38,000
Weißrussland	9.9	9.4	-14	1.3	18	71	63	75	17	5	98	47	20	20	..	3,100
Industrieländer	..	..	..	1.7	..	79	..	..	6	7	89	37	6	12		
Australien	19.7	23.2	27	1.8	20	85	77	82	6	7	89	24	6	..		21,800
Belgien	10.3	10.8	6	1.5	17	97	75	82	6	8	83	35	6	..		41,000
Dänemark	5.4	5.9	20	1.7	18	85	75	79	4	6	92	25	5	10		12,200
Deutschland	82.4	78.1	-18	1.3	15	88	75	81	5	7	75	40	5	8		116,000
Finnland	5.2	5.3	-8	1.7	18	67	74	81	4	6	96	28	5	6		2,100
Frankreich	59.5	64.2	9	1.8	19	76	74	83	4	6	84	34	5	10		12,400
Griechenland	11.0	10.4	-12	1.3	15	60	76	81	5	7	88	64	6	1		6,500
Großbritannien	60.2	64.8	9	1.7	19	90	75	80	6	8	91	27	6	7		69,800
Irland	3.8	4.5	20	2.0	21	59	74	79	6	4x	77	36	6	6		9,500
Israel	6.6	9.3	67	2.8	28	91	76	81	6	8	94	39	6	5		4,700
Italien	58.1	57.5	-10	1.2	14	67	77	83	6	6	70	50	6	7		9,600
Japan	127.4	121.1	-21	1.4	15	79	78	85	4	7x	94	40	4	8		6,400
Kanada	31.3	36.0	17	1.6	19	77	76	81	6	6	96	33	6	..		70,000
Luxemburg	0.5	0.6	32	1.8	19	92	75	81	5	4	91	41	5	0		..
Niederlande	16.1	17.7	12	1.5	18	89	76	81	6	..	96	22	6	7		31,000

Tabelle 1: Globaler Hunger – Lebens- und Sterbeindikatoren

	Bevölkerung						Lebenserwartung ab Geburt		Kindersterblichkeitsrate pro 1000 Lebendgeburten 2000	Kinder mit geringem Geburtsgewicht (%) 1995-2000 y	1 jährige Kinder geimpft (%) (Masern) 1999 y	Sterblichkeitsrate unter 5 Jahren pro 1.000 Lebendgeburten		Müttersterblichkeit pro 100.000 Lebendgeburten 1985-99 y	Flüchtlinge bis 31. Dez. 2001	
	Gesamt (Mio) Mitte-2002	Vorrauss. (Mio) 2025	Vorraus. Bevölkerg.-zuwachsrate (%) 2002-2050	Gesamtgeburtenrate 2000	Bevölkerg. unter 15 Jahren (%) 2001	Städt. Bevölkerg. (%) 2000	Männl.	Weibl.				1960	2000		Herkunftsland	Asylland
Neuseeland	3.9	4.6	28	2.0	23	86	76	81	6	6	83	26	6	15	..	2,700
Norwegen	4.5	5.0	15	1.8	20	76	76	81	4	5	93	23	4	6	..	13,200
Österreich	8.1	8.4	1	1.3	16	65	75	81	5	7	90	43	5	..	..	10,800
Portugal	10.4	9.7	-18	1.5	17	64	73	80	6	7	96	112	6	8	..	50
Spanien	41.3	44.3	2	1.2	14	78	76	83	5	6	93	57	5	6	..	1,300
Schweden	8.9	9.5	10	1.4	18	83	77	82	3	4	96	20	4	5	..	18,500
Schweiz	7.3	7.6	1	1.5	16	68	77	83	3	6	81	27	4	5	..	57,900
USA	287.4	346.0	44	2.0	22	77	74	80	7	8	92	30	8	8	..	492,500
Welt	**6,215.0**	**7,859.0**	**46**	**2.8**	**..**	**47**	**65**	**69**	**57**	**14**	**72**	**193**	**83**	**400**	**..**	**14,921,000 z**

.. Daten nicht verfügbar.
a Palästinensisches Gebiet.
b Zentrale und Osteuropäische Länder und neue unabhängige Staaten der ehemaligen Sowjetunion.
c Spezielle administrative Region, Daten schließen China aus.
d Daten beziehen Antigua und Barbuda, Bahamas, Dominikanische Republik, Grenada, Guadeloupe, Martinique, Niederländische Antillen, Puerto Rico, St. Kitts-Nevis, Saint Lucia, St. Vincent und die Grenadinen mit ein.
e Daten beziehen São Tomé, Principe und die Seychellen mit ein. Daten schließen Dschibuti und den Sudan mit ein.
f Daten beziehen Cook-Inseln, Kiribati, Marshall-Inseln, Mikronesien, Nauru, Nieú, Palau, Samoa, Tonga, Tuvalu und Vanautu mit ein. Daten schließen Hong Kong aus.
g Daten beziehen Antigua, Barbuda, Bahamas, Barbados, Dominikanische Republik, Grenada, St. Kitts und Nevis, St. Lucia, St. Vincent und the Grenadines mit ein.
h Daten beziehen Dschibuti und den Sudan mit ein. Daten schließen Türkei, die West Bank und den Gaza aus.
i Daten beziehen Türkei mit ein. Daten schließen Slowenien aus.
x Daten beziehen sich auf eine andere Zeit/Periode als oben angegeben, die von der Standarddefinition abweichen oder sich nur auf einen Teil eines Landes beziehen.
y Daten beziehen sich auf das aktuellste Jahr, für das Daten vorliegen.
z In dieser Summe sind außer der in der Tabelle aufgeführten Länder noch weitere Länder enthalten.

Tabelle 2: Nahrung, Ernährung und Bildung

	Nahrungszufuhr		Vitamin A Unterversorgung Gesamt-Kopf-Rate (6 bis 59 Monate) 1999	Alphabetisierungsrate bei Erwachsenen (15 Jahre und älter in %) 2000			Gesamt Grund-schule (netto)hh 1998	Schulbesuch (% der relevanten Altersgruppen)			
	Pro Kopf Energiezufuhr (Kalorien pro Tag) 2000	Pro Kopf Nahrungs-produktion 2000						Grundschule (netto) 1995-99i		Kombinierte Grund- und weiterführende Schule (brutto %) 1999c	
				Gesamt	Weiblich	Männlich		Weiblich	Männlich	Weiblich	Männlich
Entwicklungsländer	2,679	..	50	73.7	..	..	..	76	83	..	..
Afrika (Sub-Sahara)	2,226	98.4cc	70k	61.5	..	..	..	50	58	..	..
Äquatorialguinea	..	74.5	..	83.2	74.4	92.5	83.0	89	89	59	68
Äthiopien	2,023	102.5	86	39.1	30.9	47.2	35.0	28	43	19	34
Angola	1,903	103.8	94	..	..	..	57.0	..	..	21	25
Benin	2,558	123.1	100	37.4	23.6	52.1	46.0	50	75	34	57
Botswana	2,255	76.9	..	77.2	79.8	74.5	81.0	99	98	70	70
Burkina Faso	2,293	106.2	99	23.9	14.1	33.9	34.0	28	40	18	28
Burundi	1,605	82.2	92	48.0	40.4	56.2	38.0	37	38	16	21
Côte d'Ivoire	2,590	100.6	..	46.8	38.6	54.5	59.0	47	63	30	46
Dschibuti	2,050	69.7	41	67.1	54.4	75.6	32.0	28	39	18	26
Eritrea	1,665	102.2	94	55.7	44.5	67.3	34.0	35	40	24	29
Gabun	2,564	88.7	..	..	..	..	..	83	82	87	85
Gambia	2,474	104.1	..	36.6	29.4	44.0	61.0	55	64	37	53
Ghana	2,699	134.5	91	71.5	62.9	80.3	..	..	..	39	45
Guinea	2,353	119.0	100	..	..	..	46.0	30	49	20	37
Guinea-Bissau	2,333	111.3	77	38.5	23.3	54.4	..	32x	58x	27	47
Kamerun	2,255	100.4	100	75.8	69.5	82.4	..	71x	82x	39	47
Kapverden	3,278	105.8	..	73.8	65.7	84.5	99.0	97	100	76	79
Kenia	1,965	80.4	80	82.4	76.0	88.9	..	89x	92x	51	52
Komoren	1,753	87.1	..	55.9	48.7	63.2	50.0	55	65	33	38
Kongo, Dem. Rep	1,514	57.7	78	61.4	50.2	73.1	32.0	51	66	26	37
Kongo, Republik	2,223	92.6	74	80.7	74.4	87.5	..	93x	99x	56	69
Lesotho	2,300	102.2	..	83.4	93.6	72.5	60.0	65	55	65	57
Liberia	2,076	92.9	93	..	..	..	..	31	43	..	..
Madagaskar	2,007	76.7	94	66.5	59.7	73.6	63.0	69	67	43	46
Malawi	2,181	119.2	..	60.1	46.5	74.5	..	100x	100x	69	78
Mali	2,403	102.1	100	41.5	34.4	48.9	42.0	33	47	22	34
Mauritanien	2,638	81.0	83	40.2	30.1	50.7	60.0	53	61	37	44
Mauritius	2,985	96.4	..	84.5	81.3	87.8	93.0	99	97	64	62
Mosambik	1,927	92.0	100	44.0	28.7	60.1	41.0	40	47	19	26
Namibia	2,649	88.5	83	82.0	81.2	82.8	86.0	88	84	80	77
Niger	2,089	101.1	100	15.9	8.4	23.8	26.0	19	30	12	20
Nigeria	2,850	115.4	23	63.9	55.7	72.4	..	33	38	41	49
Ruanda	2,077	91.2	93	66.8	60.2	73.7	91.0	68	67	39	41
Sambia	1,912	82.3	75	78.1	71.5	85.2	73.0	86	85	46	52
Senegal	2,257	103.2	87	37.3	27.6	47.3	59.0	55	65	31	40
Sierra Leone	1,863	69.0	81	..	..	..	..	..	..	21	32
Simbabwe	2,117	92.4	..	88.7	84.7	92.8	..	87	87	63	67
Somalia	1,628	81.7	63	..	..	..	..	7x	13x	..	..
Sudan	2,348	128.7	79	57.8	46.3	69.5	46.0	37	43	31	36
Südafrika	2,886	84.5	..	85.3	84.6	86.0	100.0	86	88	96	89
Swasiland	2,620	69.2	..	79.6	78.6	80.8	77.0	100	100	70	74
Tansania	1,906	76.8	21	75.1	66.5	83.9	48.0	57	56	32	33
Tschad	2,046	94.7	92	42.6	34.0	51.6	55.0	39	65	20	42
Togo	2,329	100.3	100	57.1	42.5	72.4	88.0	61	85	49	76
Uganda	2,359	100.1	79	67.1	56.8	77.5	100.0	83	92	41	49
Zentralafrikan. Republik	1,946	107.2	100	46.7	34.9	59.7	53.0	27	51	20	29
Südasien	..	105.4dd	35	55.6	..	..	..	66	78	..	..
Afghanistan	1,539	..	78	..	..	..	..	15x	42x	..	..
Bangladesch	2,103	109.1	79	41.3	29.9	52.3	100.0	83	80	33	41
Bhutan	..	93.0	87	..	..	..	16.0	47	58	..	..
Indien	2,428	105.3	15	57.2	45.4	68.4	..	64	78	49	62
Malediven	2,592	93.4	..	96.7	96.8	96.6	..	92	93	77	77
Nepal	2,436	101.6	85	41.8	24.0	59.6	..	60	79	52	67
Pakistan	2,452	103.7	88	43.2	27.9	57.5	..	60	84	28	51
Sri Lanka	2,405	109.2	..	91.6	89.0	94.4	100.0	..	..	71	68

96 Landwirtschaft in der globalen Ökonomie

Tabelle 2: Nahrung, Ernährung und Bildung

	Nahrungszufuhr			Alphabetisierungsrate bei Erwachsenen (15 Jahre und älter in %) 2000			Schulbesuch (% der relevanten Altersgruppen)				
	Pro Kopf Energiezufuhr (Kalorien pro Tag) 2000	Pro Kopf Nahrungs-produktion 2000	Vitamin A Unterversorgung Gesamt-Kopf-Rate (6 bis 59 Monate) 1999	Gesamt	Weiblich	Männlich	Gesamt Grund-schule (netto)hh 1998	Grundschule (netto) 1995-99i		Kombinierte Grund- und weiterführende Schule (brutto %) 1999c	
								Weiblich	Männlich	Weiblich	Männlich
Ostasien und Pazifik	..	109.2ee	..	85.9z	..	..	..	96h	97h	..	..
Brunei	2,832	156.1	..	91.5	88.1	94.6	..	91x	90x	77	76
China	3,029	155.5	..	84.1	76.3	91.7	91.0	99	99	73	73
Hong Konga	..	..	..	93.5	90.2	96.5	..	..	..	66	61
Fidschi	2,861	87.0	..	92.9	90.8	94.9	100.0	100	99	83	84
Indonesien	2,902	99.3	64	86.9	82.0	91.8	..	93	97	61	68
Kambodscha	2,070	111.6	79	67.8	57.1	79.8	100.0	74	82	54	71
Korea, Dem. Rep. (Nord)	2,185	78.1	100	..	..	..	..	..	..	..	..
Korea, Rep. (Süd)	3,093	117.1	..	97.8	96.4	99.1j	97.0	98	97	85	95
Laos, PDR	2,266	127.3	80	48.7	33.2	64.1	76.0	72	80	52	65
Malaysia	2,919	103.8	..	87.5	83.4	91.4	98.0	96	95	67	64
Mongolei	1,981	89.4	87	98.9	98.8	99.1j	85.0	94	93	64	51
Myanmar (Burma)	2,842	142.6	42	84.7	80.5	89.0	..	..	..	55	55
Papua-Neuguinea	2,175	96.0	..	63.9	56.8	72.5	85.0	67x	79x	35	42
Philippinen	2,379	105.8	78	95.3	95.1	95.5	..	93	98	84	80
Salomon-Inseln	2,277	101.3	..	..	..	..	..	..	..	..	..
Singapur	..	28.9	..	92.3	88.4	98.5	..	92x	93x	75	76
Thailand	2,506	105.5	..	95.5	93.9	97.1	77.0	79	82	61	60
Vietnam	2,583	137.6	55	93.4	91.4	95.5	97.0	94	95	64	69
Lateinamerika und Karibik	..	115.5aa	..	88.3	..	..	..	..	..	..	..
Argentinien	3,181	121.9	..	96.8	96.8	96.8	100.0	96x	96x	86	80
Belize	2,888	141.4	..	93.2	93.2	93.3	99.0	86	90	72	73
Bolivien	2,218	112.5	85	85.5	79.3	92.0	97.0	87x	95x	67	73
Brasilien	2,985	127.2	20	85.2	85.4	85.1	98.0	..	..	80	79
Chile	2,882	122.2	..	95.8	95.6	96.0	88.0	88	88	77	78
Costa Rica	2,783	106.9	..	95.6	95.7	95.5	..	93	93	66	67
Dominikan. Republik	2,325	93.9	53	83.6	83.6	83.6	87.0	85	84	75	69
Ecuador	2,693	125.7	42	91.6	90.0	93.3	97.0	91	90	74	80
El Salvador	2,503	84.6	..	78.7	76.1	81.6	81.0	78	78	64	63
Guatemala	2,171	99.6	..	68.6	61.2	76.1	83.0	75	81	45	53
Guyana	2,582	185.0	..	98.5	98.1	98.9	85.0	84	89	66	65
Haiti	2,056	81.5	..	49.8	47.8	52.0	80.0	66	66	51	53
Honduras	2,395	91.0	53	74.6	74.5	74.7	..	86	85	63	60
Jamaika	2,693	107.9	..	86.9	90.7	82.9	92.0	87	89	62	63
Kolumbien	2,597	92.6	..	91.7	91.7	91.7	87.0	..	..	73	73
Kuba	2,564	58.8	..	96.7	96.6	96.8	97.0	95	94	77	76
Mexiko	3,165	112.2	..	91.4	89.5	93.4	100.0	100	100	70	71
Nicaragua	2,227	108.2	63	66.5	66.8	66.3	..	79	76	65	61
Panama	2,488	85.9	..	91.9	91.3	92.5	..	91x	91x	76	73
Paraguay	2,533	95.7	..	93.3	92.2	94.4	92.0	92	91	64	64
Peru	2,624	140.8	5	89.9	85.3	94.7	100.0	100	100	79	81
Surinam	2,652	73.8	..	..	..	..	..	100x	100x	86	80
Trinidad und Tobago	2,777	106.6	..	91.8	92.1	95.5	93.0	88	88	65	65
Uruguay	2,879	113.9	..	97.7	98.1	97.3	92.0	93	93	83	76
Venezuela	2,256	95.5	..	92.6	92.1	93.1	..	85	83	66	64
Mittlerer Osten und Nordafrika	..	..	..	..	..	..	..	76n	85n	..	..
Ägypten	3,346	124.4	..	55.3	43.8	66.6	92.0	89	94	72	80
Algerien	2,944	110.9	..	66.7	57.1	76.2	94.0	91	94	69	75
Bahrain	..	104.1	..	87.6	82.6	90.9	97.0	98	96	83	77
Iran	2,913	107.2	..	76.3	69.3	83.2	..	94	99	69	76
Irak	2,197	49.4	..	..	..	..	..	88	98	..	..
Jemen	2,038	83.8	100	46.3	25.2	67.5	61.0	39	79	29	72
Jordanien	2,749	88.0	..	89.7	83.9	95.1	64.0	86	86	57	53
Katar	..	140.4	..	81.2	83.1	80.4	86.0	92	96	75	75
Kuwait	3,132	245.6	..	82.0	79.7	84.0	67.0	85	89	61	57
Libanon	3,155	115.8	..	86.0	80.3	92.1	78.0	..	..	81	76

Tabelle 2: Nahrung, Ernährung und Bildung

	Nahrungszufuhr		Vitamin A Unterversorgung Gesamt-Kopf-Rate (6 bis 59 Monate) 1999	Alphabetisierungsrate bei Erwachsenen (15 Jahre und älter in %) 2000			Schulbesuch (% der relevanten Altersgruppen)				
	Pro Kopf Energiezufuhr (Kalorien pro Tag) 2000	Pro Kopf Nahrungs-produktion 2000					Gesamt Grund-schule (netto)hh 1998	Grundschule (netto) 1995-99i		Kombinierte Grund- und weiterführende Schule (brutto %) 1999c	
				Gesamt	Weiblich	Männlich		Weiblich	Männlich	Weiblich	Männlich
Libyen	3,305	128.2	..	80.0	68.2	90.8	..	96x	97x	92	92
Marokko	2,964	85.3	..	48.9	36.1	61.8	79.0	64	77	46	58
Oman	..	107.3	..	71.7	61.6	80.1	66.0	86	86	56	59
Saudi-Arabien	2,875	61.6	..	76.3	66.9	83.1	59.0	73	81	60	62
Syrien	3,038	115.8	..	74.4	60.5	88.3	93.0	92	96	61	65
Türkei	3,416	91.1	..	85.1	76.5	93.5	100.0	82	93	55	68
Tunesien	3,299	707.8	..	71.0	60.6	81.4	98.0	94	97	72	75
Vereinig. Arab. Emirate	3,192	220.0	..	76.3	79.3	75.0	83.0	98	98	71	65
Zypern	3,259	111.1	..	97.1	95.4	98.7	81.0	96	96	70n	67n
Transformationsländerb	..	..	..	..	..	..	..	90	92	..	..
Albanien	2,864	139.5	..	84.7	77.0	92.1	..	100	100	71	71
Armenien	1,944	66.5	..	98.4	97.6	99.3j	..	..	..	77	82
Aserbaidschan	2,468	66.1	..	..	..	..	96.0	90	89	72	70
Bosnien und Herzegowina	2,661	63.4	..	..	..	..	..	100	100	..	..
Bulgarien	2,467	69.6	..	98.4	97.9	99.0	93.0	98	98	76	69
Estland	3,376	49.3	..	..	..	..	96.0	86	87	89	84
Georgien	2,412	72.0	..	..	..	..	..	95	95	71	69
Jugoslawien, FR	2,570	79.4	..	..	..	..	..	70x	69x	..	..
Kasachstan	2,991	75.5	..	..	..	..	..	100	100	81	73
Kirgisistan	2,871	97.0	..	..	..	..	85.0	97	98	70	65
Kroatien	2,483	65.8	..	98.3	97.3	99.3j	77.0	96	93	69	68
Lettland	2,855	46.7	..	99.8	99.8j	99.8j	94.0	92	88	83	80
Litauen	3,040	56.0	..	99.6	99.5j	99.7j	94.0	..	..	83	77
Mazedonien, FYR	3,006	83.4	..	..	..	..	96.0	96	97	70	70
Moldawien	2,764	47.1	..	98.9	98.3	99.5j	..	..	..	75	70
Polen	3,376	84.8	..	99.7	99.7j	99.7j	96.0	94	95	86	83
Rumänien	3,274	102.4	..	98.1	97.3	99.0	94.0	91	92	70	68
Russland	2,917	67.0	..	99.6	99.4j	99.7j	73.0	93x	93x	82	75
Slowakei	3,133	70.1	..	..	..	..	..	..	..	77	74
Slowenien	3,168	110.0	..	99.6	99.6j	99.7j	94.0	94	95	85	80
Tadschikistan	1,720	42.4	..	99.2	98.8	99.6j	..	..	..	63	72
Tschech. Republik	3,104	79.4	..	..	..	..	90.0	87	87	70	69
Turkmenistan	2,675	89.0	..	..	..	..	..	..	..	81	81
Ukraine	2,871	56.0	..	99.6	99.5j	99.7j	..	..	..	78	77
Ungarn	3,458	87.9	..	99.3	99.2j	99.5j	82.0	96	97	83	79
Usbekistan	2,371	86.2	..	99.2	98.8	99.6j	..	89	87	74	79
Weißrussland	2,902	61.2	..	99.6	99.4j	99.7j	..	84x	87x	79	75
Industrieländer	..	103.8ff	..	..	..	..	..	96o	95o	..	..
Australien	3,176	114.7	..	..	..	..	..	95	95	118jj	114jj
Belgien	3,701y	108.8y	..	..	..	..	100.0	98	99	111jj	107jj
Dänemark	3,396	100.8	..	..	..	..	100.0	99	99	101jj	94
Deutschland	3,451	95.6	..	..	..	..	87.0	87	86	93	95
Finnland	3,227	87.1	..	..	..	..	99.0	98	98	108jj	99
Frankreich	3,591	97.7	..	..	..	..	100.0	100	100	96	93
Griechenland	3,705	101.7	..	97.2	96.0	98.5	95.0	90	90	81	80
Großbritannien	3,334	86.2	..	..	..	..	100.0	98	97	112jj	100
Irland	3,613	103.4	..	..	..	..	100.0	100	100	93	89
Israel	3,562	81.7	..	94.6	95.4	96.8	95.0	..	..	84	82
Italien	3,661	101.2	..	98.4	98.0	98.9	100.0	100	100	87	81
Japan	2,762	88.8	..	..	..	..	100.0	100x	100x	81	83
Kanada	3,174	105.4	..	..	..	..	96.0	94	96	98	96
Luxemburg	..	..	..	..	..	..	100.0	86x	84x	74gg	71gg
Niederlande	3,294	94.5	..	..	..	..	100.0	99	100	100	104jj

Tabelle 2: Nahrung, Ernährung und Bildung

	Nahrungszufuhr		Vitamin A Unterversorgung Gesamt-Kopf-Rate (6 bis 59 Monate) 1999	Alphabetisierungsrate bei Erwachsenen (15 Jahre und älter in %) 2000			Schulbesuch (% der relevanten Altersgruppen)				
	Pro Kopf Energiezufuhr (Kalorien pro Tag) 2000	Pro Kopf Nahrungs- produktion 2000					Gesamt Grund- schule (netto)[hh] 1998	Grundschule (netto) 1995-99[i]		Kombinierte Grund- und weiterführende Schule (brutto %) 1999[c]	
				Gesamt	Weiblich	Männlich		Weiblich	Männlich	Weiblich	Männlich
Neuseeland	3.252	109.3	..	..	..	..	100.0	100	100	103[jj]	95
Norwegen	3.414	84.7	..	..	..	..	100.0	100	100	99	95
Österreich	3.757	99.8	..	..	..	..	88.0	91	90	89	90
Portugal	3.716	98.9	..	92.2	89.9	94.7	100.0	100	100	99	94
Spanien	3.352	113.9	..	97.6	96.8	98.6	100.0	100	100	99	91
Schweden	3.109	94.1	..	..	..	..	100.0	100	100	107[jj]	95
Schweiz	3.293	88.8	..	..	..	..	94.0	96	96	81	87
USA	3.772	108.4	..	..	..	..	95.0	95	94	99	91
Welt	**2.805**	**106.2**	**50**	..	..	..	..	**78**	**85**	..	..

.. Daten nicht verfügbar.
a Spezielle administrative Region, Daten schließen China aus.
b Zentrale und Osteuropäische Länder und neue unabhängige Staaten der ehemaligen Sowjetunion.
c Vorläufige UNESCO-Schätzung und unterliegt einer späteren Überprüfung.
h Daten schließen Hong Kong und Singapur aus.
i Daten beziehen sich auf das aktuellste Jahr innerhalb der in der Kopfzeile angegebenen Periode.
j Zum Zweck der Berechnung des GDI wurde ein Wert von 99% verwendet.
k Daten beziehen São Tomé, Principe und die Seychellen mit ein. Daten schließen Dschibuti und den Sudan aus.
n Daten schließen Türkei aus.
o Daten beziehen Andorra, Vatikan-Stadt, Irland, Liechtenstein, Malta, Monaco, San Marino und Slowenien mit ein.
x Bezeichnet Daten, die sich auf andere Jahre oder Zeiträume beziehen als oben angegeben.
y Daten beziehen Luxemburg mit ein.
z Daten schließen China, Hong Kong, Republik Korea und die Mongolei aus.
aa Daten beziehen Antigua und Barbuda, Bahamas, Barbados, British Virgin Islands, Cayman Islands, Dominikanische Republik, Falkland-Inseln, Französisch-Guinea, Grenada, Guadeloupe, Martinique, Montserrat, Niederländische Antillen, Puerto Rico, St. Kitts und Nevis, St. Lucia, St. Vincent und die U.S. Virgin Islands mit ein.
cc Daten beziehen São Tomé und Principe mit ein. Daten schließen Südafrika aus.
dd Daten schließen Afghanistan aus.
ee Daten schließen China, Fidschi-Inseln, Papua-Neuguinea und die Salomon-Inseln aus.
ff Daten beziehen Faeroe-Inseln, Liechtenstein, Malta und Südafrika mit ein.
gg Das Verhältnis ist eine Unterschätzung, weil viele Studenten ihr Studium in nahegelegenen Ländern fortsetzen.
hh Die Angaben zur Einschulung basieren auf der neuen International Standard Classification of Education und können nur bedingt mit den Angaben von vor 1997 verglichen werden.
jj Zum Zweck der Berechnung des GDI wurde ein Wert von 99% verwendet.
»0« (Null) bedeutet null oder weniger als die Hälfte der angegebenen Einheit.

Tabelle 3: Hunger, Unterernährung und Armut

	Unterernährte Bevölkerung		% der unter 5-jährigen (1995-2000p), die leiden an:					% der Bevölkerung mit Zugang zu sicherem Wasser 2000			Bevölkerung in Armut (%)			
	Verhältnis	Anzahl	Untergewicht		Auszehrung	Verkümm.					Unter der nationalen Armutsgrenze 1984-2000p			Unter der internat. Armutsgrenze (1US$ pro Tag) 1983-1999pq
	(%) 1998-2000	(Mio) 1998-2000	gemäßigt und schwer	schwer	gemäßigt und schwer	gemäßigt und schwer	Total	Urban	Rural	National	Urban	Rural	
Entwicklungsländer	17	798.8	28	10	9	32	78	92	69	..	..	..	..
Afrika (Sub-Sahara)	33	195.9	30h	9h	10h	41h	57	83	44	..	..	..	..
Äquatorialguinea	..	..	..	..	..	..	44	45	42	..	..	..	..
Äthiopien	44	27.1	47	16	11	51	24	81	12	..	..	..	31.3
Angola	50	6.3	..	..	..	..	38	34	40	..	..	..	..
Benin	13	0.8	29	7	14	25	63	74	55	33.0	..	..	..
Botswana	25	0.4	13	2	5	23	95	100	90	..	..	..	33.3
Burkina Faso	23	2.6	34	12	13	37	42	66	37	..	..	..	61.2
Burundi	69	4.3	45	13	8	57	78	91	77	36.2	..	..	..
Côte d'Ivoire	15	2.3	21	4	10	22	81	92	72	36.8	..	..	12.3
Dschibuti	..	..	18	6	13	26	100	100	100	..	..	..	..
Eritrea	58	2.0	44	17	16	38	46	63	42	53.0	..	..	..
Gabun	8	0.1	..	..	..	..	86	95	47	..	..	..	..
Gambia	21	0.3	17	4	9	19	62	80	53	64.0	..	..	59.3
Ghana	12	2.2	25	5	10	26	73	91	62	31.4	26.7	34.3	44.8
Guinea	32	2.6	23	5	9	26	48	72	36	40.0	..	..	..
Guinea-Bissau	..	..	23	5	10	28	56	79	49	48.7	..	..	..
Kamerun	25	3.6	21	4	5	35	58	78	39	40.0	44.4	32.4	33.4
Kapverden	..	..	14x	2x	6x	16x	74	64	64	..	..	..	..
Kenia	44	13.2	23	7	6	37	57	88	42	42.0	29.3	46.4	26.5
Komoren	..	..	25	9	12	42	96	98	95	..	..	..	..
Kongo, Dem. Rep.	73	36.4	34	10	10	45	45	89	26	..	..	..	..
Kongo, Republik	32	0.9	14	3	4	19	51	71	17	..	..	..	..
Lesotho	26	0.5	16	4	5	44	78	88	74	49.2	27.8	53.9	43.1
Liberia	39	1.0	20x	..	3x	37x	..	..	..	..	..	..	..
Madagaskar	40	6.2	33	11	14	49	47	85	31	70.0	47.0	77.0	49.1
Malawi	33	3.7	25	6	6	49	57	95	44	54.0	..	..	..
Mali	20	2.3	43	..	..	..	65	74	61	..	..	..	72.8
Mauritanien	12	0.3	23	9	7	44	37	34	40	57.0	..	..	28.6
Mauritius	5	0.1	16	2	15	10	100	100	100	10.6	..	..	..
Mosambik	55	9.8	26	9	8	36	57	81	41	..	..	..	37.9
Namibia	9	0.2	26x	6x	9x	28x	77	100	67	..	..	..	34.9
Niger	36	3.8	40	14	14	40	59	70	56	63.0	52.0	66.0	61.4
Nigeria	7	7.3	27	11	12	46	62	78	49	34.1	30.4	36.4	70.2
Ruanda	40	2.8	29	7	7	43	41	60	40	51.2	..	..	35.7
Sambia	50	5.1	25	..	4	59	64	88	48	86.0	46.0	88.0	63.7
Senegal	25	2.3	18	4	8	19	78	92	65	33.4	..	40.4	26.3
Sierra Leone	47	2.0	27	9	10	34	57	75	46	68.0	53.0	76.0	57.0
Simbabwe	38	4.7	13	2	6	27	83	100	73	25.5	10.0	31.0	36.0
Somalia	71	6.0	26	7	17	23	..	..	..	..	..	..	..
Sudan	21	6.5	17	7	..	..	75	86	69	..	..	..	..
Südafrika	..	..	..	..	..	25x	86	99	73	..	..	..	11.5
Swasiland	12	0.1	10x	..	1x	30x	..	..	..	40.0	..	..	..
Tansania	47	16.2	29	7	5	44	68	90	57	41.6	24.4	49.7	19.9
Tschad	32	2.5	28	10	12	28	27	31	26	64.0	63.0	67.0	..
Togo	23	1.0	25	7	12	22	54	85	38	32.3	..	..	..
Uganda	21	4.7	26	7	5	38	52	80	47	55.0	..	..	..
Zentralafrikan. Republik	44	1.6	24	6	9	39	70	89	57	..	..	..	66.6
Südasien	24y	314.9y	46	16	15	45	85	94	80	..	..	..	..
Afghanistan	70	14.9	48	..	25	52	13	19	11	..	..	..	..
Bangladesch	35	47.0	48	13	10	45	97	99	97	35.6	14.3	39.8	29.1
Bhutan	..	..	19	3	3	40	62	86	60	..	..	..	..
Indien	24	233.3	47	18	16	46	84	95	79	35.0	30.5	36.7	44.2
Malediven	..	..	43	10	17	27	100	100	100	..	..	..	..
Nepal	19	4.3	47	12	7	54	88	94	87	42.0	23.0	44.0	37.7
Pakistan	19	26.0	38	13	..	..	90	95	87	34.0	28.0	36.9	31.0
Sri Lanka	23	4.3	33	5	15	17	77	98	70	25.0	..	..	6.6

Tabelle 3: Hunger, Unterernährung und Armut

	Unterernährte Bevölkerung		% der unter 5-jährigen (1995-2000ᵖ), die leiden an:				% der Bevölkerung mit Zugang zu sicherem Wasser 2000			Bevölkerung in Armut (%)			
	Verhältnis (%) 1998-2000	Anzahl (Mio) 1998-2000	Untergewicht gemäßigt und schwer	schwer	Auszehrung gemäßigt und schwer	Verkümmg. gemäßigt und schwer	Total	Urban	Rural	Unter der nationalen Armutsgrenze 1984-2000ᵖ National	Urban	Rural	Unter der internat. Armutsgrenze (1US$ pro Tag) 1983-1999ᵖᑫ
Ostasien und Pazifik	..	..	17ⁱ	..	4ⁱ	21ⁱ	76ⁱ	93ⁱ	67ⁱ	..	..	..	..
Brunei	..	..	..	..	..	..	..	..	..	..	..	..	..
China	9	119.1	10	..	3	17	75	94	66	4.6	<2.0	4.6	18.8
Hong Kongᵃ	..	0.1	..	..	..	..	..	..	..	..	..	..	..
Fidschi	..	..	8ˣ	1ˣ	8ˣ	3ˣ	47	43	51	..	..	..	..
Indonesien	6	12.3	26	8	..	..	78	90	69	27.1	..	..	7.7
Kambodscha	36	4.6	46	13	15	46	30	54	26	36.1	21.1	40.1	..
Korea, Dem. Rep. (Nord)	34	7.5	60	..	19	60	100	100	100	..	..	..	..
Korea, Rep. (Süd)	..	0.7	..	..	..	..	92	97	71	..	..	..	<2.0
Laos, PDR	24	1.2	40	13	15	41	37	61	29	46.1	24.0	53.0	26.3
Malaysia	..	0.4	18	1	..	..	..	..	94	15.5	..	..	..
Mongolei	42	1.0	13	3	6	25	60	77	30	36.3	38.5	33.1	13.9
Myanmar (Burma)	6	3.1	36	9	10	37	72	89	66	..	..	..	..
Papua-Neuguinea	27	1.3	35ˣ	..	..	..	42	88	32	..	..	..	..
Philippinen	23	16.8	28	..	6	30	86	91	79	36.8	21.5	50.7	..
Salomon-Inseln	..	..	21ˣ	4ˣ	7ˣ	27ˣ	71	94	65	..	..	..	..
Singapur	..	..	14ˣ	..	4ˣ	11ˣ	100	100	..	..	..	..	..
Thailand	18	11.5	19ˣ	..	6ˣ	16ˣ	84	95	81	13.1	10.2	15.5	<2.0
Vietnam	18	13.7	33	6	6	36	77	95	72	50.9	25.9	57.2	..
Lateinamerika und Karibik	11	54.8	8ʲ	1	2ʲ	16ʲ	86ᵏ	94ᵏ	66ᵏ	..	..	..	..
Argentinien	..	0.4	..	..	..	..	..	..	..	17.6	..	..	..
Belize	..	..	6ˣ	1ˣ	..	..	92	100	82	..	..	..	..
Bolivien	23	1.9	10	2	2	26	83	95	64	..	29.3	79.1	14.4
Brasilien	10	16.7	6	1	2	11	87	95	53	17.4	13.1	32.6	11.6
Chile	4	0.6	1	..	0	2	93	99	58	21.2	..	..	<2.0
Costa Rica	5	0.2	5	0	2	6	95	99	92	22.0	19.2	25.5	12.6
Dominikanische Republik	26	2.1	5	1	2	6	86	90	78	20.6	10.9	29.8	3.2
Ecuador	5	0.7	15	2	..	27	85	90	75	35.0	25.0	47.0	20.2
El Salvador	14	0.8	12	1	1	23	77	91	64	48.3	43.1	55.7	21.0
Guatemala	25	2.8	24	5	3	46	92	98	88	57.9	33.7	71.9	10.0
Guyana	14	0.1	12	..	12	10	94	98	91	..	..	..	..
Haiti	50	4.0	28	8	8	32	46	49	45	65.0	..	66.0	..
Honduras	21	1.3	25	4	2	39	88	95	81	53.0	57.0	51.0	24.3
Jamaika	9	0.2	4	..	4	3	92	98	85	18.7	..	..	3.2
Kolumbien	13	5.6	7	1	1	14	91	99	70	17.7	8.0	31.2	19.7
Kuba	13	1.5	4	0	2	5	91	95	77	..	..	..	..
Mexiko	5	5.2	8	1	2	18	88	95	69	10.1	..	..	15.9
Nicaragua	29	1.5	12	2	2	25	77	91	59	50.3	31.9	76.1	..
Panama	18	0.5	7	..	1	14	90	99	79	37.3	15.3	64.9	14.0
Paraguay	14	0.7	5	..	1	11	78	93	59	21.8	19.7	28.5	19.5
Peru	11	2.9	8	1	1	26	80	87	62	49.0	40.4	64.7	15.5
Surinam	11	0.0	..	..	..	..	82	93	50	..	..	..	..
Trinidad und Tobago	12	0.2	7ˣ	..	4ˣ	4ˣ	90	..	..	21.0	24.0	20.0	12.4
Uruguay	3	0.1	5	1	1	8	98	98	93	..	..	..	<2.0
Venezuela	21	4.9	5	1	3	14	83	85	70	31.3	..	..	23.0
Mittlerer Osten und Nordafrika	10ᶻ	40.0ᶻ	15ᵐ	4ᵐ	7ᵐ	23ᵐ	87ᵐ	95ᵐ	77ᵐ	..	..	..	..
Ägypten	4	2.5	12	3	6	25	97	99	96	22.9	22.5	23.3	3.1
Algerien	6	1.7	6	1	3	18	89	100	82	22.6	14.7	30.3	<2.0
Bahrain	..	..	9	2	5	10	..	..	..	..	..	..	..
Iran	5	3.8	11	2	5	15	92	98	83	..	..	..	..
Irak	27	5.9	16	..	..	22	85	96	48	..	..	..	..
Jemen	33	5.9	46	15	13	52	69	74	68	19.1	18.6	19.2	15.7
Jordanien	6	0.3	5	1	2	8	96	100	84	11.7	..	..	<2.0
Katar	..	..	6	2	2	8	..	..	..	..	..	..	..
Kuwait	4	0.1	10	3	11	24	..	..	..	..	..	..	..
Libanon	3	0.1	3	0	3	12	100	100	100	..	..	..	..

Tabelle 3: Hunger, Unterernährung und Armut

	Unterernährte Bevölkerung		% der unter 5-jährigen (1995-2000p), die leiden an:					% der Bevölkerung mit Zugang zu sicherem Wasser 2000			Bevölkerung in Armut (%)			
	Verhältnis	Anzahl	Untergewicht		Auszehrung		Verkümm.				Unter der nationalen Armutsgrenze 1984-2000p			Unter der internat. Armutsgrenze (1US$ pro Tag) 1983-1999pq
	(%) 1998-2000	(Mio) 1998-2000	gemäßigt und schwer	schwer	gemäßigt und schwer		gemäßigt und schwer	Total	Urban	Rural	National	Urban	Rural	
Libyen	..	0.0	5	1	3		15	72	72	68	..	..	..	..
Marokko	7	2.0	9x	2x	2x		23x	80	98	56	19.0	12.0	27.2	<2.0
Oman	..	..	24	4	13		23	39	41	30	..	..	..	..
Saudi-Arabien	3	0.6	14	3	11		20	95	100	64	..	..	..	..
Syrien	3	0.5	13	4	9		21	80	94	64	..	..	..	..
Türkei	..	1.6	8	1	2		16	82	81	86	..	..	..	2.4
Tunesien	..	0.0	4	1	2		12	80	92	58	14.1	8.9	21.6	<2.0
Vereinigt. Arab. Emirate	..	0.1	14	3	15		17	..	..	..	..	..	..	..
Zypern	..	..	..	..	..		..	100	100	100	..	..	..	..
Transformationsländer[b]	7	30.2	7n	2n	4n		16n	91	95	82	..	..	..	..
Albanien	8	0.3	14	4	11		32	97	99	95	..	15.0	28.9	..
Armenien	46	1.8	3	0	2		14	..	..	..	..	..	..	7.8
Aserbaidschan	23	1.9	17	4	8		20	78	93	58	68.1	..	..	<2.0
Bosnien-Herzegowina	6	0.2	4	1	6		10	..	..	..	..	..	..	..
Bulgarien	15	1.2	..	..	..		..	100	100	100	..	..	..	<2.0
Estland	..	0.0	..	..	..		..	..	..	..	8.9	6.8	14.7	<2.0
Georgien	16	0.9	3	0	2		12	79	90	61	11.1	12.1	9.9	<2.0
Jugoslawien, FR	8	0.8	2	0	4		5	98	99	97	..	..	..	..
Kasachstan	8	1.2	4	0	2		10	91	98	82	34.6	30.0	39.0	..
Kirgisistan	8	0.4	11	2	3		25	77	98	66	51.0	28.5	64.5	..
Kroatien	18	0.8	1	..	1		1	..	..	..	..	..	..	<2.0
Lettland	5	0.1	..	..	..		..	..	..	..	..	..	..	<2.0
Litauen	3	0.1	..	..	..		..	..	..	..	..	..	..	<2.0
Mazedonien, TFYR	4	0.1	6	1	4		7	..	..	..	..	..	..	..
Moldawien	10	0.4	3	..	3		10	92	97	88	23.3	..	26.7	11.3
Polen	..	0.3	..	..	..		..	..	..	..	23.8	..	..	<2.0
Rumänien	..	0.3	6x	1x	3x		8x	58	91	16	21.5	20.4	27.9	2.8
Russland	5	7.2	3	1	4		13	99	100	96	30.9	..	..	7.1
Slowakei	..	0.1	..	..	..		..	100	100	100	..	..	..	<2.0
Slowenien	..	0.0	..	..	..		..	100	100	100	..	..	..	<2.0
Tadschikistan	64	3.9	..	..	..		..	60	93	47	..	..	..	..
Tschechische Republik	..	0.2	1x	0x	2x		2x	..	..	..	..	..	..	<2.0
Turkmenistan	8	0.4	..	..	..		..	..	..	..	..	..	..	12.1
Ukraine	5	2.6	3	1	6		15	98	100	94	31.7	..	..	2.9
Ungarn	..	0.1	2x	0x	2x		3x	99	100	98	8.6	..	..	<2.0
Usbekistan	19	4.7	19	5	12		31	85	94	79	..	..	..	3.3
Weißrussland	..	0.2	..	..	..		..	100	100	100	41.9	..	..	<2.0
Industrieländer	..	..	..	..	..		..	100	100	100	..	..	..	..
Australien	..	..	..	..	..		..	100	100	100	..	..	..	..
Belgien	..	..	..	..	..		..	..	..	..	..	..	..	..
Dänemark	..	..	..	..	..		..	100	100	100	..	..	..	..
Deutschland	..	..	..	..	..		..	..	..	..	..	..	..	..
Finnland	..	..	..	..	..		..	100	100	100	..	..	..	..
Frankreich	..	..	..	..	..		..	..	..	..	..	..	..	..
Griechenland	..	..	..	..	..		..	..	..	..	..	..	..	..
Großbritannien	..	..	..	..	..		..	100	100	100	..	..	..	..
Irland	..	..	..	..	..		..	..	..	..	..	..	..	..
Israel	..	..	..	..	..		..	..	..	..	..	..	..	..
Italien	..	..	..	..	..		..	..	..	..	..	..	..	..
Japan	..	..	..	..	..		..	..	..	..	..	..	..	..
Kanada	..	..	..	..	..		..	100	100	99	..	..	..	..
Luxemburg	..	..	..	..	..		..	..	..	..	..	..	..	..
Neuseeland	..	..	..	..	..		..	..	100	..	..	..	..	..

Tabelle 3: Hunger, Unterernährung und Armut

	Unterernährte Bevölkerung		% der unter 5-jährigen (1995-2000p), die leiden an:				% der Bevölkerung mit Zugang zu sicherem Wasser 2000			Bevölkerung in Armut (%)			
	Verhältnis	Anzahl	Untergewicht		Auszehrung	Verkümmg.				Unter der nationalen Armutsgrenze 1984-2000p			Unter der internat. Armutsgrenze (1US$ pro Tag) 1983-1999pq
	(%) 1998-2000	(Mio) 1998-2000	gemäßigt und schwer	schwer	gemäßigt und schwer	gemäßigt und schwer	Total	Urban	Rural	National	Urban	Rural	
Niederlande	..	..	..	..	..	..	100	100	100	..	..	..	..
Norwegen	..	..	..	..	..	..	100	100	100	..	..	..	..
Österreich	..	..	..	..	..	..	100	100	100	..	..	..	..
Portugal	..	..	..	..	..	..	..	..	..	..	..	..	<2.0
Schweden	..	..	..	..	..	..	100	100	100	..	..	..	..
Schweiz	..	..	..	..	..	..	100	100	100	..	..	..	..
Spanien	..	..	..	..	..	..	..	..	..	..	..	..	..
USA	..	..	1x	0x	1x	2x	100	100	100	..	..	..	..
Welt	..	..	27	10	8	32	82	95	71	..	..	..	..

.. Daten nicht verfügbar.

a Spezielle administrative Region, Daten schließen China aus.

b Zentrale und Osteuropäische Länder und neue unabhängige Staaten der ehemaligen Sowjetunion.

h Daten beziehen São Tomé, Principe und die Seychellen mit ein. Daten schließen Dschibuti aus.

i Daten beziehen die Cook-Islands, Kiribati, Marshall-Inseln, Mikronesien, Nauru, Nieu, Palau, Samoa, Tonga, Tuvalu und Vanuatu mit ein. Daten schließen Hong Kong aus.

j Daten beziehen Antigua und Barbuda, Bahamas, Barbados und die Dominianische Republik mit ein.

k Daten beziehen Bahamas, Barbados, Dominica, St. Kitts and Nevis, St. Lucia, St. Vincent und die Grenadinen mit ein.

m Daten beziehen Dschibuti und den Sudan mit ein. Daten schließen Türkei, die West Bank und den Gaza aus.

n Daten beziehen Türkei mit ein.

p Daten beziehen sich auf das aktuellste Jahr innerhalb der in der Kopfzeile angegebenen Periode.

q Gemessen in internationalen Preisen von 1985 und an lokalen Währungen durch Kaufkraftgleichstellung angepasst. Die Armutsraten sind über die Länder hinweg vergleichbar, aber auf Grund von Änderungen der PPP exchange rates nicht mehr mit früheren Armutsraten vergleichbar.

x Bezeichnet Daten, die sich auf andere Jahre oder Zeiträume beziehen als oben angegeben, die von der Standarddefinition abweichen oder sich nur auf einen Teil eines Landes beziehen.

y Daten schließen Afghanistan aus.

z Daten beziehen Afghanistan mit ein.

»0« (Null) bedeutet null oder weniger als die Hälfte der angegebenen Einheit.

Tabelle 4: Indikatoren für Wirtschaft und Entwicklung

	BSP pro Kopf US$ 2000	Kaufkraft (US$ pro Kopf) 2000	Durch- schnitts- wachstum (%) 1999-2000	Rangliste Human Development Index (HDI) 2000	Einkommens- bzw. Konsumverteilung in Fünftel[k] 1983-2000[t]					Verhältnis der oberen 20% zu unteren 20%[e]	Staats- ausgaben (% des BSP) 1999	Bildung und Gesundheit (% der Staatsausg.) 1995-1997[t]	Militärausgaben (% der Staatsausg.) 2000	Pro Kopf Energiever- brauch (äquivalent zu kg Öl) 1999	Jährliche Abholzung[m] (% des ge- samten Wald- bestandes) 1990-2000
					Unter 20%	zweites Fünftel	drittes Fünftel	viertes Fünftel	über 20%						
Entwicklungsländer	..	..	..	..	..	..	..	..	..	..	..	..	..	..	..
Afrika (Sub-Sahara)	470[p]	1,600[p]	0.6	..	..	..	..	..	..	..	26.9	..	..	671[p]	0.8
Äquatorialguinea				111									1.7[x]		
Äthiopien	100	660	3.0	168	7.1	10.9	14.5	19.8	47.7	6.72		4.0	9.4[cc]	290	0.8
Angola	290	1,180[c]	-0.8	161									21.2[cc]	595	0.2
Benin	370	980	3.1	158								3.2		323	2.3
Botswana	3,300	7,170	2.5	126								8.6	3.7		0.9
Burkina Faso	210	970[c]	-0.4	169	4.6	7.2	10.8	17.1	60.4	13.13		3.6[x]	1.6		0.2
Burundi	110	580[c]	-1.6	171	5.1	10.3	15.1	21.5	48.0	9.41	26.1	4.0	5.4		9.0
Côte d'Ivoire	600	1,500	-4.9	156	7.1	11.2	15.6	21.9	44.3	6.24	22.4	5.0		388	3.1
Dschibuti	..	..	..	149									4.4[dd]		
Eritrea	170	960	-10.6	157								1.8[w]	22.9[cc]		0.3
Gabun	3,190	5,360	-0.6	117								2.9[w]	0.3[dd]	1,342	0.0
Gambia	340	1,620[c]	2.3	160	4.0	7.6	12.4	20.8	55.3	13.83		4.9	1.1		-1.0
Ghana	340	1,910[c]	1.3	129	5.6	10.0	15.1	22.6	46.7	8.34		4.2	1.0	377	1.7
Guinea	450	1,930	-0.3	159	6.4	10.4	14.8	21.2	47.2	7.38	21.2	1.9	1.5		0.5
Guinea-Bissau	180	710	5.2	167	2.1	6.5	12.0	20.6	58.9	28.05			1.3[dd]		0.9
Kamerun	580	1,590	2.0	135	4.6	8.3	13.1	20.9	53.1	11.54	15.9		1.3	419	0.9
Kapverden	..	..	..	100									1.3		
Kenia	350	1,010	-2.5	134	5.6	9.3	13.6	20.3	51.2	9.14	26.0	6.5	1.8	499	0.5
Komoren	..	..	..	137											
Kongo, Dem. Rep.	..	..	..	155							0.1			293	0.4
Kongo, Republik	570	570	4.9	136							32.8	6.1		245	0.1
Lesotho	580	2,590[c]	2.5	132	2.8	6.5	11.2	19.4	60.1	21.46	49.7	8.4	3.1[cc]		
Liberia	..	..	..	..											2.0
Madagaskar	250	820	1.6	147	6.4	10.7	15.6	22.5	44.9	7.02	17.4	1.9	1.2		0.9
Malawi	170	600	-0.4	163								5.4	0.8		2.4
Mali	240	780	2.1	164	4.6	8.0	11.9	19.3	56.2	12.22		2.2	2.5		0.7
Mauritanien	370	1,630	1.7	152	6.4	11.2	16.0	22.4	44.1	6.89		5.1[v]			2.7
Mauritius	3,750	9,940	6.9	67							23.9	4.6	0.2		0.6
Mosambik	210	800[c]	-0.7	170	6.5	10.8	15.1	21.1	46.5	7.15			2.5	404	0.2
Namibia	2,030	6,410[c]	1.6	122							36.9	9.1	3.3	645	0.9
Niger	180	740[c]	-3.2	172	2.6	7.1	13.9	23.1	53.3	20.50		2.3[w]	1.4[cc]		3.7
Nigeria	260	800	1.3	148	4.4	8.2	12.5	19.3	55.7	12.66		0.7[y]	0.9	705	2.6
Ruanda	230	930	3.1	162	9.7	13.2	16.5	21.6	39.1	4.03			3.0		3.9
Sambia	300	750	1.3	153	3.3	7.6	12.5	20.0	56.6	17.15		2.2	0.6	626	2.4
Senegal	490	1,480	2.9	154	6.4	10.3	14.5	20.6	48.2	7.53		3.7	1.4	318	0.7
Sierra Leone	130	480	4.9	173	1.1	2.0	9.8	23.7	63.4	57.64	20.9		1.4		2.9
Simbabwe	460	2,550	-6.7	128	4.7	8.0	12.3	19.4	55.7	11.85	35.7	7.1[x]	4.8	821	1.5
Somalia	..	..	..	..											1.0
Südafrika	3,020	9,160[c]	1.4	107	2.9	5.5	9.2	17.7	64.8	22.34	30.6	7.6	1.5	2,597	0.1
Sudan	310	1,520	6.4	139								9.0	1.4	3.0	503	1.4
Swasiland	1,390	4,600	0.0	125	2.7	5.8	10.0	17.1	64.4	23.85	34.2	5.7	1.6		-1.2
Tansania	270	520	2.7	151	6.8	11.0	15.1	21.6	45.5	6.69			1.3[cc]	457	0.2
Togo	290	1,410	-3.7	141								4.5		313	3.4
Tschad	200	870[c]	-2.1	166								2.2	1.0[dd]		0.6
Uganda	300	1,210[c]	0.8	150	7.1	11.1	15.4	21.5	44.9	6.32	16.6	2.6	1.8		2.0
Zentralafrikan. Republik	280	1,160[c]	1.1	165	2.0	4.9	9.6	18.5	65.0	32.50					0.1
Südasien	440	2,240	2.3	..	..	..	..	..	..	..	16.7	..	..	441[p]	0.1
Afghanistan	..	..	..	..											
Bangladesch	370	1,590	4.1	145	8.7	12.0	15.7	20.8	42.8	4.92	12.7	2.2[v]	1.3	139	-1.3
Bhutan	..	..	..	140								4.1			
Indien	450	2,340	2.0	124	8.1	11.6	15.0	19.3	46.1	5.69	15.9	3.2	2.4	482	-0.1
Malediven	..	..	..	84								6.4			
Nepal	240	1,370	3.9	142	7.6	11.5	15.1	21.0	44.8	5.89	16.0	3.2	0.9	358	1.8
Pakistan	440	1,860	1.9	138	9.5	12.9	16.0	20.5	41.1	4.33	21.3	2.7	4.5	444	1.1
Sri Lanka	850	3,460	4.3	89	8.0	11.8	15.8	21.5	42.8	5.35	24.2	3.4	4.5	406	1.6

Tabelle 4: Indikatoren für Wirtschaft und Entwicklung

	BSP pro Kopf US$ 2000	BSP pro Kopf Kaufkraft (US$ pro Kopf) 2000	Durchschnittswachstum (%) 1999-2000	Rangliste Human Development Index (HDI) 2000	Einkommens- bzw. Konsumverteilung in Fünftel 1983-2000 Unter 20%	zweites Fünftel	drittes Fünftel	viertes Fünftel	über 20%	Verhältnis der oberen 20% zu unteren 20%	Staatsausgaben (% des BSP) 1999	Bildung und Gesundheit (% der Staatsausg.) 1995-1997	Militärausgaben (% der Staatsausg.) 2000	Pro Kopf Energieverbrauch (äquivalent zu kg Öl) 1999	Jährliche Abholzung (% des gesamten Waldbestandes) 1990-2000
Ostasien und Pazifik	1,060q	4,130q	6.4q	..	..	..	..	..	..	..	15.0	..	..	920q	0.2
Brunei	..	..	..	32	..	..	..	..	..	..	..	..	7.6dd	..	..
Kambodscha	260	1,440	2.7	130	6.9	10.7	14.7	20.1	47.6	6.90	..	2.9	2.4	..	0.6
China	840	3,920	7.2	96	5.9	10.2	15.1	22.2	46.6	7.90	10.9	2.3	2.1	868	-1.2
Hong Konga	25,920	25,590	9.2	23	4.4	8.0	12.2	18.3	57.1	12.98	..	2.9	..	2,661	..
Fidschi	..	..	..	72	..	..	..	..	..	..	..	..	1.5cc	..	..
Indonesien	570	2,830	3.1	110	9.0	12.5	16.1	21.3	41.1	4.57	20.1	1.4y	1.1	658	1.2
Korea, Dem. Rep. (Nord)	..	..	..	..	..	..	..	..	..	..	..	..	..	2,658	..
Korea, Rep. (Süd)	8,910	17,300	7.8	27	7.5	12.9	17.4	22.9	39.3	5.24	17.4	3.7	2.8	3,871	0.1
Laos, PDR	290	1,540c	3.3	143	7.6	11.4	15.3	20.8	45.0	5.92	..	2.1	..	..	0.4
Malaysia	3,380	8,330	5.7	59	4.4	8.1	12.9	20.3	54.3	12.34	19.7	4.9	1.9	1,878	1.2
Mongolei	390	1,760	0.3	113	7.3	12.2	16.6	23.0	40.9	5.60	25.2	5.7	2.5	..	0.5
Myanmar (Burma)	..	..	..	127	..	..	..	..	..	..	7.0	1.2x,v	1.7	273	1.4
Papua-Neuguinea	700aa	2,180c	-2.1	133	4.5	7.9	11.9	19.2	56.5	12.56	27.0	..	0.8	..	0.4
Philippinen	1,040	4,220	2.1	77	5.4	8.8	13.2	20.3	52.3	9.69	19.7	3.4	1.2	549	1.4
Salomon-Inseln	..	..	..	121	..	..	..	..	..	..	..	3.8x	..	..	..
Singapur	24,740	24,910	8.1	25	..	..	..	..	..	..	18.5	3.0	4.8	5,742	..
Thailand	2,000	6,320	3.5	70	6.4	9.8	14.2	21.2	48.4	7.56	25.1	4.8	1.6	1,169	0.7
Vietnam	390	2,000	4.1	109	8.0	11.4	15.2	20.9	44.5	5.56	21.2	3.0	..	454	-0.5
Lateinamerika und Karibik	3,670	7,080	2.3	..	..	..	..	..	..	..	21.9	..	..	1,171	0.5
Argentinien	7,460	12,050	-1.7	34	..	..	..	..	..	..	17.0	3.5	1.3	1,727	0.8
Belize	..	..	..	58	..	..	..	..	..	..	..	5.0	..	..	..
Bolivien	990	2,360	0.0	114	4.0	9.2	14.8	22.9	49.1	12.28	23.1	4.9	1.5	562	0.3
Brasilien	3,580	7,300	3.2	73	2.2	5.4	10.1	18.3	64.1	29.14	26.8	5.1	1.3	1,068	0.4
Chile	4,590	9,100	4.0	38	3.3	6.5	10.9	18.4	61.0	18.48	23.9	3.6	3.3	1,688	0.1
Costa Rica	3,810	7,980	-0.5	43	4.5	8.9	14.1	21.6	51.0	11.33	21.5	5.4	0.0	818	0.8
Dominikan. Republik	2,130	5,710	6.0	94	5.1	8.6	13.0	20.0	53.3	10.45	17.0	2.3	..	904	..
Ecuador	1,210	2,910	0.4	93	5.4	9.4	14.2	21.3	49.7	9.20	..	3.5	..	705	1.2
El Salvador	2,000	4,410	0.0	104	3.3	7.3	12.4	20.7	56.4	17.09	16.3	2.5	0.7	651	4.6
Guatemala	1,680	3,770	0.6	120	3.8	6.8	10.9	17.9	60.6	15.95	..	1.7v	0.8	548	1.7
Guyana	..	..	..	103	6.3	10.7	15.0	21.2	46.9	7.44	..	5.0	..	..	..
Haiti	510	1,470c	-0.9	146	..	..	..	..	..	..	11.5	..	..	265	5.7
Honduras	860	2,400	2.2	116	2.2	6.4	11.8	20.3	59.4	27.00	..	3.6	0.6cc	522	1.0
Jamaika	2,610	3,440	-0.9	86	6.7	10.7	15.0	21.8	46.0	6.87	39.1	7.5	..	1,597	1.5
Kolumbien	2,020	6,060	1.0	68	3.0	6.6	11.1	18.4	60.9	20.30	19.1	4.1v	2.3	676	0.4
Kuba	..	..	..	55	..	..	..	..	..	..	..	6.7	..	1,117	-1.3
Mexiko	5,070	8,790	5.3	54	3.5	7.3	12.1	19.7	57.4	16.40	15.5	4.9	0.5	1,543	1.1
Nicaragua	400	2,080c	1.6	118	2.3	5.9	10.4	17.9	63.6	27.65	41.5	3.9w	1.1	539	3.0
Panama	3,260	5,680c	1.0	57	3.6	8.1	13.6	21.9	52.8	14.67	27.7	5.1	1.2cc	835	1.6
Paraguay	1,440	4,450c	-2.8	90	1.9	6.0	11.4	20.1	60.7	31.95	..	4.0v	1.0	773	0.5
Peru	2,080	4,660	1.4	82	4.4	9.1	14.1	21.3	51.2	11.64	19.6	2.9	..	519	0.4
Surinam	..	..	..	74	..	..	..	..	..	..	..	3.5x	..	..	..
Trinidad und Tobago	4,930	8,220	4.1	50	5.5	10.3	15.5	22.7	45.9	8.35	..	4.4x	..	6,205	0.8
Uruguay	6,000	8,880	-2.0	40	5.4	10.0	14.8	21.5	48.3	8.94	32.1	3.3	1.1	976	-5.0
Venezuela	4,310	5,740	1.2	69	3.0	8.2	13.8	21.8	53.2	17.73	19.4	5.2x	1.2	2,253	0.4
Mittlerer Osten und Nordafrika	2,090r	5,270r	2.0r	..	..	..	..	..	..	..	..	..	..	1,279r	-0.1
Ägypten	1,490	3,670	3.1	115	9.8	13.2	16.6	21.4	39.0	3.98	30.6	4.8	2.3	709	-3.4
Algerien	1,580	5,040c	0.9	106	7.0	11.6	16.1	22.7	42.6	6.09	30.4	5.1w	3.5	944	-1.3
Bahrain	..	..	..	39	..	..	..	..	..	..	..	4.4	4.0	..	..
Iran	1,680	5,910	3.9	98	..	..	..	..	..	..	25.6	4.0	3.8	1,651	..
Irak	..	..	..	..	..	..	..	..	..	..	..	..	..	1,263	..
Jemen	370	770	2.4	144	7.4	12.2	16.7	22.5	41.2	5.57	27.4	7.0	5.2	184	1.8
Jordanien	1,710	3,950	0.8	99	7.6	11.4	15.5	21.1	44.4	5.84	31.5	7.9	9.5	1,028	..
Katar	..	..	..	51	..	..	..	..	..	..	..	3.4x	..	..	..
Kuwait	18,030	18,690	-1.4	45	..	..	..	..	..	..	43.3	5.0	8.2	8,984	-5.2
Libanon	4,010	4,550	-1.3	75	..	..	..	..	..	..	35.7	2.5v	3.6	1,280	0.3

HUNGERREPORT 2003 / 2004   105

Tabelle 4: Indikatoren für Wirtschaft und Entwicklung

	BSP pro Kopf		Durch-schnitts-wachstum	Rangliste Human Development Index	Einkommens- bzw. Konsumverteilung in Fünftel[k] 1983-2000[t]					Verhältnis der oberen 20% zu unteren 20%[e]	Staats-ausgaben	Bildung und Gesundheit (% der Staatsausg.)	Militärausgaben (% der Staatsausg.)	Pro Kopf Energiever-brauch (äquivalent zu kg Öl)	Jährliche Abholzung[m] (% des ge-samten Wald-bestandes)
	US$ 2000	Kaufkraft (US$ pro Kopf) 2000	(%) 1999-2000	(HDI) 2000	Unter 20%	zweites Fünftel	drittes Fünftel	viertes Fünftel	über 20%		(% des BSP) 1999	1995-1997[t]	2000	1999	1990-2000
Libyen	..	..	..	64	..	..	..	..	..	..	..	..	..	2,370	-1.4
Marokko	1,180	3,450	-0.8	123	6.5	10.6	14.8	21.3	46.6	7.17	32.5	5.3[v]	4.2	352	0.0
Oman	..	..	..	78	..	..	..	..	..	..	31.6	4.5	9.7	3,607	..
Saudi-Arabien	7,230	11,390	1.8	71	..	..	..	..	..	..	..	7.5	11.6	4,204	..
Syrien	940	3,340	0.0	108	..	..	..	..	..	..	23.5	4.2	5.5	1,143	..
Türkei	3,100	7,030	5.6	85	5.8	10.2	14.8	21.6	47.7	8.22	38.1	2.2	4.9	1,093	-0.2
Tunesien	2,100	6,070	3.5	97	5.7	9.9	14.7	21.8	47.9	8.40	31.6	7.7	1.7	811	-0.2
Vereinig. Arab. Emirate	..	..	..	46	..	..	..	..	..	..	11.2	1.7	..	9,977	-2.8
Zypern	..	..	..	26	..	..	..	..	..	..	..	4.5[bb]	3.2	..	..
Transformationsländer[b]	..	..	..	..	..	..	..	..	..	..	..	..	..	..	..
Albanien	1,120	3,600	6.9	92	..	..	..	..	..	..	29.8	..	1.2	311	0.8
Armenien	520	2,580	5.9	76	5.5	9.4	13.9	20.6	50.6	9.20	..	2.0	4.4	485	-1.3
Aserbaidschan	600	2,740	10.2	88	6.9	11.5	16.1	22.3	43.3	6.28	22.7	3.0	2.7	1,575	-1.3
Bosnien-Herzegowina	1,230	..	3.1	..	..	..	..	..	..	..	..	..	..	518	..
Bulgarien	1,520	5,560	6.3	62	10.1	13.9	17.4	21.9	36.8	3.64	35.7	3.2	3.0	2,218	-0.6
Estland	3,580	9,340	7.8	42	7.0	11.0	15.3	21.6	45.1	6.44	35.6	7.2	1.6	3,286	-0.6
Georgien	630	2,680	1.9	81	6.1	11.4	16.3	22.7	43.6	7.15	15.0	5.2[x]	0.9	512	..
Jugoslawien, FR	940	..	4.9	..	..	..	..	..	..	..	..	..	..	1,258	0.0
Kasachstan	1,260	5,490	10.0	79	6.7	11.5	16.4	23.1	42.3	6.31	15.1	4.4	0.7	2,374	-2.2
Kirgisistan	270	2,540	3.9	102	7.6	11.7	16.1	22.1	42.5	5.59	19.7	5.3	1.9	504	-2.6
Kroatien	4,620	7,960	3.6	48	8.8	13.3	17.4	22.6	38.0	4.32	48.3	5.3	3.0	1,864	-0.1
Lettland	2,920	7,070	8.3	53	7.6	12.9	17.1	22.1	40.3	5.30	35.4	6.5	1.0	1,586	-0.4
Litauen	2,930	6,980	4.0	49	7.8	12.6	16.8	22.4	40.3	5.17	31.1	5.9	1.8	2,138	-0.2
Mazedonien, FYR	1,820	5,020	3.6	65	..	..	..	..	..	..	..	5.1	2.1	..	..
Moldawien	400	2,230	2.1	105	5.6	10.2	15.2	22.2	46.8	8.36	29.7	10.6	0.4	656	-0.2
Polen	4,190	9,000	4.0	37	7.8	12.8	17.1	22.6	39.7	5.09	35.2	7.5	1.9	2,416	-0.1
Rumänien	1,670	6,360	1.7	63	8.0	13.1	17.2	22.3	39.5	4.94	35.5	3.6	2.1	1,622	0.0
Russland	1,660	8,010	8.9	60	4.4	8.6	13.3	20.1	53.7	12.20	22.0	3.5	4.0	4,121	0.0
Slowakei	3,700	11,040	2.1	36	11.9	15.8	18.8	22.2	31.4	2.64	37.2	4.7	1.8	3,335	-0.3
Slowenien	10,050	17,310	4.5	29	9.1	13.4	17.3	22.5	37.7	4.14	40.5	5.7	1.2	3,277	-0.2
Tadschikistan	180	1,090	8.1	112	8.0	12.9	17.0	22.1	40.0	5.00	12.4	2.2	1.2	543	-0.5
Tschech. Republik	5,250	13,780	3.0	33	10.3	14.5	17.7	21.7	35.9	3.49	35.5	5.1	2.0	3,754	0.0
Turkmenistan	750[aa]	3,800	15.3	87	6.1	10.2	14.7	21.5	47.5	7.79	..	..	3.8	2,677	..
Ukraine	700	3,700	6.7	80	8.8	13.3	17.4	22.7	37.8	4.30	26.0	5.6	3.6	2,973	-0.3
Ungarn	4,710	11,990	5.6	35	10.0	14.7	18.3	22.7	34.4	3.44	43.4	4.6	1.5	2,512	-0.4
Usbekistan	360	2,360	2.5	95	4.0	9.5	15.0	22.4	49.1	12.28	..	7.7	1.7[cc]	2,024	-0.2
Weißrussland	2,870	7,550	6.1	56	11.4	15.2	18.2	21.9	33.3	2.92	30.9	5.9	1.3	2,381	-3.2
Industrieländer	..	..	..	..	..	..	..	..	..	..	..	..	..	..	..
Australien	20,240	24,970	0.8	5	5.9	12.0	17.2	23.6	41.3	7.00	23.4	5.5	1.7	5,690	..
Belgien	24,540	27,470	3.8	4	8.3	13.9	18.0	22.6	37.3	4.49	45.7	3.1[u]	1.4	5,735	..
Dänemark	32,280	27,250	2.6	14	9.6	14.9	18.3	22.7	34.5	3.59	36.0	8.1	1.5	3,773	-0.2
Deutschland	25,120	24,920	2.9	17	8.2	13.2	17.5	22.7	38.5	4.70	32.6	4.8	1.5	4,108	..
Finnland	25,130	24,570	5.5	10	10.0	14.2	17.6	22.3	35.8	3.58	33.4	7.5	1.3	6,461	0.0
Frankreich	24,090[z]	24,420	2.6	12	7.2	12.6	17.2	22.8	40.2	5.58	46.2	6.0	2.6	4,351	-0.4
Griechenland	11,960	16,860	4.1	24	7.5	12.4	16.9	22.8	40.3	5.37	30.9	3.1	4.9	2,552	-0.9
Großbritannien	24,430	23,550	2.7	13	6.1	11.6	16.4	22.7	43.2	7.08	36.4	5.3	2.5	3,871	-0.8
Irland	22,660	25,520	10.3	18	6.7	11.6	16.4	22.4	42.9	6.40	33.0	6.0	0.7	3,726	-3.0
Israel	16,710	19,330	3.8	22	6.1	10.7	15.9	23.0	44.2	7.25	47.4	7.6[x]	8.0	3,029	-4.9
Italien	20,160	23,470	2.8	20	8.7	14.0	18.1	22.9	36.3	4.17	41.9	4.9	2.1	2,932	-0.3
Japan	35,620	27,080	2.2	9	10.6	14.2	17.6	22.0	35.7	3.37	..	3.6[x]	1.0	4,070	0.0
Kanada	21,130	27170[c]	3.6	3	7.5	12.9	17.2	23.0	39.3	5.24	21.4	6.9[x]	1.2	7,929	..
Luxemburg	..	..	..	16	9.4	13.8	17.7	22.6	36.5	3.88	..	4.0	0.7	..	..
Neuseeland	12,990	18,530	2.0	19	..	..	..	..	..	..	32.7	7.3	1.0	4,770	-0.5

Tabelle 4: Indikatoren für Wirtschaft und Entwicklung

	BSP pro Kopf US$ 2000	BSP pro Kopf Kaufkraft (US$ pro Kopf) 2000	Durchschnittswachstum (%) 1999-2000	Rangliste Human Development Index (HDI) 2000	Einkommens- bzw. Konsumverteilung in Fünftel[k] 1983-2000[t] Unter 20%	zweites Fünftel	drittes Fünftel	viertes Fünftel	über 20%	Verhältnis der oberen 20% zu unteren 20%[e]	Staatsausgaben (% des BSP) 1999	Bildung und Gesundheit (% der Staatsausg.) 1995-1997[t]	Militärausgaben (% der Staatsausg.) 2000	Pro Kopf Energieverbrauch (äquivalent zu kg Öl) 1999	Jährliche Abholzung[m] (% des gesamten Waldbestandes) 1990-2000
Niederlande	24,970	25,850	2.8	8	7.3	12.7	17.2	22.8	40.1	5.49	45.9	5.1	1.6	4,686	-0.3
Norwegen	34,530	29,630	1.6	1	9.7	14.3	17.9	22.2	35.8	3.69	37.0	7.7	1.8	5,965	-0.4
Österreich	25,220	26,330	2.7	15	6.9	13.2	18.1	23.9	38.0	5.51	40.3	5.4	0.8	3,513	-0.2
Portugal	11,120	16,990	3.1	28	7.3	11.6	15.9	21.8	43.4	5.95	38.8	5.8	2.1	2,365	-1.7
Spanien	15,080	19,620	3.9	21	7.5	12.6	17.0	22.6	40.3	5.37	32.8	5.0	1.3	3,005	-0.6
Schweden	27,140	23,970	3.4	2	9.6	14.5	18.1	23.2	34.5	3.59	39.5	8.3	2.1	5,769	0.0
Schweiz	38,140	30,450	2.4	11	6.9	12.7	17.3	22.9	40.3	5.84	27.6	5.4	1.1	3,738	-0.4
USA	34,100	34,100	3.0	6	5.2	10.5	15.6	22.4	46.4	8.92	19.3	5.4[x]	3.1	8,159	-0.2
Welt	**5,170**	**7,410**	**2.5**	..	..	..	..	..	..	..	**25.2**	..	..	**1,671**	**0.2**

.. Daten nicht verfügbar.
a Spezielle administrative Region, Daten schließen China aus.
b Zentrale und Osteuropäische Länder und neue unabhängige Staaten der ehemaligen Sowjetunion.
c Schätzung unter Rückgriff auf ältere Angaben; andere sind aus Schätzungen des letzten International Comparison Program benchmark erhoben.
e Schätzung des Bread For the World Institute.
k Einkommen nach Prozent der Bevölkerung, in der Reihenfolge des Pro-Kopf-Einkommens, wenn nicht anders notiert.
m Positive Angaben bezeichnen Waldverlust; negative Angaben bezeichnen Vergrößerung des Waldbestandes.
p Daten beziehen São Tomé, Principe und die Seychellen mit ein. Daten schließen Dschibuti aus.
q Daten schließen Hong Kong, Sinapure und Brunei aus.
r Daten beziehen die West Bank und Gaza mit ein. Daten schließen Kuwait, Katar, Türkei und die Vereinigten Arabischen Emirate aus.
t Daten beziehen sich auf auf das aktuellste Jahr innerhalb der in der Kopfzeile angegebenen Periode.
u Daten beziehen sich nur auf die flämische Gemeinde.
v Daten beziehen sich nur auf Ausgaben des Ministeriums für Bildung.
w Nicht eingeschlossen sind Ausgaben für tertiäre Erziehung.
x Daten beziehen sich auf eine andere Zeit/Periode als oben angegeben.
y Daten beziehen sich nur auf die Zentralregierung.
z Daten beziehen Französisch-Guyana, Guadeloupe, Martinique und Réunion mit ein.
aa Wird zu den Volkswirtschaften mit Einkommen im unteren Mittel gezählt; Berechnung anhand aggregierter Zahlen auf der Grundlage früherer Daten.
cc Daten beziehen sich auf 1999.
dd Daten beziehen sich auf 1998.
»0« (Null) bedeutet null oder weniger als die Hälfte der angegebenen Einheit.

Tabelle 5: Ökonomische Globalisierung

	Handel 2000						Investitionen 2000						Schulden 2000	
	Export von Gütern und Dienstleistungen (% des BSP)		Industriegüterexport (% des Warenexports)	Nahrungsmittelhandel		Import von Gütern und Dienstleistungen (% des BSP)	Bruttoinlandsinvestitionen (% des BSP)	Privater Nettokapitalfluss[c] (Mio US$)	Ausländische Direktinvestitionen (Mio US$)	Ausländische Hilfe (% des BSP)	Bruttozufluss ausländischer Direktinv. (% der Bruttoinl.-invest.)	Bruttozufluss ausländischer Direktinvestitionen (% des BSP)	Gesamtschulden brutto (Mio US$)	Schuldendienst (% des Export von Gütern und Dienstl.)
				Nahrungsexport (% des Warenexports)	Nahrungsimport (% des Warenimports)									
	1990	2000												
Entwicklungsländer	..	..	..	..	..	..	..	..	..	..	..	..	..	..
Afrika (Sub-Sahara)	27	32	36	17	10	32	17	7,074	6,676	21.4	12.2	1.8	215,794	10.2
Äquatorialguinea	..	..	..	..	..	..	..	..	..	..	..	..	..	..
Äthiopien	8	15	10	71	7	31	14	42	50	76.6	5.5	..	5,481	13.9
Angola	39	90	..	..	..	74	28	1,206	1,698	12.3	68.1	39.9	10,146	15.1
Benin	14	15	3	15	25	29	20	30	30	55.9	7.0	2.8	1,598	12.6
Botswana	55	28	..	..	..	33	20	27	30	6.1	3.7	1.4	413	1.8
Burkina Faso	13	11	..	..	..	30	28	10	10	55.6	1.7	..	1,332	17.3
Burundi	8	9	0	91	23	24	9	12	12	150.2	19.0	1.7	1,100	37.2
Côte d'Ivoire	32	46	14	50	17	39	12	-47	106	30.4	9.2	2.5	12,138	22.4
Dschibuti	..	..	..	..	..	..	..	..	..	..	..	..	..	..
Eritrea	20	16	..	..	..	86	38	35	35	76.2	15.2	..	311	1.1
Gabun	46	37	..	..	..	35	26	142	150	0.9	11.6	14.5	3,995	15.0
Gambia	60	48	5	90	44	61	17	14	14	67.3	19.2	..	471	7.0
Ghana	17	49	15	48	13	70	24	71	110	49.5	8.9	2.1	6,657	19.3
Guinea	31	26	30	3	24	31	22	63	63	22.8	9.5	1.8	3,388	15.3
Guinea-Bissau	10	32	..	..	..	58	18	0	0	210.8	7.9	..	942	8.6
Kamerun	20	31	5	23	19	27	16	-21	31	26.0	2.1	..	9,241	20.5
Kapverden	..	..	..	..	..	..	..	..	..	..	..	..	..	..
Kenia	26	26	21	59	14	36	13	53	111	39.0	8.4	1.1	6,295	17.3
Komoren	..	..	..	..	..	..	..	..	..	..	..	..	..	..
Kongo, Dem. Rep.	30	..	..	..	..	..	..	1	1	..	..	..	11,645	..
Kongo, Republic of	54	79	..	..	..	42	24	14	14	4.2	1.8	..	4,887	1.6
Lesotho	17	28	..	..	..	88	40	111	118	11.4	32.5	12.9	716	12.1
Liberia	..	..	..	..	..	..	..	12	12	..	..	..	2,032	..
Madagaskar	17	25	50	36	14	35	16	83	83	51.5	13.3	2.1	4,701	7.7
Malawi	25	26	..	..	20	38	13	45	45	200.5	20.3	..	2,716	11.7
Mali	17	25	..	..	..	40	23	76	76	69.3	14.6	..	2,956	12.1
Mauritanien	46	41	..	..	..	57	30	3	5	75.3	1.8	0.0	2,500	25.9
Mauritius	65	64	81	18	14	67	26	-7	266	1.8	23.6	6.4	2,374	20.8
Mosambik	8	15	10	52	..	39	34	138	139	69.3	11.0	3.7	7,135	11.4
Namibia	47	49	..	..	..	56	24	..	..	18.3	..	3.6	..	..
Niger	15	15	2	29	39	23	11	13	15	108.8	7.7	..	1,638	9.4
Nigeria	43	52	0	0	20	41	23	908	1,082	2.0	11.6	2.9	34,134	4.3
Ruanda	6	8	..	..	..	24	15	14	14	118.1	5.2	0.8	1,271	24.7
Sambia	36	31	..	..	..	46	18	191	200	149.5	37.6	..	5,730	18.7
Senegal	25	31	30	59	24	40	20	106	107	48.9	12.3	4.0	3,372	14.4
Sierra Leone	24	17	..	..	..	33	8	1	1	358.5	2.0	..	1,273	48.0
Simbabwe	23	30	28	47	9	31	13	29	79	19.1	8.5	..	4,002	22.1
Somalia	10	..	..	..	..	..	..	0	0	..	..	..	2,561	..
Südafrika	24	29	54[d]	9[d]	5[d]	26	15	2,736	961	2.6	5.1	1.2	24,861	10.0
Sudan	..	17	3	67	15	16	14	392	392	13.7	23.8	3.4	15,741	3.2
Swasiland	76	66	..	..	..	81	20	33	-44	4.6	-15.1	5.4	262	2.3
Tansania	13	15[e]	15	70	16	23	18	182	193	65.3	12.1	2.1	7,445	16.2[e]
Togo	33	36	31	20	18	50	21	30	30	27.9	12.0	4.2	1,435	6.1
Tschad	13	17	..	..	..	32	17	14	15	54.9	6.3	..	1,116	9.3
Uganda	7	10	6	67	14	26	18	231	220	73.0	19.6	3.5	3,408	23.7
Zentralafrikan. Republik	15	13	..	..	..	16	11	5	5	73.4	4.8	..	872	12.9
Südasien	9	15	80	15	10	18	23	9,254	3,093	3.0	2.3	0.6	165,679	13.8
Afghanistan	..	..	..	..	..	..	..	..	..	..	..	..	..	..
Bangladesch	6	14	91	7	15	19	23	269	280	10.8	2.6	0.6	15,609	9.1
Bhutan	..	..	..	..	..	..	..	..	..	..	..	..	..	..
Indien	7	14	79	14	7	17	24	8,771	2,315	1.4	2.1	0.6	100,367	12.8
Malediven	..	..	..	..	..	..	..	..	..	..	..	..	..	..
Nepal	11	24	77	21	17	32	24	-4	4	29.1	0.3	0.0	2,823	6.5
Pakistan	16	16	85	11	14	19	16	-53	308	7.3	3.2	0.5	32,091	26.8
Sri Lanka	29	40	75	21	15	51	28	262	173	6.1	3.8	1.1	9,065	9.6

108 Landwirtschaft in der globalen Ökonomie

Tabelle 5: Ökonomische Globalisierung

	Handel 2000						Investitionen 2000					Schulden 2000	
	Export von Gütern und Dienstleistungen (% des BSP)		Industriegüterexport (% des Warenexports)	Nahrungsmittelhandel		Import von Gütern und Dienstleistungen (% des BSP)	Bruttoinlandsinvestitionen (% des BSP)	Privater Nettokapitalfluss[c] (Mio US$)	Ausländische Direktinvestitionen (Mio US$)	Ausländische Hilfe (% des BSP)	Bruttozufluss ausländischer Direktinv. (% der Bruttoinl.-invest.)	Bruttozufluss ausländischer Direktinvestitionen (% des BSP)	Gesamtschulden brutto (Mio US$)	Schuldendienst (% des Export von Gütern und Dienstl.)
				Nahrungsexport (% des Warenexports)	Nahrungsimport (% des Warenimports)									
	1990	2000												
Ostasien und Pazifik	26[g]	42[g]	83[g]	6[g]	5[g]	37[g]	30[g]	65,693[g]	52,130[g]	..	8.2[g]	3.9[g]	632,953[g]	10.8[g]
Brunei	..	..	..	..	..	..	..	..	..	..	..	..	..	..
China	18	26	88	5	4	23	37	58,295	38,399	0.4	9.5	4.3	149,800	7.4
Hong Kong[a]	134	150	95	2	4	145	28	..	..	0.0	..	89.2	..	..
Fidschi	..	..	..	..	..	..	..	..	..	..	..	..	..	..
Indonesien	25	39	57	9	10	31	18	-11,210	-4,550	6.3	-16.6	4.2	141,803	25.3
Kambodscha	6	40	..	..	..	47	15	126	126	83.5	26.3	3.9	2,357	2.0
Korea, DPR (Nord)	..	..	..	..	..	..	..	..	..	..	..	..	..	..
Korea, Rep. (Süd)	29	45	91	2	5	42	29	13,215	9,283	-0.2	7.1	3.2	134,417	10.9
Laos, PDR	..	36	..	..	..	48	24	72	72	80.6	20.6	5.4	2,499	8.1
Malaysia	75	125	80	6	4	104	26	3,228	1,660	0.2	7.2	2.0	41,797	5.3
Mongolei	24	65	..	..	..	82	30	27	30	74.7	10.4	3.4	859	4.7
Myanmar (Burma)	3	0	..	..	..	1	13	188	255	..	..	..	6,046	4.7
Papua-Neuguinea	41	45	2	15	18	42	18	128	130	33.8	46.3	8.4	2,604	13.5
Philippinen	28	56	92	5	8	50	18	2,459	2,029	4.3	15.2	2.8	50,063	13.6
Salomon-Inseln	..	..	..	..	..	..	..	..	..	..	..	..	..	..
Singapur	202	180	86	2	3	161	31	..	6,390	0.0	22.1	11.6	..	..
Thailand	34	67	76	14	4	59	23	-1,383	3,366	2.3	12.2	2.8	79,675	16.3
Vietnam	26	..	..	..	..	..	27	581	1,298	19.8	15.1	4.1	12,787	7.5
Lateinamerika und Karibik	14	17	48	21	8	18	20	97,305	75,088	1.0	19.1	4.5	774,419	38.7
Argentinien	10	11	32	44	5	11	16	16,620	11,665	0.2	25.7	4.5	146,172	71.3
Belize	..	..	..	..	..	..	..	..	..	..	..	..	..	..
Bolivien	23	18	29	30	14	25	18	923	733	31.6	48.6	8.9	5,762	39.1
Brasilien	8	11	59	23	7	12	21	45,672	32,779	0.3	26.9	6.0	237,953	90.7
Chile	35	32	16	25	7	31	23	4,833	3,675	0.3	22.2	12.0	36,978	26.0
Costa Rica	35	48	66	30	7	46	17	912	409	0.4	15.1	4.3	4,466	8.2
Dominikan. Republik	34	30	..	..	..	39	24	1,142	953	1.3	20.4	5.2	4,598	4.8
Ecuador	33	42	10	37	9	31	17	904	710	6.4	31.1	5.3	13,281	17.3
El Salvador	19	28	48	42	16	43	17	338	185	8.0	8.3	1.5	4,023	6.7
Guatemala	21	20	32	56	12	28	17	178	230	8.3	7.2	10.1	4,622	9.4
Guyana	..	..	..	..	..	..	..	..	..	..	..	..	..	..
Haiti	16	12	..	..	..	27	11	13	13	48.1	3.0	0.3	1,169	8.0
Honduras	36	42	33	59	16	56	35	301	282	21.6	13.6	4.8	5,487	19.3
Jamaika	52	44	73	23	15	55	27	898	456	0.5	23.0	7.2	4,287	14.1
Kolumbien	21	22	34	19	12	20	12	3,130	2,376	1.9	23.9	4.5	34,081	28.6
Kuba	..	16	..	..	..	18	10	..	..	..	..	..	..	..
Mexiko	19	31	83	5	5	33	23	11,537	13,286	0.0	9.9	2.3	150,288	30.2
Nicaragua	25	40	8	88	16	81	34	395	254	68.1	30.8	10.6	7,019	23.0
Panama	38	33	16	74	12	39	30	947	603	0.6	20.2	7.1	7,056	10.0
Paraguay	33	20	19	65	17	35	22	-16	82	4.9	4.9	1.7	3,091	10.4
Peru	16	16	20	30	12	18	20	1,553	680	3.7	6.3	1.3	28,560	42.8
Surinam	..	..	..	..	..	..	..	..	..	..	..	..	..	..
Trinidad und Tobago	45	65	29	6	8	52	19	673	650	-0.1	46.5	11.9	2,467	10.3
Uruguay	24	19	42	47	11	21	14	574	298	0.6	10.9	1.5	8,196	29.2
Venezuela	39	29	9	1	12	17	18	5,454	4,464	0.4	21.1	4.0	38,196	15.7
Mittlerer Osten und Nordafrika	33[h]	38[h]	14[h]	3[h]	18[h]	28[h]	20[h]	1,074[h]	1,209[h]	3.8[h]	2.7[h]	1.0[h]	203,785[h]	10.5
Algerien	23	42	2	0	28	22	24	-1,212	10	1.3	0.1	..	25,002	19.6
Bahrain	..	..	..	..	..	..	..	..	..	..	..	..	..	..
Ägypten	20	16	37	9	23	23	24	1,967	1,235	5.6	5.2	1.3	28,957	8.4
Iran	22	35	7	3	19	21	20	-610	39	0.6	0.2	..	7,953	11.4
Irak	..	..	..	..	..	..	..	..	..	..	..	..	..	..
Jemen	14	50	1	5	35	41	19	-201	-201	16.2	-12.3	3.3	5,615	3.8
Jordanien	62	42	69	16	21	69	20	455	558	32.7	33.0	2.0	8,226	11.4
Katar	..	..	..	..	..	..	..	..	..	..	..	..	..	..
Kuwait	45	57	20	0	17	31	11	..	16	0.1	0.4	0.7	..	..
Libanon	18	13	..	..	..	38	18	2,028	298	6.6	10.0	..	10,311	..

Tabelle 5: Ökonomische Globalisierung

	Handel 2000						Investitionen 2000						Schulden 2000	
	Export von Gütern und Dienstleistungen (% des BSP)		Industriegüterexport (% des Warenexports)	Nahrungsmittelhandel		Import von Gütern und Dienstleistungen (% des BSP)	Bruttoinlandsinvestitionen (% des BSP)	Privater Nettokapitalfluss (Mio US$)	Ausländische Direktinvestitionen (Mio US$)	Ausländische Hilfe (% des BSP)	Bruttozufluss ausländischer Direktinv. (% der Bruttoinl.-invest.)	Bruttozufluss ausländischer Direktinvestitionen (% des BSP)	Gesamtschulden brutto (Mio US$)	Schuldendienst (% des Export von Gütern und Dienstl.)
	1990	2000		Nahrungsexport (% des Warenexports)	Nahrungsimport (% des Warenimports)									
Libyen	..	..	..	..	..	..	..	..	..	..	..	..	..	..
Marokko	26	31	64	21	14	37	24	-293	10	5.2	0.1	0.8	17,944	25.9
Oman	53	..	12	4	22	..	..	56	23	..	..	0.7	6,267	7.3
Saudi-Arabien	46	50	7	1	18	26	16	..	..	0.1	..	1.1	..	..
Syrien	28	38	8	9	19	35	21	107	111	4.5	3.2	1.6	21,657	4.8
Türkei	13	24	81	13	4	31	24	11,416	982	0.7	2.1	0.9	116,209	36.1
Tunesien	44	44	77	9	8	48	27	966	752	4.2	14.1	3.9	10,610	20.2
Vereinig. Arab. Emirate	65	..	..	..	..	..	..	..	..	..	..	..	..	..
Zypern	..	..	..	..	..	..	..	..	..	..	..	..	..	..
Transformationsländer[b]	..	..	..	..	..	..	..	..	..	..	..	..	..	..
Albanien	15	19	82	7	22	40	19	142	143	45.6	20.5	3.8	784	2.0
Armenien	35	23	43	14	25	51	19	159	140	58.9	38.2	6.6	898	7.6
Aserbaidschan	..	41	8	3	19	38	26	175	130	10.3	9.6	2.5	1,184	8.0
Bosnien-Herzegowina	..	27	..	..	..	58	20	4	0	82.0	0.0	..	2,828	..
Bulgarien	33	58	57	10	5	64	17	1,114	1,002	15.7	50.4	8.4	10,026	16.2
Estland	60	84	73	8	10	88	26	485	387	5.0	30.2	10.2	3,280	8.7
Georgien	40	37	..	..	..	47	15	155	131	38.6	29.8	4.3	1,633	9.5
Jugoslawien, FR	..	32	..	..	..	50	14	0	0	93.6	0.0	..	11,960[f]	..
Kasachstan	74	59	20	7	9	47	14	1,900	1,250	7.4	49.2	7.8	6,664	16.8
Kirgisitan	29	43	20	16	14	55	16	-65	-2	102.9	-1.1	4.5	1,829	29.3
Kroatien	78	45	73	9	8	51	22	2,451	926	1.6	22.1	5.5	12,120	25.5
Lettland	48	46	56	6	12	54	27	583	407	4.7	21.0	5.8	3,379	15.8
Litauen	52	45	60	12	10	52	21	799	379	4.2	16.2	3.4	4,855	17.1
Mazedonien, FYR	26	45	66	19	15	62	17	187	176	42.2	29.4	4.9	1,465	9.3
Moldawien	49	50	33	62	13	77	22	209	128	42.8	44.7	9.9	1,233	16.7
Polen	29	27	80	8	6	34	27	13,195	9,342	3.3	22.3	6.6	63,561	20.9
Rumänien	17	34	77	3	7	40	19	1,900	1,025	6.1	14.4	2.8	10,224	18.8
Russland	18	46	22	1	15	25	17	2,200	2,714	3.6	6.3	2.4	160,300	10.1
Slowakei	27	74	85	4	7	76	30	2,185	2,052	2.0	35.7	12.2	9,462	18.0
Slowenien	84	59	90	4	6	63	28	..	176	1.2	3.5	1.3	..	..
Tadschikistan	28	81	..	..	..	85	20	64	24	72.1	12.2	..	1,170	10.9
Tschech. Republik	45	71	88	4	5	75	30	3,299	4,583	2.9	30.4	9.3	21,299	12.7
Turkmenistan	..	63	7	0	12	53	40	..	..	1.8	10.0	..	..	..
Ukraine	28	61	..	..	..	57	19	927	595	9.1	10.0	1.9	12,166	18.6
Ungarn	31	63	86	7	3	67	31	1,721	1,692	1.8	12.1	5.0	29,415	24.4
Usbekistan	29	44	..	..	..	39	11	18	100	21.9	11.8	..	4,340	26.4
Weißrussland	46	68	67	7	12	69	23	123	90	0.6	1.3	0.3	851	2.9
Industrieländer	..	..	..	..	..	..	..	..	..	..	..	..	..	..
Australien	17	20	29	21	5	22	24	..	11,527	n/a	5.8	5.3	..	..
Belgien	71	88	78[j]	10[j]	9[j]	85	22	..	17,902[j]	n/a	36.7	26.6	..	..
Dänemark	36	42	64	20	11	37	22	..	34,192	n/a	95.4	38.1	..	..
Deutschland	29	33	85	4	7	33	23	..	189,178	n/a	44.6	13.3	..	..
Finnland	23	42	85	2	5	32	20	..	9,125	n/a	38.0	34.4	..	..
Frankreich	21	29	81	11	8	27	21	..	43,173	n/a	16.2	16.4	..	..
Griechenland	18	20	50	28	13	29	22	..	1,083	n/a	2.0	2.9	..	..
Großbritannien	24	27	82	5	8	29	18	..	133,974	n/a	52.9	38.7	..	..
Irland	57	88	86	8	6	74	23	..	22,778	n/a	85.4	49.2	..	..
Israel	35	40	94	3	5	47	19	..	4,392	3.7	20.6	6.7	..	..
Italien	20	28	88	6	9	27	20	..	13,175	n/a	6.0	2.4	..	..
Japan	10	10	94	0	13	8	26	..	8,227	n/a	1.1	0.9	..	..
Kanada	26	44	64	8	5	41	20	..	62,758	n/a	19.7	16.1	..	..
Luxemburg	..	..	..	..	..	..	..	..	..	n/a	..	..	..	..
Niederlande	59	61	70	15	10	56	22	..	54,138	n/a	48.1	35.3	..	..
Neuseeland	28	32	28	46	8	33	21	..	3,209	n/a	12.5	8.3	..	..
Norwegen	41	47	18	6	6	30	22	..	5,882	n/a	16.4	11.4	..	..
Österreich	40	45	83	4	6	46	24	..	9,066	n/a	6.0	6.5	..	..
Portugal	33	31	85	7	11	43	28	..	6,227	n/a	21.1	15.9	..	..
Schweden	30	47	85	2	6	42	18	..	22,125	n/a	54.4	27.3	..	..

Tabelle 5: Ökonomische Globalisierung

	Handel 2000						Investitionen 2000						Schulden 2000	
	Export von Gütern und Dienstleistungen (% des BSP)		Industriegüterexport (% des Warenexports)	Nahrungsmittelhandel		Import von Güternund Dienstleistungen (% des BSP)	Bruttoinlandsinvestitionen (% des BSP)	Privater Nettokapitalfluss[c] (Mio US$)	Ausländische Direktinvestitionen (Mio US$)	Ausländische Hilfe (% des BSP)	Bruttozufluss ausländischer Direktinv. (% der Bruttoinl.-invest.)	Bruttozufluss ausländischer Direktinvestitionen (% des BSP)	Gesamtschulden brutto (Mio US$)	Schuldendienst (% des Export von Gütern und Dienstl.)
				Nahrungsexport (% des Warenexports)	Nahrungsimport (% des Warenimports)									
	1990	2000												
Schweiz	36	42	91	3	6	37	20	..	17.902	n/a	23,1	25,0	..	..
Spanien	16	30	78	14	9	32	26	..	36.023	n/a	24,9	16,5	..	..
USA	10	11	83	7	4	13	21	..	287.680	n/a	15,8	5,1	..	..
World	**20**	**23**	**78**	**7**	**7**	**23**	**22**	**.. 1,167.987**		**..**	**14,0**	**8,8**	**..**	**..**

.. Daten nicht verfügbar.
a Spezielle administrative Region, Daten schließen China aus.
b Zentrale und Osteuropäische Länder und neue unabhängige Staaten der ehemaligen Sowjetunion.
c Privater Nettokapitalfluss besteht aus privatem Schuldenfluss (z.B. Kredite) und privatem Nichtschuldenfluss (z.B. ausländische Investitionen).
d Daten über Exportwaren-Anteile beziehen sich auf südafrikanische Zollunion, solche aus Botswana, Lesotho, Namibia und Südafrika.
e Nur das Festland von Tansania.
f Schätzung der Weltbank.
g Daten schließen Hong Kong und Singapur aus.
h Daten schließen Kuwait, Türkei und die Vereinigten Arabischen Emirate aus.
i Daten beziehen Island mit ein. Daten schließen Israel aus.
j Daten beziehen Luxemburg mit ein.
»0« (Null) bedeutet null oder weniger als die Hälfte der angegebenen Einheit.
k.a. keine Angabe.

Tabelle 6: Hunger- und Armutstrends in den USA

	1970	1980	1990	1995	2000	2001
Gesamtbevölkerung (Mio)	205.1	227.8	249.4	262.9	281.4	284.8[d]
Bevölkerungsanteil mit ungesicherter Nahrungsversorgung						
Gesamte US-Haushalte mit unges. Nahrg.versorg. (%)	..	..	..	10.3	10.5	10.7
nicht hungernd	..	..	..	6.4	7.3	7.4
hungernd	..	..	..	3.9	3.1	3.3
Erwachsene (gesamt) mit unges. Nahrg.versorg. (%)	..	..	..	9.5	10.1	10.2
nicht hungernd	..	..	..	6.1	7.3	7.3
hungernd	..	..	..	3.4	2.8	3.0
Kinder (gesamt) mit unges. Nahrg.versorg. (%)	..	..	..	17.4	18.0	..
nicht hungernd	..	..	..	11.6	13.9	..
hungernd	..	..	..	5.8	4.1	..
% Bundesmittel für die Nahrungsmittelunterstützg.[f]	0.5	2.4	1.9	2.48	1.83[e,f]	1.83[e,f]
gesamte Kindersterblichkeitsrate (pro 1.000 Lebendgeburten)	20.0	12.6	9.1	7.6	6.9	6.9
Weiße	17.8	11.0	7.7	6.3	5.7	..
Weiße-Nicht-Hispanoamerikaner	..	..	..	..	5.7[c]	..
Afroamerikaner	32.6	21.4	17.0	15.1	14.1	..
Hispanoamerikaner	..	..	7.8	..	5.6[c]	..
Ureinwohner (USA)	..	..	..	..	7.4[c]	..
Inselbewohner des asiatischen und pazifischen Raums	..	..	..	..	4.1[c]	..
gesamte Armutsrate (%)	12.6	13.0	13.5	13.8	11.3	11.7
Nordost	..	..	10.2	12.5	10.3	10.7
Mittelwesten	..	..	11.9	11.0	9.5	9.4
Süden	..	..	15.9	15.7	12.5	13.5
Westen	..	..	11.6	14.9	11.9	12.1
Weiße	9.9	10.2	10.7	11.2	9.4	9.9
Nicht-Hispanoamerikaner	..	..	..	..	7.5	7.8
Afroamerikaner	33.5	32.5	31.9	29.3	22.1	22.7
Hispanoamerikaner	..	25.7	28.1	30.3	21.2	21.4
Ureinwohner (USA und Alaska)	..	..	..	..	..	..
Inselbewohner des asiatischen und pazifischen Raums	..	..	..	..	10.8	10.2
Menschen über 65 Jahre und älter	24.6	15.7	12.2	10.5	10.2	10.1
Haushalt mit weiblicher Subsestenz	38.1	36.7	33.4	32.4	24.7	26.4
gesamte Armutsrate (%) – bis 18 Jahre	15.1	18.3	20.6	20.8	16.2	16.3
Weiße	..	13.9	15.9	16.2	13.0	13.4
Nicht-Hispanoamerikaner	..	..	..	..	9.4	9.5
Afroamerikaner	..	42.3	44.8	41.9	30.9	30.2
Hispanoamerikaner	..	33.2	38.4	40.0	28.0	28.0
Inselbewohner des asiatischen und pazifischen Raums	..	..	17.6	19.5	14.5	11.5
Arbeitslosenrate (%)	4.9	7.1	5.6	5.6	4.0	4.8
Weiße	4.5	6.3	4.8	4.9	3.5	4.2
Afroamerikaner	..	14.3	11.4	10.4	7.6	8.7
Hispanoamerikaner	..	10.1	8.2	9.3	5.7	6.6

Tabelle 6: Hunger- und Armutstrends in den USA

	1970	1980	1990	1995	2000	2001
Verteilung des Haushaltseinkommens (pro Fünftel in %)						
Alle ethnischen Gruppen						
unter 20 Prozent	4.1	4.2	3.9	3.7	3.6	3.5
zweites Fünftel	10.8	10.2	9.6	9.1	8.9	8.7
drittes Fünftel	17.4	16.8	15.9	15.2	14.8	14.6
viertes Fünftel	24.5	24.8	24.0	23.3	23.0	23.0
über 20 Prozent	43.3	44.1	46.6	48.7	49.6	50.1
Verhältnis der oberen 20 zu den unteren 20 Prozent	10.6	10.5	11.9	13.2	13.8	14.3
Weiße						
unter 20 Prozent	4.2	4.4	4.2	4.0	3.7	3.7
zweites Fünftel	11.1	10.5	10.0	9.3	9.0	8.9
drittes Fünftel	17.5	17.0	16.0	15.3	14.9	14.7
viertes Fünftel	24.3	24.6	23.9	23.3	22.9	22.9
über 20 Prozent	42.9	43.5	46.0	48.1	49.4	49.8
Verhältnis der oberen 20 zu den unteren 20 Prozent	10.2	9.9	11.0	12.0	13.4	13.5
Afroamerikaner						
unter 20 Prozent	3.7	3.7	3.1	3.2	3.2	3.0
zweites Fünftel	9.3	8.7	7.9	8.2	8.6	8.6
drittes Fünftel	16.3	15.3	15.0	14.8	15.2	15.0
viertes Fünftel	25.2	25.2	25.1	24.2	23.8	24.2
über 20 Prozent	45.5	47.1	49.0	49.6	49.3	49.2
Verhältnis der oberen 20 zu den unteren 20 Prozent	12.3	12.7	15.8	15.5	15.4	16.4
Hispanoamerikaner						
unter 20 Prozent	..	4.3	4.0	3.8	4.3	4.0
zweites Fünftel	..	10.1	9.5	8.9	9.8	9.4
drittes Fünftel	..	16.4	15.9	14.8	15.7	15.2
viertes Fünftel	..	24.8	24.3	23.3	23.8	23.2
über 20 Prozent	..	44.5	46.3	49.3	46.4	48.3
Verhältnis der oberen 20 zu den unteren 20 Prozent	..	10.3	11.6	13.0	10.8	12.1

.. Daten nicht verfügbar.
a Daten beziehen sich aufs Haushaltsjahr.
c Vorläufig
d Schätzung des U.S. Census.
e Schätzung des Bread for the World Institute.
f »Nahrungsmittelunterstützung« beinhaltet folgendes: alles, was mit Lebensmittelmarken zusammenhängt, mit Ernährungsprogrammen für Kinder, mit Ernährungsergänzungsprogrammen (einschließlich WIC), mit Lebensmittelspenden und mit Ernährungsprogrammen für Senioren; dazu kommen noch die Verwaltungskosten.

Tabelle 7: Hunger- und Armutsstatistik der USA

	Gesamtbevölkerung (Mio) Juli 2001	Ungesicherte Nahrungsversorg. (% der Haushalte) 1999-2001	Unges. Nahrg.vers. mit Hunger (% der Haushalte) 1999-2001	Kindersterblichkeitsrate (pro 1.000 Lebendgeburten) 1998-2000			% Bevölkerung in Armut 2000-2001	Arbeitslosenrate (%) 2001
				alle ethn. Gruppen	Weiße	Afroamerikaner		
Alabama	4.46	11.9	3.9	9.8	7.1	15.4	14.6	5.3
Alaska	0.63	11.1	4.3	6.3	5.1	..	8.1	6.3
Arizona	5.30	11.6	3.6	7.0	6.6	15.2	13.2	4.7
Arkansas	2.70	12.8	3.9	8.4	7.3	12.7	17.1	5.1
California	34.50	11.8	3.3	5.5	5.1	11.9	12.6	5.3
Colorado	4.42	8.6	2.5	6.5	6.1	14.7	9.2	3.7
Connecticut	3.43	6.8	2.6	6.5	5.6	13.6	7.5	3.3
Delaware	0.80	7.3	2.1	8.8	6.6	15.6	7.6	3.5
District of Columbia	0.57	9.8	2.9	13.5	5.7	16.9	16.7	6.5
Florida	16.40	12.2	4.0	7.2	5.6	12.5	11.9	4.8
Georgia	8.38	11.6	3.9	8.3	5.9	13.4	12.5	4.0
Hawaii	1.22	10.8	3.0	7.4	6.7	..	10.2	4.6
Idaho	1.32	13.0	4.5	7.2	7.0	..	12.0	5.0
Illinois	12.48	9.2	2.7	8.5	6.4	17.1	10.4	5.4
Indiana	6.11	8.5	2.5	7.8	6.9	15.4	8.5	4.4
Iowa	2.92	7.6	2.2	6.2	5.8	17.2	7.8	3.3
Kansas	2.69	11.3	3.2	7.0	6.8	10.5	9.1	4.3
Kentucky	4.07	10.1	3.0	7.4	6.8	12.6	12.6	5.5
Louisiana	4.47	13.2	3.0	9.1	6.1	13.5	16.7	6.0
Maine	1.29	9.4	3.1	5.4	5.5	..	10.2	4.0
Maryland	5.38	8.8	3.1	8.1	5.3	13.9	7.3	4.1
Massachusetts	6.38	6.7	2.0	5.0	4.5	9.9	9.4	3.7
Michigan	9.99	8.1	2.4	8.1	6.3	16.4	9.6	5.3
Minnesota	4.97	7.1	2.0	5.9	5.3	13.1	6.5	3.7
Mississippi	2.86	13.1	3.7	10.3	6.6	14.7	17.1	5.5
Missouri	5.63	8.6	2.3	7.5	6.1	16.0	9.4	4.7
Montana	0.90	13.2	4.0	6.8	6.2	..	13.7	4.6
Nebraska	1.71	9.9	2.9	7.0	6.3	16.0	9.0	3.1
Nevada	2.11	10.1	3.4	6.7	6.2	12.5	7.9	5.3
New Hampshire	1.26	6.5	1.9	5.4	5.3	..	5.5	3.5
New Jersey	8.48	7.8	2.4	6.4	4.9	13.3	7.7	4.2
New Mexico	1.83	14.6	4.2	6.9	6.7	..	17.7	4.8
New York	19.01	9.6	3.1	6.3	5.1	11.3	14.0	4.9
North Carolina	8.19	11.1	3.3	9.0	6.7	15.7	12.5	5.5
North Dakota	0.63	8.5	2.2	8.0	7.2	..	12.1	2.8
Ohio	11.37	9.1	2.8	7.9	6.8	14.5	10.3	4.3
Oklahoma	3.46	12.9	3.8	8.5	8.0	13.3	15.0	3.8
Oregon	3.47	13.7	5.8	5.6	5.5	8.7	11.3	6.3
Pennsylvania	12.29	8.4	2.2	7.2	5.9	15.5	9.1	4.7
Rhode Island	1.06	8.7	2.5	6.4	5.5	14.8	9.9	4.7
South Carolina	4.06	11.3	3.6	9.5	6.3	15.6	13.1	5.4
South Dakota	0.76	7.9	1.9	7.8	6.7	..	9.6	3.3
Tennessee	5.74	11.8	3.4	8.4	6.4	15.6	13.8	4.5
Texas	21.33	13.9	3.6	6.0	5.4	11.0	15.2	4.9
Utah	2.27	13.8	4.6	5.3	5.2	..	9.1	4.4
Vermont	0.61	9.1	1.8	6.3	6.2	..	9.9	3.6
Virginia	7.19	7.6	1.5	7.2	5.6	12.8	8.1	3.5
Washington	5.99	12.5	4.6	5.3	4.9	11.0	10.8	6.4
West Virginia	1.80	10.3	3.3	7.6	7.6	9.7	15.6	4.9
Wisconsin	5.40	8.4	2.9	6.9	5.8	16.7	8.6	4.6
Wyoming	0.49	9.9	3.2	7.0	6.9	..	9.7	3.9
Puerto Rico	..	..	..	10.2	10.2	9.8	..	11.4
USA	**284.80**	**10.4**	**3.1**	**7.0**	**5.8**	**13.8**	**11.5**	**4.8**

.. Daten nicht verfügbar.

Tabelle 8: Ernährungs- und Hilfsprogramme der USA

	Durchschnittliche Anzahl von Lebensmittelmarken-Bezieher/Bundesstaat						
	1995[e]	1996[e]	1997[e]	1998[e]	1999[e]	2000[e]	2001[e]
Alabama	524,522	509,214	469,268	426,819	405,273	396,057	411,292
Alaska	45,448	46,233	45,234	42,451	41,262	37,524	37,897
Arizona	480,195	427,481	363,779	295,703	257,362	259,006	291,372
Arkansas	272,174	273,900	265,854	255,710	252,957	246,572	256,441
California	3,174,651	3,143,390	2,814,761	2,259,069	2,027,089	1,831,697	1,668,351
Colorado	251,880	243,692	216,748	191,015	173,497	155,948	153,952
Connecticut	226,061	222,758	209,529	195,866	178,168	165,059	157,031
Delaware	57,090	57,836	53,655	45,581	38,571	32,218	31,886
District of Columbia	93,993	92,751	90,391	85,396	84,082	80,803	73,494
Florida	1,395,296	1,371,352	1,191,664	990,571	933,435	882,341	887,256
Georgia	815,920	792,502	698,323	631,720	616,600	559,468	573,537
Hawaii	124,575	130,344	126,901	122,027	125,155	118,041	108,313
Idaho	80,255	79,855	70,413	62,393	57,201	58,191	59,667
Illinois	1,151,035	1,105,160	1,019,600	922,927	820,034	779,420	825,295
Indiana	469,647	389,537	347,772	313,116	298,213	300,314	346,551
Iowa	184,025	177,283	161,184	141,067	128,790	123,322	126,494
Kansas	184,241	171,831	148,734	119,218	114,875	116,596	124,285
Kentucky	520,088	485,628	444,422	412,028	396,440	403,479	412,680
Louisiana	710,597	670,034	575,411	536,834	516,285	599,851	518,384
Maine	131,955	130,872	123,767	115,099	108,749	101,598	104,383
Maryland	398,727	374,512	354,436	322,653	264,393	219,180	208,426
Massachusetts	409,870	373,599	339,505	292,997	261,021	231,829	219,223
Michigan	970,760	935,416	838,917	771,580	682,680	602,857	641,269
Minnesota	308,206	294,825	260,476	219,744	208,062	196,050	197,727
Mississippi	479,934	457,106	399,062	329,058	288,057	275,856	297,805
Missouri	575,882	553,930	477,703	410,966	408,331	419,959	454,427
Montana	70,873	70,754	66,605	62,328	60,898	59,466	61,957
Nebraska	105,133	101,625	97,176	94,944	92,404	82,414	80,652
Nevada	98,538	96,712	82,419	71,531	61,673	60,905	69,396
New Hampshire	58,353	52,809	46,000	39,578	37,438	36,266	35,554
New Jersey	550,628	540,452	491,337	424,738	384,888	344,677	317,579
New Mexico	238,854	235,060	204,644	174,699	178,439	169,354	163,245
New York	2,183,101	2,098,561	1,913,548	1,627,170	1,540,784	1,438,568	1,353,542
North Carolina	613,502	631,061	586,415	527,790	505,410	488,247	493,672
North Dakota	41,401	39,825	37,688	33,801	33,442	31,895	37,755
Ohio	1,155,490	1,045,066	873,562	733,565	639,786	609,717	640,503
Oklahoma	374,893	353,790	321,894	287,577	271,351	523,287	271,001
Oregon	288,687	287,607	258,615	238,446	223,978	234,387	283,705
Pennsylvania	1,173,420	1,123,541	1,008,864	906,735	834,898	777,112	748,074
Rhode Island	93,434	90,873	84,627	72,301	76,394	74,256	71,272
South Carolina	363,822	358,341	349,137	333,017	308,570	295,335	315,718
South Dakota	50,158	48,843	46,901	45,173	44,065	42,962	44,594
Tennessee	662,014	637,773	585,889	538,467	510,828	496,031	521,510
Texas	2,557,693	2,371,958	2,033,750	1,636,175	1,400,526	1,332,785	1,360,642
Utah	118,836	110,011	98,338	91,764	88,163	81,945	79,716
Vermont	59,292	56,459	53,005	45,702	44,287	40,831	38,874
Virginia	545,829	537,531	476,088	396,581	361,581	336,080	332,312
Washington	476,019	476,391	444,800	364,418	306,654	295,061	308,589
West Virginia	308,505	299,719	287,035	269,140	247,249	226,897	221,361
Wisconsin	320,142	283,255	232,103	192,887	182,206	193,021	215,786
Wyoming	35,579	33,013	28,584	25,452	23,477	22,459	22,539
Guam	..	..	17,783	25,249	19,758	22,234	22,723
Puerto Rico	k.a.	k.a.	k.a.	k.a.	k.a.	k.a.	..
USA	**26,618,773**	**25,540,331**	**22,854,273**	**19,788,115**	**18,182,595**	**17,155,093**	**17,312,974**

Tabelle 8: Ernährungs- und Hilfsprogramme der USA

	Durchschnittliche Anzahl von WIC[a]-Bezieher/Bundesstaat						
	1995[e]	1996[e]	1997[e]	1998[e]	1999[e]	2000[e]	2001[e]
Alabama	121,979	118,163	118,899	117,319	115,172	103,930	111,049
Alaska	19,235	22,410	23,537	23,829	26,131	24,395	23,628
Arizona	122,179	141,466	145,849	142,000	142,488	145,544	147,285
Arkansas	87,362	90,662	87,310	82,939	82,882	82,131	79,826
California	1,003,611	1,141,598	1,224,224	1,216,253	1,229,495	1,219,430	1,243,509
Colorado	70,617	70,523	75,068	74,679	74,801	71,967	72,124
Connecticut	63,625	62,520	59,368	60,267	58,299	50,867	49,252
Delaware	15,444	15,831	15,581	15,635	15,274	15,844	16,568
District of Columbia	17,368	16,116	16,747	16,593	16,406	15,060	15,204
Florida	317,095	332,130	354,971	345,150	337,559	296,298	316,758
Georgia	217,207	223,746	230,153	232,258	224,069	216,319	226,365
Hawaii	25,410	27,466	30,807	34,098	34,137	32,080	32,467
Idaho	31,120	31,085	31,475	31,678	31,543	31,286	32,641
Illinois	244,661	244,223	236,068	237,262	241,016	243,655	251,329
Indiana	132,621	132,532	132,700	131,099	128,269	120,648	117,880
Iowa	65,260	66,020	66,293	65,885	63,996	60,793	60,664
Kansas	55,890	54,377	54,754	52,896	52,345	52,773	53,260
Kentucky	118,198	119,457	122,948	122,910	122,056	112,182	111,004
Louisiana	133,992	139,603	139,223	136,866	135,430	130,042	125,916
Maine	26,905	26,300	26,663	25,786	24,646	22,073	20,962
Maryland	86,349	87,961	91,412	92,744	93,338	94,194	93,829
Massachusetts	113,605	115,942	118,818	117,681	115,042	113,842	112,623
Michigan	209,272	212,270	218,371	217,924	215,138	213,049	214,951
Minnesota	90,979	93,971	94,807	95,101	90,101	90,093	96,192
Mississippi	102,718	102,532	100,124	99,097	96,863	95,836	98,874
Missouri	127,005	129,245	131,638	128,176	126,640	123,738	125,144
Montana	20,889	22,155	21,679	21,428	21,346	21,288	21,413
Nebraska	35,715	36,101	33,041	31,770	33,047	32,793	34,427
Nevada	31,053	36,310	37,324	37,972	37,415	38,781	40,646
New Hampshire	19,423	19,342	19,179	18,678	18,100	17,049	16,507
New Jersey	141,962	137,988	141,514	140,732	129,603	127,013	128,577
New Mexico	53,816	56,131	54,040	56,183	56,494	57,802	59,464
New York	452,997	466,185	478,980	482,882	476,563	466,818	460,252
North Carolina	182,264	188,828	194,566	197,954	196,389	190,258	200,678
North Dakota	17,754	17,484	15,868	15,810	14,930	14,303	14,053
Ohio	259,121	258,400	254,668	250,815	245,994	242,921	247,092
Oklahoma	95,964	103,373	108,348	109,581	108,485	108,375	105,907
Oregon	82,212	86,048	89,299	31,341	92,831	86,061	93,246
Pennsylvania	260,544	262,111	257,018	246,337	235,526	230,914	226,434
Rhode Island	21,450	22,382	22,596	22,768	22,454	21,783	21,925
South Carolina	124,252	123,669	118,966	118,556	110,850	108,204	111,408
South Dakota	22,397	22,439	21,945	20,507	20,445	20,409	20,505
Tennessee	137,280	144,174	150,289	148,692	148,824	148,662	149,490
Texas	637,229	641,150	683,583	691,292	707,872	737,206	750,122
Utah	53,287	54,893	57,511	57,391	59,592	57,549	58,928
Vermont	16,140	16,061	16,133	16,308	16,051	16,401	15,966
Virginia	126,882	126,760	129,520	132,317	131,304	128,163	130,094
Washington	112,915	129,256	145,147	144,052	141,089	145,850	150,138
West Virginia	51,890	54,173	55,065	53,962	52,335	50,996	50,064
Wisconsin	109,151	109,712	108,886	108,352	104,041	100,574	100,128
Wyoming	11,745	11,965	12,447	11,789	11,583	10,907	11,103
Guam	..	..	..	..	..	..	..
Puerto Rico	182,795	204,717	211,454	206,968	205,228	214,651	219,620
USA	**6,894,413**	**7,187,831**	**7,406,866**	**7,367,397**	**7,311,206**	**7,192,604**	**7,305,577**

Tabelle 8: Ernährungs- und Hilfsprogramme der USA

	Anzahl TANF[b] Bezieher/Monatsdurchschnitt je Bundesstaat[f]						
	1995	1996	1997	1998	1999	2000	2001[e]
Alabama	121,837	108,269	91,723	61,809	48,459	56,408	49,100
Alaska	37,264	35,432	36,189	31,689	26,883	23,838	16,997
Arizona	195,082	171,617	151,526	113,209	88,456	87,217	82,595
Arkansas	65,325	59,223	54,879	36,704	29,284	29,313	27,751
California	2,692,202	2,648,772	2,476,564	2,144,495	1,845,919	1,307,941	1,228,605
Colorado	110,742	99,739	87,434	55,352	40,799	28,837	27,132
Connecticut	170,719	161,736	155,701	138,666	88,304	66,407	59,566
Delaware	26,314	23,153	23,141	18,504	15,891	12,849	12,355
District of Columbia	72,330	70,082	67,871	56,128	52,957	46,893	43,425
Florida	657,313	575,553	478,329	320,886	220,216	152,709	124,586
Georgia	388,913	367,656	306,625	220,070	167,400	128,607	120,501
Hawaii	65,207	66,690	65,312	75,817	45,582	44,425	40,645
Idaho	24,050	23,547	19,812	4,446	3,061	2,309	2,246
Illinois	710,032	663,212	601,854	526,851	388,334	254,238	182,673
Indiana	197,225	147,083	121,974	95,665	105,069	99,073	115,519
Iowa	103,108	91,727	78,275	69,504	60,380	53,267	54,071
Kansas	81,504	70,758	57,528	38,462	33,376	31,620	32,967
Kentucky	193,722	176,601	162,730	132,388	102,370	88,747	81,750
Louisiana	258,180	239,247	206,582	118,404	115,791	74,888	65,504
Maine	60,973	56,319	51,178	41,265	36,812	28,191	26,134
Maryland	227,887	207,800	169,723	130,196	92,711	72,724	68,221
Massachusetts	286,175	242,572	214,014	181,729	131,139	101,452	95,057
Michigan	612,224	535,704	462,291	376,985	267,749	207,463	195,369
Minnesota	180,490	171,916	160,167	141,064	124,659	115,749	112,688
Mississippi	146,319	133,029	109,097	66,030	42,651	33,801	35,710
Missouri	259,595	238,052	208,132	162,950	136,782	124,773	121,364
Montana	34,313	32,557	28,138	20,137	16,152	14,249	15,401
Nebraska	42,038	38,653	36,535	38,090	35,057	24,037	23,802
Nevada	41,846	40,491	28,973	29,262	21,753	15,906	19,461
New Hampshire	28,671	24,519	20,627	15,947	15,130	14,035	13,501
New Jersey	321,151	293,833	256,064	217,320	164,815	130,317	113,481
New Mexico	105,114	102,648	89,814	64,759	80,828	72,343	56,105
New York	1,266,350	1,200,847	1,074,189	941,714	822,970	723,793	613,353
North Carolina	317,836	282,086	253,286	192,172	145,596	99,553	91,526
North Dakota	14,920	13,652	11,964	8,884	8,260	8,706	8,881
Ohio	629,719	552,304	518,595	386,239	311,872	245,085	199,352
Oklahoma	127,336	110,498	87,312	69,630	61,894	35,472	33,895
Oregon	107,610	92,182	66,919	48,561	44,219	41,889	41,976
Pennsylvania	611,215	553,148	484,321	395,107	313,821	239,125	215,175
Rhode Island	62,407	60,654	54,809	54,537	50,632	45,161	41,628
South Carolina	133,567	121,703	98,077	73,179	45,648	37,285	40,266
South Dakota	17,652	16,821	14,091	10,514	8,759	6,755	6,365
Tennessee	281,982	265,620	195,891	139,022	148,781	151,438	155,094
Texas	765,460	714,523	626,617	439,824	325,766	342,383	349,279
Utah	47,472	41,145	35,493	29,868	30,276	22,292	21,815
Vermont	27,716	25,865	236,570	21,013	18,324	16,119	15,060
Virginia	189,493	166,012	136,053	107,192	91,544	72,573	65,051
Washington	290,940	276,018	263,792	228,723	177,611	153,057	141,397
West Virginia	107,668	98,439	98,690	51,348	32,161	32,262	39,037
Wisconsin	214,404	184,209	132,383	44,630	47,336	38,056	40,030
Wyoming	15,434	13,531	10,322	2,903	1,886	1,183	987
Guam	..	..	..	..	..	9,914	9,729
Puerto Rico	171,932	156,805	145,749	130,283	111,361	92,299	75,114
USA	13,930,953	12,876,661	11,423,007	9,131,716	7,455,297	5,962,218[h]	5,471,863[h]

.. Daten nicht verfügbar.
a Spezielles Ernährungsprogramm für Schwangere und Kleinkinder (WIC).
b Vorübergehende Unterstützung für Bedürftige Familien.
d Vorläufige Zahlen, subject to change.
e Daten beziehen sich auf das Haushaltsjahr.
f Daten beziehen sich auf das aktuelle Kalenderjahr.
h Daten beziehen die U.S. Virgin Islands mit ein.
k.a. Nicht anwendbar.

Quellenangaben zu den Tabellen

Tabelle 1:
Globaler Hunger – Lebens- und Sterbeindikatoren

Gesamtbevölkerung, Voraussichtliche Bev., Voraussichtliche Bev.wachstumsrate, Lebenserwartung: The Population Reference Bureau, *2002 World Population Data Sheet*, http://www.prb.org.

Bevölkerung unter 15 Jahren: Statistics and Population Division of the U.N. Secretariat, »Indicators of Youth and Elderly Populations,« http://www.un.org/Depts/unsd/social/youth.htm.

Gesamtgeburtenrate, Städt. Bev., Kindersterblichkeitsrate, Kinder mit geringem Geburtsgewicht, Kinder geimpft, Kindersterblichkeitsrate unter 5 Jahren, Müttersterblichkeitsrate: U.N. Children's Fund, *The State of the World's Children, 2002 (SWC)* (New York: UNICEF, 2002).

Flüchtlinge: U.S. Committee for Refugees, *World Refugees Survey, 2002* (Washington, DC: Immigration and Refugee Services of America, 2000) http://www.refugees.org.

Tabelle 2: Nahrung, Ernährung und Bildung

Nahrungszufuhr pro Kopf, Nahrungsproduktion pro Kopf: Food and Agriculture Organization of the United Nations (FAO), http://apps.fao.org/default.htm.

Vitamin A Unterversorgung, Schulbesuch: *SWC*, 2002.

Alphabetisierungsrate bei Erwachsenen, gesamte Grundschule, Kombinierte Grund- und weiterführende Schule: U.N. Development Program, *Human Development Report, 2002 (HDR)* (New York: Oxford University Press, 2002).

Tabelle 3: Hunger, Unterernährung und Armut

Unterernährte Bevölkerung: FAO, *The State of Food Insecurity in the World, 2002* (Rome: FAO, 2000).

Untergewicht, Auszehrung, Verkümmerung, sicheres Wasser: *SWC*, 2002.

Bevölkerung in Armut: World Bank, *World Development Indicators, 2002 (WDI)*.

Tabelle 4: Indikatoren für Wirtschaft und Entwicklung

BSP pro Kopf, Einkommens- und Konsumverteilung, Staatsausgaben, Energieverbrauch, Jährliche Abholzung: *WDI, 2002*.

Human Development Index, Bildung und Gesundheit, Millitärausgaben: *HDR, 2002*.

Tabelle 5: Ökonomische Globalisierung

Export, Import, Nettokapitalfluss privat, Bruttokapitalinvestition, Ausländ. Hilfe, Schulden: *WDI, 2002*.

Tabelle 6: Hunger- und Armutstrends in den USA

Gesamtbevölkerung: U.S. Bureau of the Census, http://www.quickfacts.census.gov/qfd.

ungesicherte Nahrungsversorgung: U.S. Department of Agriculture (USDA), *Household Food Security in the United States, 2001*. Food Assistance and Research Nutrition Service, Report No. 29 (FANRR-29). http://www.ers.usda.gov.

Kindersterblichkeitsrate: Centers for Disease Control and Prevention, National Center for Health Statistics, *Births, Marriages, Divorces, and Deaths: Provisional Data for 2001*, http://www.cdc.gov/nchs/products/pubs/pubd/nvsr/50/50-16.htm.

gesamte Armut nach Regionen: U.S. Bureau of the Census, http://www.census.gov/income/histpov/hstpov9.lst.

andere Armut: U.S. Bureau of the Census, *Historical Poverty Tables*, http://www.census.gov/hhes/poverty/histpov.

Einkommen: U.S. Bureau of the Census, Historical Income Tables-Household, http://www.census.gov/hhes/income/histinc/h02.html.

Arbeitslosenrate: U.S. Department of Labor, Bureau of Labor Statistics, http://www.bls.gov/cps/#charemp.

Tabelle 7: Hunger- und Armutsstatistik der USA

Gesamtbevölkerung: U.S. Bureau of the Census, http://www.census.gov.

ungesicherte Nahrungsversorgung : USDA, *Household Food Security in the United States, 2001*. Food Assistance and Research Nutrition Service, Report No. 29 (FANRR-29). Report posted at http://www.ers.usda.gov.

Kindersterblichkeitsrate : Centers for Disease Control and Prevention, National Center for Health Statistics, *Deaths: Final Data for 2000*, http://www.cdc.gov/nchs/products/pubs/pubd/nvsr/50/50-16.htm.

Armut : U.S. Bureau of the Census, *Poverty in the United States: 2001*, http://www.census.gov/hhes/www/poverty01.html.

Arbeitslosenrate : U.S. Department of Labor, Bureau of Labor Statistics, http://www.bls.gov/lau/staa_7000.prn.

Tabelle 8: Ernährungs- und Hilfsprogramme der USA

Lebensmittelmarken, Spezielles Ernährungsprogramm für Schwangere und Kleinkinder (WIC).: USDA, Food and Nutrition Service Program, http://www.fns.usda.gov/pd/.

Vorübergehende Unterstützung für Bedürftige Familien (TANF): U.S. Department of Health and Human Services, Administration for Children and Families, http://www.acf.dhhs.gov/news/stats/recipientsL.htm.

Gerechtigkeit und Ökologie

ISBN 3-86099-227-9

ISBN 3-86099-201-5

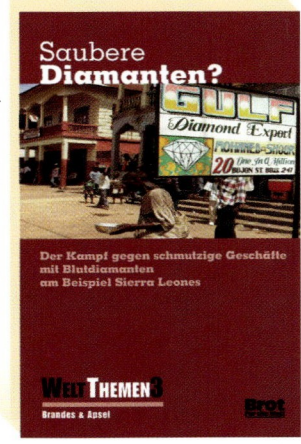

ISBN 3-86099-762-9

In diesem Buch geht es um die Verstrickungen von Kriegsakteuren in den internationalen Diamantenhandel. Immer häufiger werden Kriege in Afrika wegen des Zugangs zu wertvollen Bodenschätzen geführt – wie im Falle Sierra Leone.

»Ein erster und überzeugender Einblick in die alternative Landwirtschaft des Südens.« *(WDR)*

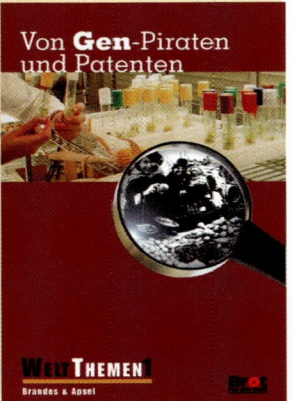

»... ein aufrüttelndes Buch...« *(der überblick)*

»... handlich-praktisch dargebotenes Weltthema...« *(WDR)*

ISBN 3-86099-234-1

ISBN 3-86099-761-0

»Die Analysen... schütteln den klebrigen Ballast der Konsumgesellschaften ab und machen den Blick auf Spielräume der Gerechtigkeit frei.« *(Die Zeit)*

Hunger und Armut in den USA

»... Analyse eines Skandals« *(Die Zeit)*

»Aufrüttelnd. Der ... HungerReport ist ... zugleich Warnsignal und Mahnung für alle.« *(neue caritas)*

Brandes & Apsel Verlag · Scheidswaldstr. 33 · D-60385 Frankfurt a. M.
Fax 069/95730187 · E-Mail: brandes-apsel@doodees.de
Internet: http://www.brandes-apsel-verlag.de